上海市人民政府
发展研究中心

高质量发展研究
系列丛书

The Tactical Research
on Shanghai's
High-quality Land Use

上海土地高质量利用
策略研究

上海市人民政府发展研究中心 ◎ 著

格致出版社　上海人民出版社

总　序

中国特色社会主义进入新时代,我国经济由高速增长阶段转向高质量发展阶段。高质量发展凝聚了改革开放 40 年中国特色社会主义发展理论和实践的最新成果,是能够很好满足人民日益增长的美好生活需要的发展,是体现新发展理念的发展,是创新成为第一动力、协调成为内生特点、绿色成为普遍形态、开放成为必由之路、共享成为根本目的的发展,是从"有没有"转向"好不好"的发展。

推动高质量发展,要求以供给侧结构性改革为主线,以显著增强产品和服务质量优势为主攻方向,用改革创新的精神和办法优化结构、扩大有效供给,进一步提升发展的质量和效益,提高人民群众的获得感和满意度。这对于我国新一轮经济转型发展具有重大的现实意义,是当前和今后一个时期确定发展思路、制定经济政策、实施宏观调控的根本要求。

推动高质量发展,是经济发展规律的必然逻辑。研究表明,20 世纪 60 年代以来,全球 100 多个中等收入经济体中只有十几个成为高收入经济体。那些最终取得成功的国家和地区,都是在经历高速增长阶段后实现了经济发展从量的扩张转向质的提高;那些徘徊不前甚至倒退的国家和地区,就是没有实现这种根本性转向。

经济发展是一个螺旋式上升的过程,上升不是线形的,量的积累到一定阶段,必须转向质的提升。我国经济也要遵循这一规律,这是我国建设社会主义现代化强国的必由之路。要通过高质量发展,推动经济体系全面升级,形成优质、高效、多样的产品和服务供给,促进生产、流通、分配、消费循环通畅,实现从"有没有""快不快"向"好不好""强不强"转变,确保经济平稳增长、社会和谐稳定。

作为全国改革开放排头兵、创新发展先行者,上海在国家发展全局中具有举足轻重的地位和作用。因此,对于上海来说,率先实现高质量发展更为重要,也更为紧迫。唯有率先实现高质量发展,才能促进城市能级和竞争力的持续提升,才能更好地为全国改革发展大局服务,才能突破上海自身转型发展面临的瓶颈制约。而上海也有条件、有基础率先走出高质量发展新路。改革开放以来,特别是20世纪90年代以来,上海经济发展取得了举世瞩目的成就,但面对新形势新要求,经济发展中的薄弱环节和短板依然不少,发展质量不高、产出效率不高、动力转换不快的矛盾比较突出。"十二五"期间,上海率先提出"创新驱动发展、经济转型升级"、减少"四个依赖"等发展思路,核心就是要坚持质量第一、效率优先,实现动能转换、效能提升,走高质量发展之路。经过多年努力,上海经济发展呈现结构更优、效益更好、更趋协调、更可持续的高质量发展态势,高质量发展正成为上海经济发展的基本特征。

2018年11月,习近平总书记在上海考察期间,要求上海加快推动"三个变革"(质量变革、效率变革、动力变革),做到"三个下功夫"(在提高城市经济密度、提高投入产出效率上下功夫,在提升配置全球资源能力上下功夫,在增强创新策源能力上下功夫),强调上海要把高质量发展着力点放在实体经济上,全面提升上海在全球城市体系中的影响力和竞争力。这些重要论述,为上海推动高质量发展指明了前进方向,提供了根本遵循。上海推进高质量发展,不仅要遵循一般的经济发展规律,同时要契合城市发展阶段和区域特质,坚持"四个放在",即把上海未来发展放在中央对上海发展的战略定位上,放在经济全球化的大趋势下,放在全国发展的大格局中,放在国家对长江三角洲区域发展的总体部署中,对标最高标准、最好水平,以供给侧结构性改革为主线,全力推动质量变革、效率变革和动力变革,加快建设现代化经济体系,着力打响上海服务、上海制造、上海购物、上海文化"四大品牌",不断增强经济的创新力和竞争力,构筑新的发展优势,更好地为全国改革发展大局服务。从当前看,关键是必须提高城市经济密度,着力提高生产要素的投入产出效率;提升配置全球资源能力,不断提升城市能级和核心竞争力;增强创新策源能力,加快建设具有全球影响力的科技创新中心;深化社会治理,努力走出符合超大城市特点和规律的社会治理新路。为此,上海必须更加注重深化改革开放,优化营商环境、生态环境,进一步保障和改善民生,把新时代上海高质量发展的新路走稳、走实、走好。

在上述背景下,上海市人民政府发展研究中心组织开展了上海高质量发展系列研究,围绕上海推动高质量发展的重点领域,形成了一系列研究成果,并在此基础上撰写成"高质量发展研究系列丛书"。希望通过系统研究,充分发挥政府决策咨询研究机构的优势和专长,能够为上海这样的大城市高质量发展提供有益的思考和启示。

上海市人民政府发展研究中心主任

王佳忠

2019 年 1 月

本书撰写团队

组 长

王德忠

副组长

周国平　严　军　徐　诤

成 员

王　丹　彭　颖　高　骞　徐　珺
柴　慧　朱　咏　宋　清　张云伟
郭丽阁　张曦萌　张　靓

前　言

　　土地是上海最稀缺的资源,也是推进上海经济高质量发展的重中之重。国际大都市的发展历程表明,在国际大都市规模不断扩张,功能不断更迭的过程中,土地资源的稀缺性日益突出,科学有效地规划和利用土地成为国际大都市持续增强竞争力、吸引力和影响力的必然选择。改革开放之后,尤其是浦东开发开放以后,上海城市发展步入快车道,利用市场手段挖掘土地资源价值,提高土地利用水平成为推动城市快速发展和功能建设的重要驱动力,上海逐渐探索建立起土地集约利用的政策体系,土地利用结构不断优化,利用水平稳步提升。然而,与先进的国际大都市相比,上海仍然面临着土地利用质量不高、利用强度不充分、配置效率不协调、利用绩效不均衡等问题。

　　当前,上海城市发展进入新时代,迈向建设卓越的全球城市的新征程,城市土地开发利用面临着新要求、新挑战。一方面,全国经济已由高速增长阶段转向高质量发展阶段,要求大力推进质量变革、效率变革和动力变革,全面提升全要素生产力。同时,中央又要求上海率先实现经济高质量发展,着力提升城市经济密度,提高土地投入产出效率。另一方面,上海城市土地稀缺性更加凸显,新增建设用地面临"天花板",供需矛盾更加突出,制约了土地承载力和城市能级的进一步提升。因此,土地已成为制约上海发展的最重要因素,推动土地高质量利用已成为推动上海经济高质量发展的关键举措。这既是上海基于自身发展基础和发展阶段的现实选择,也是上海建设卓越的全球城市的内在要求。因而,上海亟待以习近平新时代中国特色社会主义思想为指导,充分适应内外部形势变化对土地利用的新要求,走出一条更集约、更高效、更可持续、更高质量的土地利用新路,全面提升土地综合承载力,增强土地对城市经济社会发展的保障力。

为了深入了解上海城市土地利用的现状特征,学习借鉴国内外城市提高土地利用效率的经验做法,探索上海进一步提高土地利用的思路和路径,上海市人民政府发展研究中心课题组开展了以"推动上海土地高质量利用"为主题的系列调研,形成了一系列研究成果。这些研究成果深入分析了上海城市土地利用的现状情况和面临的瓶颈问题,系列梳理分析国内外城市提高土地利用效率的经验规律,并按照实现高质量发展的要求和建设卓越的全球城市的定位目标,在借鉴国内外经验的基础上,为上海进一步提升土地利用效率提出了针对性思路、路径和举措。

本书是在我们系列研究成果的基础之上撰写而成,供广大读者参阅,希望对有关方面的工作起到参考作用。需要特别声明的是,本书中的观点仅限于学术讨论范围,不代表上海市政府的观点与政策倾向。不足之处,敬请指正。

目　录

第 1 章

上海推动土地高质量利用的必要性和紧迫性

土地作为基本的生产要素之一,是城市经济发展的重要保障。当前上海建设用地已逐步接近"天花板",土地供需矛盾不断加剧,已成为制约上海城市能级和竞争力提升的关键瓶颈。上海亟待适应内外部形势的新变化和新要求,进一步提高土地利用效率,走出一条更集约、更高效、更可持续、更高质量的土地利用新路,增强土地对城市经济社会发展的保障能力。

1.1 土地高质量利用的内涵

如何有效地提高土地利用质量是城市建设和管理中的重要命题,在城市的快速发展过程中,会面临土地资源供给有限与土地资源需求量不断增长之间的矛盾。因而提高土地利用质量是城市可持续发展的必然选择。要提高城市土地利用质量就必须全面准确把握城市土地高质量利用的内涵特征及其影响因素。

1.1.1 城市土地的特殊属性

作为人们赖以生存的基本资源,土地是农业生产的基本资料,也是工业和服务业发展、城市建设不可或缺的物质条件,具有位置固定性、面积有限性、质量差异性和利用耐久性等特点。其中,城市土地是指城市范围内的土地。根据我国对城市范围的不同界定,城市土地可分为三个层次,即城市建成区土地、城市规划区范围土地和城市行政辖区内的市域土地。本书中所指的城市土地为城市行政辖区内的市域土地。由于集中和聚集是城市形成的基础和最大的特征,相较于一般土地,城市土地的稀缺性和质量差异性更加突出;同时,由集中和聚集之后产生的扩散和辐射效应所决定,其还具有产出的边际报酬递减性和利用后果的综合性等特点。

1. 土地供给的稀缺性

土地是人类生存与发展的物质基础,是生命承载和演化之源。土地资源是指在一定的技术经济条件下,在可预见的时间内可为人类利用的土地,是与人类活动相结合而形成的。城市土地是一种稀缺性的资源。一方面,城市土地具有总量稀缺性,这主要是由土地资源的不可再生性和有限性所导致的。相对于城市经济社会发展不断增长的土地需求,城市土地的供给总量总是稀缺的,通常表现为土地总量规模锁定,人均拥有土地数量不断减少。如上海的城区面积近年来始终保持在6 340.50平方公里,未见显著变动,但由于人口不断激增,上海的人均土地面积从1978年的0.056公顷一路下滑至2017年的0.026 2公顷。另一方面,城市土地具有结构稀缺性,即相对于某种特定用途、特定地段的土地相对供给而产生的稀缺。如中国香港住宅用地供不应求,根据美国市场研究公司Demographia发布的国际住房可负担性调查系列报告,中国香港是2017年全球房价最难负担的城市,而这已经是中国香港连续第七年占据该榜单首位。

表 1.1　中国 2016 年土地状况

项　　目	面积(万平方公里)	项　　目	面积(万平方公里)
耕　　地	134.9	其他农用地	23.7
园　　地	14.3	居民点即工矿用地	31.8
林　　地	252.9	交通运输用地	3.7
牧草地	219.4	水利设施用地	3.6

资料来源:《中国统计年鉴》(2017)。

表 1.2　上海人均土地面积变化情况

年份	城市人口密度(人/平方公里)	人均土地面积(公顷/人)
2004	1 970	0.050 8
2005	2 718	0.036 8
2006	2 774	0.036 0
2007	2 930	0.034 1
2008	2 978	0.033 6
2009	3 030	0.033 0
2010	3 630	0.027 5
2011	3 702	0.027 0
2012	3 754	0.026 6
2013	3 809	0.026 3
2014	3 826	0.026 1
2015	3 809	0.026 3
2016	3 816	0.026 2
2017	3 814	0.026 2

资料来源:上海市统计局。

2. 地理位置的效益性

地理位置这一概念是指客观事物所占有的位置、布局等全方面的要素,也就是通常意义上的地段。经济活动会对不同的事物产生不同的影响,因此地理位置又被划分为自然地理位置、经济地理位置和交通地理位置等,不同的地理位置将共同作用在同一地域空间上,对该区域形成综合的影响和效益。不同的区域所拥有的区位要素不同,这就使得每一个区域呈现出不同的特征,而这一独特的特征往往产生特有的功能,具有不可替代性。

城市土地利用状况具有区域的空间差异性,区位不同的地块具有较大的供求差异和收益差异。一方面,城市土地的质量主要取决于土地的自然地理位置。自然地理位置即相当于城市土地的禀赋,土地自身区位禀赋的好坏直接决定了该地域空间的利用方式、经济效益以及它在城市发展中所处地位的重要性。如在农本经济时代,土地自然地理位置是最重要的,人们依靠土地进行农耕,完成一系列生产活动。另一方面,土地的社会经济属性主要依赖于土地的经济地理位置和交通地理位置。随着"农本"向"重商"的转变,土地就表现出区别于耕作的作用,城市土地逐渐被分化出来,自然地理位置的属性相对淡化。最终经济的发展和产业结构的调整使得城市土地逐渐转变为一种特殊的物质资料,经济地理位置和交通地理位置的作用上升。其中,经济地理位置指城市与外围地区的经济联系中所形成的空间关系,表征其在地区经济联系中的地位。而交通地理位置则是城市土地区位的一般物质基础,交通设施的密度、结构和布局决定土地区位的优劣,并对土地价格产生影响。公路、铁路甚至地铁的修建都将改变城市土地的利用方式,交通规划使得城市土地在某个区划中的地位发生变动。便利的交通可以为未开发的土地带来工业、商业以及服务业,人口随之流动,改变土地的利用方向和战略,提高土地的可利用性及其价值。交通是人口的集聚或者经济实现的重要条件,各种资源随着经济活动更多地流入该土地,增加土地的附加值,使得该地域的交通条件更为发达,如此形成良性循环。

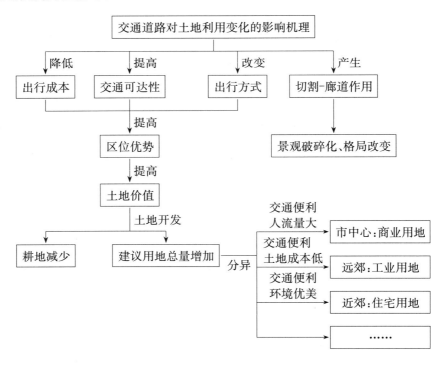

图 1.1 交通道路对土地利用变化的影响机理

资料来源:胡金晓等,《交通道路对区域土地利用变化的影响研究进展》,《长江流域资源与环境》2018 年第 1 期。

专栏 1.1　轨道交通对区域土地利用变化的影响

1. 铁路对区域土地利用变化的影响

以近些年国内发展迅猛的高速铁路为例,部分改扩建及许多新建的高铁站点,如南京南站、济南西站、上海虹桥站等,其周边都集聚了大量的商业、办公及住宅用地,并在此基础上逐渐发展出了高铁新城,带动了沿线地区农用地、未利用地向建设用地的转变。铁路对沿线区域土地利用变化的影响,相对于站点区域的影响弱。铁路的正线及连接线、存车线、站场以及其他配套设施用地为永久用地,建设过程中的取弃土场所、施工作业场所、施工器材堆放与停放场所、混凝土搅拌站、构件制作存放场与运输通道、施工道路、导(排)水管、施工临时用房等临时用地也会占用沿线大量耕地,且在使用结束后的复垦难度较大。

此外,铁路建设造成了土地的切割,导致铁路周边农田水利设施被阻断,生态景观被隔离,进而造成了土地利用景观的破碎化,土地自然生产能力和利用水平降低。这种影响以铁路正线为中心,呈条带状分布,其对土地利用的影响强度随着距离的增加而减弱,土地利用变化的幅度也不断减小。

2. 城市轨道交通对区域土地利用变化的影响

城市轨道交通主要包括地铁、轻轨、磁悬浮、有轨电车等交通类型。由于地铁线路在地下封闭运行,只有地铁站点沟通了地铁线与外部环境,地铁的开通不仅增加了站点地区的交通可达性,也改善了站点周边区域土地的区位条件。

在以地铁站点为中心的小尺度范围内,以公共交通为导向的发展(TOD)模式是一种典型的整合交通道路与土地利用的土地开发模式,其有着土地资源集约、生态环境友好、交通系统高效等特点,是目前比较受推崇的地铁站点周边土地利用模式。其由 Peter Calthorpe 提出,突出土地的混合利用,主要是指以车站等公共交通枢纽为核心,在半径不超过 600 米的步行范围中,倡导高效、混合的土地利用,其环境设计遵从行人友好的标准。地铁站点交通便捷,又往往是人流量密集的场所,因此地铁建成后,站点及周边小范围的土地利用类型会比较单一,往往会集聚大量的商业及办公用地。

在大尺度的区域范围内,地铁站点对于周边的土地利用变化也有一定的影响。首先,带动了城市建设用地沿地铁轴线向郊区侵占与扩张,改善了沿线地区的交通可达性,带动了沿线地区土地开发利用强度的提升。其次,加剧了城市土地利用的空间分异,使得居住、工业、公建等各种土地利用类型围绕地铁线路发生空间重构。不同的用地类型会受到地铁站点的不同影响:地铁线路对于商业和居住用地的吸引力较大,对于工业用地的排斥则较强,且无论吸引还是排斥均随距离的增加而减弱,体现出了明显的廊道效应;与地铁线路的距离对于公共建设用地则几乎没有影响。此外,城市轨道交通的建设使得老城区在交通通达性上的优势相对减弱,而新城区的交通通达性无论在绝对和相对方面均有所提高,这也导致了地铁对于土地利用变化的影响在新老城区具有区域差异性。

资料来源:胡金晓等,《交通道路对区域土地利用变化的影响研究进展》,《长江流域资源与环境》2018年第1期。

3. 边际报酬的递减性

经济学家萨缪尔森在《经济学》一书中对边际报酬递减的定义作了明确的表述,即"相对于其他不变入量而言,在一定的技术水平下,增加相同的入量而将使总量增加;但是,在某一点之后,由于增加相同的入量而增加的出量多半会变得越来越少"。土地作为一种资源也符合这一经济规律,土地的产出与投入到地块上的资本和物质不是按照既定的比例递增的,土地产出具有边际报酬递减性。即在科学技术不变的条件下,在某固定面积的土地上连续投入资本、劳动、技术等相关生产要素,开始时土地的边际产出会随着生产要素的增加而增加,当生产要素的投入达到一定程度时,继续增加生产要素,土地的边际产出反而会下降。

在城市发展的漫长过程中,大多数城市土地在很长时期中会处在边际报酬递增的阶段,需要相当长的时间才能到达边际报酬最大的临界点。但是从城市整体角度而言,城市的拥挤成本会导致边际报酬递减,特别是其中的环境成本、生态成本都是城市发展的巨大代价。如 19 世纪中期,英国成为世界上第一个完成工业化的国家,大量的土地用于建设工厂,煤炭作为工业生产的唯一驱动力,对伦敦的生态环境造成了极大的破坏,破坏力度远远超出了生态自愈的能力。1952 年 12 月 4 日至 8 日,伦敦被大范围高浓度的雾霾笼罩,仅 4 天内超过 4 000 人死亡。这场雾霾最终导致 8 000 人死于呼吸系统疾病。此次事件成为城市化进程中永远的阴影事件,造成了巨大的社会冲击,也是伦敦土地产出边际报酬递减的一个缩影。因此,如何通过科学技术的提升、产业结构的调整、经营制度的完善等,提高土地利用效率,延长城市土地边际报酬递增阶段,避免进入递减阶段是城市土地利用不可忽视的问题。

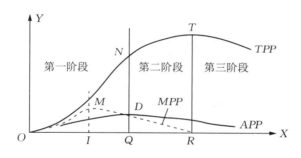

图 1.2　土地报酬三阶段曲线

资料来源:课题组自行绘制。

4. 利用后果的综合性

土地价值分为使用价值和非使用价值。土地的使用价值指的是人类在使用土地资源过程中,土地能够满足人类需求效用的能力。其又可分为直接使用价值和间接使用价值,直接使用价值是土地为人类提供食物、居住等现实功能所带来的效用,间接使用价值是指土地作为自然资源有调节气候、净化空气等功能。土地的非使用价值是指本身固有的内在价值,与人类开发利用土地获得的价值区别开来,包括遗赠价值和存在价值等。

城市是经济发展和历史沿革的产物,城市土地寸寸相连,无法分割并且不能移动,是人类活动的载体。土地利用将会对土地的价值产生影响,且是多角度多方面的,无法拆分开而影响某一方面的价值。每一块土地的利用不仅会影响到邻近区域甚至整个城市土地的利用,同时它也受周边及城市其他土地利用情况的影响。因此,城市土地与经济、生态和社会息息相关,每一区域土地利用后果直接或间接地影响着整个城市乃至国家的各方面的效益,为社会带来巨大的后果。

1.1.2 城市土地高质量利用的界定与指标

城市土地利用是指从事经济活动的人们为了社会发展的某种目的,对土地进行开发等干预活动,即在时代特定的生产劳动方式下,依据城市土地的不同特点和属性,有区别地进行选择、开发、规划和利用,从而满足人类城市发展需要的过程。在土地利用的过程中,土地资源即被赋予了"有用性"的经济属性,可以作为基本的生产资料参与到生产过程中。根据不同的目的,不同的城市在土地利用方式和侧重点上也各有特点,并呈现出不同的土地利用结构和强度。例如,以旅游业为支柱产业的城市,其城市规划中园林绿化用地的占比就会更高;以工业为支柱产业的城市,其工业用地占比就会更高。

城市土地利用质量反映了人们对土地长期利用的积累状况,是城市土地利用经济社会效益水平空间级差的客观体现。正是由于城市土地具有稀缺性、地理位置决定性、边际报酬递减性和利用后果综合性,城市土地利用质量直接关系到城市社会经济发展及其人居环境。由此,通过引入土地利用效率指标来对城市土地利用质量进行评测已成为各界所关注的重点。

表 1.3 城乡用地分类

类别代码			类别名称	内　　　容
大类	中类	小类		
H			建设用地	包括城乡居民点建设用地、区域交通设施用地、区域公用设施用地、特殊用地、采矿用地及其他建设用地等
	H1		城乡居民点建设用地	城市、镇、乡、村庄建设用地
		H11	城市建设用地	城市人民政府驻地的建设用地

（续表）

类别代码			类别名称	内　　　容
大类	中类	小类		
H	H1	H12	镇建设用地	镇（乡）人民政府驻地的建设用地
		H13	村庄建设用地	农村居民点的建设用地
	H2		区域交通设施用地	铁路、公路、港口、机场和管道运输等区域交通运输及其附属设施用地,不包括城市、镇建设用地范围内的铁路客货运站、公路长途客运站以及港口客运码头
		H21	铁路用地	铁路编组站、线路等用地
		H22	公路用地	国道、省道、县道和乡道用地及附属设施用地
		H23	港口用地	海港和河港的陆域部分,包括码头作业区、辅助生产区等用地
		H24	机场用地	民用及军民合用的机场用地,包括飞行区、航站区等用地,不包括净空控制范围用地
		H25	管道运输用地	运输煤炭、石油和天然气等地面管道运输用地,地下管道运输规定的地面控制范围内的用地应按其地面实际用途归类
	H3		区域公用设施用地	为区域服务的公用设施用地,包括区域性能源设施、水工设施、通信设施、广播电视设施、殡葬设施、环卫设施、排水设施等用地,不包括城市、镇建设用地范围内的公用设施用地
	H4		特殊用地	特殊性质的用地
		H41	军事用地	专门用于军事目的的设施用地,不包括部队家属生活区和军民共用设施等用地
		H42	安保用地	监狱、拘留所、劳改场所和安全保卫设施等用地,不包括公安局用地
		H43	外事用地	外国驻华使馆、领事馆、国际机构及其生活设施等用地
		H44	宗教用地	宗教活动场所用地
		H45	风景名胜设施用地	风景名胜区景点（包括名胜古迹、旅游景点、革命遗址等）、管理及服务设施用地
	H5		采矿用地	采矿、采石、采砂（沙）场,砖瓦窑等地面生产用地及尾矿堆放地
	H6		盐田	以生产盐为目的的土地,包括晒盐场所、盐池及附属设施用地
	H9		其他建设用地	除以上之外的建设用地,包括边境口岸和森林公园、自然保护区等的管理及服务设施等用地

（续表）

类别代码			类别名称	内　　容
大类	中类	小类		
E			非建设用地	水域、农林用地及其他非建设用地等
	E1		农林用地	耕地、园地、林地、牧草地、设施农用地、田坎、养殖水面、农田水利、农村道路等用地
		E11	耕　地	种植农作物的土地,包括熟地,新开发、复垦、整理地,休闲地(含轮歇地、休耕地);以种植农作物(含蔬菜)为主,间有零星果树、桑树或其他树木的土地;平均每年能保证收获一季的已垦滩涂和海涂。耕地中包括南方宽度小于 1.0 米,北方宽度小于 2.0 米固定的沟、渠、路和地坎(梗);临时种植药材、草皮、花卉、苗木等的耕地,以及其他临时改变用途的耕地
		E12	园　地	种植以采集果、叶、根、茎、汁等为主的集约经营的多年生木本和草本作物,覆盖度大于 50% 或每亩株数大于合理株数 70% 的土地。包括用于育苗的土地
		E13	林　地	生长乔木、竹类、灌木的土地,以及沿海生长红树林的土地。包括迹地,不包括城镇村范围内的绿化林木用地,铁路、公路征地范围内的林木,以及河流、沟渠的护堤林
		E14	牧草地	以草本植物为主,用于放牧或割草的草地,包括实施禁牧措施的草地与沼泽化草甸
		E15	其他农用地	设施农用地、田坎、坑塘水面、沟渠、农村道路等用地
	E2		水域	陆地水域、滩涂、沼泽、冰川及永久积雪等用地
		E21	河流水面	天然形成或人工开挖河流常水位岸线之间的水面,不包括被堤坝拦截后形成的水库区段水面
		E22	湖泊水面	天然形成的积水区常水位岸线所围成的水面
		E23	水库水面	人工拦截汇集而成的总设计库容不小于 10 万立方米的水库正常蓄水位岸线所围成的水面
		E24	沿海滩涂	沿海大潮高潮位与低潮位之间的潮浸地带,包括海岛的沿海滩涂,不包括已利用的滩涂
		E25	内陆滩涂	河流、湖泊常水位至洪水位间的滩地;时令湖、河洪水位以下的滩地;水库、坑塘的正常蓄水位与洪水位间的滩地。包括海岛的内陆滩地,不包括已利用的滩地
		E26	沼泽地	经常积水或渍水,一般生长湿生植物的土地
		E27	冰川及永久积雪	表层被冰雪常年覆盖的土地
	E9		其他非建设用地	盐碱地、沙地、裸土地、裸岩石砾地、不用于畜牧业的荒草地等用地

资料来源:《城乡用地分类与规划建设用地标准》,2018。

表 1.4　上海土地利用的现状(2015 年)

用地类别		面　积 (平方公里)	比　例 (％)
建设用地	城镇居住用地	660	21.5
	农村居民点用地	514	16.7
	公共设施用地	260	8.5
	工业仓储用地	839	27.3
	绿化广场用地	221	7.2
	道路与交通设施用地	430	14
	其他建设用地	147	4.8
	小　计	3 071	100
非建设用地	耕　地	1 898	—
	林　地	467	—
	其他非建设用地	1 397	—
	小　计	3 762	—
总　计		6 833	—

资料来源:《上海市城市总体规划(2017—2035 年)》。

1. 城市土地利用效率的一般性界定

提高土地利用质量核心是提高土地利用效率。土地利用效率是土地利用质量的量化表达和综合体现。"效率"一词最初出现在物理学中,它是用来定义机械运动过程中获得的有用能量与对应所消耗总能量的比值,它反映出单位总能量下的有用产出的大小。而后,其被广泛使用到经济学当中。现代经济理论主要是基于"帕累托最优化"思想阐述了效率的含义,即指对于某种经济资源的配置,如果不存在其他生产上可行的配置,使得该经济中所有人至少和他们初始时情况一样良好,而且至少一个人的情况比初始时更好,那么这个资源配置就是最优的。[①]这一效率在经济学中也被称为"生产效率"或"经济效率",强调的是资源配置的最优化。[②]由于土地具有资源属性,城市土地利用是否合理越来越成为城市发展、规划和建设中的重要问题,因此许多土地利用相关的研究逐步尝试引入"效率",特别是"经济效

---

① 吴群:《中国城市工业化用地利用效率研究》,科学出版社 2016 年版。

② 赵晓波:《古典理论框架下土地要素与经济增长关系的理论研究》,《商业时代》2013 年第 11 期。

率"来进行城市土地利用合理性的探讨。"城市土地利用效率"这一概念最早是由美国经济学家戴维斯提出的,他认为近代工业城市与现代信息城市最主要的区别在于城市资源是否配置合理、土地资源能否高效利用。[①]

城市土地利用效率的相关理论可追溯到生态学派直观辨认城市土地利用的空间结构,包括轴向模式、同心圆模式、扇形模式及多核模式。此外,农业区位论、工业区位论、中心地理论、竞租理论、"紧凑城市"概念、"精明增长"概念等更加丰富了对城市土地利用效率的研究。[②]当前,对于城市土地利用效率的定义,学术界、实业界尽管还存在着不同的诠释,但就其核心内涵已基本形成了共识。从现有概念内涵的认识和测评方法来看,城市土地利用效率的概念内涵具有狭义和广义之分。一般认为,狭义的城市土地利用效率重点关注投入产出的经济表现,是指土地在区域或行业间配置和使用时,获得经济产出的实现能力,或者说在一定经济产出的约束下,土地开发利用的充分程度;而广义的城市土地利用效率除了关注经济表现外,随着社会发展进程的加深,逐步加入社会、生态、科技等综合性因素,即指城市土地在区域或行业间配置和使用时,其获得经济社会综合产出的实现能力,或者说在一定经济社会综合产出的约束下,土地开发利用的充分程度。城市土地利用效率是衡量城市土地资源配置合理性的正向指标。一般而言,土地利用效率越高,城市土地配置的合理性越强,土地资源利用的质量越高,单位面积土地的价值产出越大。提高城市土地利用效率意味着,在固定产出的要求下,减少要素投入量,或者在固定要素投入下实现产出最大化的目标。

2. 城市土地利用效率的一般衡量指标

衡量城市土地利用效率的基本目的是优化城市土地资源的配置,促进城市土地的高效利用。而由于在不同的经济发展阶段和科学技术条件下,同一城市的土地利用水平和土地利用方式都不相同,并且处在不断的发展变化之中,因此,城市土地利用效率的评价标准也是动态的。综合传统经典理论和国内外最新发展实

①　王金:《开发区土地利用效率研究——以湖北省为例》,华中师范大学,2012年。
②　赵小风:《城市土地利用效率研究进展》,《现代城市研究》2017年第6期。

践,归纳城市土地利用效率的一般衡量指标如下:

(1) 狭义的城市土地利用效率评价指标。

狭义的城市土地利用效率可从强度和效益两个维度来考察。其中,土地产出类指标反映利用效益,容积率指标反映利用强度。

土地投入过度 →

| | 高强度
高效率 | 低强度
高效率 |
|土地产出不足 ↓| 高强度
低效率 | 低强度
低效率 |

图 1.3　土地利用效率的内涵表现

资料来源:课题组绘制。

① 土地产出类指标。

土地产出类指标指的是在一定时间内,某一地区或者国家单位面积土地的产出。其中,产出的总价值包括有形物质产出的价值和服务的价值的总和,通常用国内生产总值、某一产业增加值来表示。因此,土地产出类指标的一般公式为"区域或行业增加值/土地面积"。

土地产出类指标反映的是经济含义,本质上是经济密度,即在一定时间范围一定区域单位面积土地所生产的总价值。它包含了土地利用过程中在该区域自然产出效益和社会产出效益,综合性较强,能够反映城市发展过程中生产力和产业结构变迁带来的经济优势,通过此类指标,不同区域的土地利用效率可以在同一单位量纲下进行比较。

② 容积率类指标。

容积率类指标是工程经济学中应用较为广泛的一类指标,结合地上建筑共同反映土地利用状况与利用程度。容积率作为一种区划控制技术于1957年由芝加哥最先提出并使用,随后在1961年纳入纽约的区域规划法规。①

---

① 参见汪德军:《中国城市化进程中土地利用效率现状分析》,《辽宁经济》2008 年第 8 期。

容积率是指地上总建筑面积与用地面积的比例,它可以较好地衡量建设用地的使用强度。从经济角度看,容积率对土地利用的影响具有双重性。一方面,在实际开发建设中,总建筑面积往往代表着经济效率,而用地面积则代表着经济成本,容积率就可以直接反映出开发项目的收益率。也就是说,地块的容积率越高,经济效益就越高,土地利用效率就越高。容积率指标更多的是城市土地利用的经济效率的正向指标。另一方面,容积率是地块的建筑密度与该建筑平均层数的乘积,而建筑密度是指在一定区域内,建筑物的底层面积占建筑物占地面积的比值,即建筑物对地面的覆盖率,是建筑的密集程度的衡量指标。因此,在这一情形下,总平均容积率越低,空间环境就更加舒适美好。越高的容积率通常代表着建筑使用环境质量的下降,并通过地价和对周边环境的负效应影响到土地利用效率。总体而言,容积率类指标是一个无量纲的相对值,这使得它在衡量土地利用效率时简洁高效。它的使用是社会经济效益和环境成本的平衡过程,因此,为保证经济的可持续发展,科学确定既促进经济发展又适宜人类生活的容积率水平就显得尤为重要。

专栏1.2 "容积率"对城市土地利用的影响

1. 容积率对地价的影响

影响地价的因素很多,虽然各因素影响地价的途径各不相同,但其作用机制可抽象概括为两个方面:一是通过影响土地收益来影响地价;二是通过影响土地供求关系影响地价。收益机制很大程度上决定了土地供给的经济剩余量,市场供求关系使地价相对经济剩余量产生波动,决定了土地供给的经济剩余量的分配,使地价的变化趋于复杂化。容积率对地价的影响规律,同时受收益机制和市场供求关系的作用。

总体说来,区位条件愈优越,地价水平愈高,供求矛盾愈突出,土地规划控制愈严格,容积率对地价的影响程度愈大。具体表现在以下几个方面。

一是遵循"报酬递增递减规律"。在一定的技术经济条件下,土地纯收益会随着土地投资的增加而出现由递增到递减的特点。

二是容积率对地价的作用程度与城市规模成正相关。城市规模愈大,容积率对地价的影响愈明显,地价随容积率的变化幅度愈大。

三是容积率对同一城市不同区位地价的作用程度不同。容积率对地价的影响程度在同一城市表现为从中心向外围逐渐减弱。

四是容积率对不同类型用地地价的作用程度不同。在同一城市中,容积率对不同类型地价的影响程度由强到弱依次为商业、住宅、工业用地。

2. 容积率对人居生活的影响

一是人口密度。高容积率的住宅项目意味着小区内房子建得多,而高密度的住宅必定会带来高密度的居住人口,最终导致小区中业主的生活舒适度下降。另外,高密度的居住人口还会对小区内的健身场所、儿童活动区域、娱乐中心以及楼宇内的电梯、消防通道形成比较大的压力。频繁的使用会加剧这些设施的老化,所以在购买高密度小区时应该对此提出更高的要求。

二是内部规划问题。由于高容积率住宅对土地使用率的过分追求,小区内的楼层会比较高,绿地的比例也会相应减少,从而影响居住区内的生活环境与质量。另外,楼间距过近、小区内道路狭窄、停车位置不足也是高容积率小区经常遇到的问题。

三是安全问题。由于居住密度大,所以出入的人会较多,外来人员混入其中的难度也会相应地降低很多,这就对高容积率住宅的安防系统提出了更高的要求。所以高容积率的住宅安防系统一定要跟上(当然这不是说低容积率的小区安防就不重要),不仅要加大监控设备的密度,而且也需要更多的巡逻人员来保证住户的安全。

资料来源:闫晓丹等,《"容积率"对城市土地利用的影响》,《内蒙古科技与经济》2012年第11期。

（2）广义的城市土地利用效率评价指标。

通过对国内外土地利用效率相关的评价指标体系梳理,主要的评价指标提炼如下:

① 社会效率类指标。

主要通过人口密度来衡量。人口密度类指标是一种平均指标,它的作用在于直观地衡量出不同区域之间人口数量的差异情况,同时这一差异情况包括了人口密度在时间和空间上的不同,涵盖较为全面。其一般定义为在一定的区域范围内,单位土地面积上容纳的人口数量,通常用可居住人口密度、地均从业人员数等来具体描述。

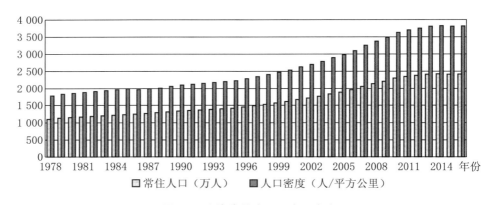

图 1.4 上海常住人口及人口密度

注:上海常住人口和人口密度在 1978—2016 年间均呈现平稳增长势态,相比于人口数量的增长,上海市区面积的变动不大,这就使得人口密度随常住人口的流入而同趋势增长。
资料来源:课题组绘制。

② 生态效率类指标。

随着可持续发展理念被普遍接受,生态效率类指标逐步被国内外理论界和实业界所采纳,并被广泛应用于土地利用效率评价当中。综合而言,国内被广泛应用的指标主要有单位能耗增加值、单位主要污染物增加值。如浙江省"亩均论英雄"的用地效益评价办法和苏州的工业企业资源利用评价指标体系,即将上述两个指标纳入其中。此外,国内外一些主要园区的报告当中,生态效率指标被当作重要的考量内容。如中国台湾科技园每个年度都开展园区绩效评价,其中,把园区公共设施及事业单位能源减省、回收利用、绿能发电等总量作为关键策略目标。

表 1.5　部分城市/园区生态效率相关指标

苏州市工业企业资源利用评价指标体系			
序号	评价指标	权　重	评价结果
5	单位能耗增加值	≥10%	C 类(提升发展类):综合评价得分排在 60%~95% 之间。

台湾省科技园绩效评价指标体系					
关键策略目标	关键绩效指标	评估体制	评估方式	衡量标准	2018 年度目标值
持续推动节能减碳,打造永续绿色园区	园区节能、绿能转换;碳排放当量之减碳潜力	实际评估作业运用既有组织架构进行	统计数据	园区公共设施及事业单位能源减省、回收利用、绿能发电等总量,转换计算之二氧化碳当量	6 357 吨二氧化碳当量

新加坡裕廊工业园区发展指标	
维　度	指　标
环境保护	绿色租赁(Green Leases for Tenants) 节能 LED 灯(Energy-Efficient LED Lights in All Blocks) 清洁和灌溉的可回收水源利用 (NEWater Usage for Cleaning and Irrigation) 电动或混合动力停车场(Electric or Hybrid car park lots in every block)

资料来源:牛星,《提高上海土地利用效率问题研究》,2018 年;JTC Corporation Annual Report FY2016。

　　由于篇幅所限和突出研究重点,本书的研究过程主要基于狭义的土地利用效率的内涵来展开,如无特别说明,本书当中所涉及的土地利用效率均指狭义的土地利用效率。但值得注意的是,狭义的土地利用效率与广义的土地利用效率之间具有关联性和相互转化性,生态效率、社会效率可通过价格、产业选择等机制间接对经济效率产生影响。如社会效率较高的地区,要素集聚度较高,进而促使经济效率较高;随着产业融合以及高端化演进对区域配套和宜居要求的提升,生态效率高的区域往往更加受到高端产业的青睐,也使得经济效率较高。

1.1.3 影响城市土地利用效率的主要因素

土地利用效率的高低取决于多种因素,是自然、环境、经济、社会、技术、政策、制度等因素综合作用的结果。综合来看,对于某个特定的城市而言,其土地利用效率的主要影响因素如下:

1. 经济因素:城市的经济发展水平

经济发展水平是城市的重要特征,城市土地利用的过程就是城市经济在空间集聚、经济价值在空间上映射的过程。经济发展水平可以从两个方面影响土地利用效率。一是经济产出的直接影响。经济发展水平越高,则经济集聚度越高,并通过进一步强化分工和专业化,释放知识和技术溢出效应,降低信息沟通成本,紧密产业间关联,使得土地利用者也逐步实现最优经济规模水平,从而获得较大的经济产出。二是经济发展的间接影响。经济发展、经济开放度提升将使得国内外企业、人才、资金等要素集聚,促进城市产业结构不断升级,单位面积的土地上能够实现更高投入、更高产出。此外,经济发展也促使城市土地供求矛盾更趋突出,从而引致其产生深度挖掘土地潜力、抛弃粗放发展模式的需求,而经济发展带来的经济实力增强也有利于集约利用土地、扩大单位产出措施的实现,如推进城市更新、开发地下空间等均将有助于提高城市土地利用效率。

2. 科技因素:生产、交通通信和建筑技术

科技进步是催生城市空间发生变迁以及土地利用方式发生改变的重要因素,特别是生产技术、交通和通信技术以及建筑技术的发展。生产技术方面,科技的不断进步使得劳动力的技术装备水平和劳动者的素质不断提高,将大幅度提高全要素生产率,从而突破既定技术条件下土地边际报酬递减规律,实现城市土地利用效率的提升。此外,生产技术的变化还会对生产环境、生产方式、建筑空间结构等提出新的要求,进而对土地利用效率产生影响。交通和通信技术方面,从高速公路、小汽车再到轨道交通,交通技术的发展使得相同时间段人们可以到达的出行距离大为增加,为人们的出行带来了极大的方便。而由于通信条件的改善,信息

沟通交流更加便利,从而使企业之间、企业各部门之间得以在空间上分离。如企业的销售部门日益在城市中心区集聚,研发、生产部门则主要在土地价格偏低的郊区集聚。建筑技术方面,电梯的出现、钢筋混凝土框架取代砖石成为承重结构,使建筑向上和向下发展成为可能,垂直空间得以拓展,容积率和土地利用效率得以提升。

3. 政策因素:城市战略与宏观调控政策

城市发展战略以及与土地相关的宏观调控政策是来自政府管理部门的直接影响因素。其中,城市发展战略是影响城市土地利用效率的长期政策因素。城市发展战略对未来一段时间内的城市发展方向进行顶层设计,明确了城市性质和城市功能的定位,将对城市产业结构、城镇体系、商业中心、行政中心进行规划确定,进而对人口、资金集聚,以及不同规划区域的土地利用效率产生影响。不同等级的城市对资源配置和管控能力不尽相同。其中,全球城市具有最顶级的资源配置和管控能力。宏观调控政策是影响城市土地利用效率的短期政策因素,主要的政策工具包括土地供应计划、土地指标管理、土地价格管控、土地管理政策等。以土地供应计划为例,土地供应量是一种间接影响因素,它通过供求关系借助价格发挥作用。在供求关系中,当城市土地供给量下降时,土地价格自然上升,投放在单位土地上的其他要素资源随之增加,以求单位土地产出增加,这就带来城市土地利用效率的提高。相反地,当城市土地供给量过多时,土地价格下降,城市土地利用会向粗放使用方向发展,缺少提高利用效率的充足动力和必要性,单位土地面积上资源的投入和产出会相应减少,城市土地利用效率下降。为此,我国自 1999 年起将土地利用年度计划列为一项正式制度,实施土地流量限制政策,减少过度性的土地损失。

4. 社会因素:土地利用理念与模式

土地利用有赖于人们对土地问题的认识。受城市发展阶段、所需解决的问题以及国际规则、惯例等输入型做法的影响,对土地利用问题认识的不同会产生不同的土地利用理念和模式,进而对土地利用效率产生影响。土地利用理念是在历史中不断反思、不断实践形成,并动态调整的。长期以来,国外规划界关于城市形态的争论总结起来就是"集中"还是"分散"的分歧,并贯穿于现代城市发展的历史进程之中。如从国际大都市的发展历程来看,受二战后经济复苏、汽车的出现、城市人口的大幅增加等问题驱使,以及"田园城市""广亩城市"等理念的影响,包括伦敦、纽约在内的西方发达城市普遍开始了一轮郊区化蔓延扩张,低密度成为现代化的象征。进入20世纪90年代后,随着郊区化带来市区人口锐减、土地基础设施利用率不高、土地资源消耗达到空前规模、"棕地"等问题出现,西方发达国家的城市逐步开始倡导"紧凑型城市""精明增长""高密度""永续发展""城市更新"等土地利用理念,进而使要素更加集约紧凑,存量用地得以盘活,单位用地的产出水平得以提高。

1.2　上海提高土地利用效率的工作探索与成效

改革开放以来,伴随着中国经济的快速发展,重大的趋势性变化映射到国土资源领域,突出表现为城市建设用地规模趋于饱和、土地供需矛盾不断加剧。特别是在上海发展的不同时期中,土地资源紧缺始终是上海面临的一大问题。为此,在经济发展整体转型的过程中,上海较早地开始了土地利用效率提升工作,创新推出了一系列的政策,并取得了积极的成效。

1.2.1　上海提升土地利用效率的工作历程

改革开放以前,上海国有土地的利用实行的是与计划经济相适应的行政划拨制度,即用地单位经政府批准,可无偿取得没有使用期限限制的各类国有建设用地。1978—1985年,是《中华人民共和国土地管理法》颁布前阶段。在这一时期,党的十一届三中全会确定改革开放的方针后,国民经济进入了调整恢复期,经济社会发展迅速。一方面,具有鲜明计划经济特征的无偿、无期限、无流通的土地利用制度已愈加不适应变化的要求;另一方面,社会主义市场经济体制逐步建立,上海土地利用制度也相应开始改革,探索建立土地要素市场、提升土地利用效率的理念在土地管理工作中逐步体现。根据土地利用的政策演化及探索实践,上海推进土地利用效率提升的相关工作大致可以分为三个阶段:

1. 探索阶段(1986—2000 年)

在这一阶段,上海率先探索引入市场机制,促进了土地利用效率的提升。

市场经济体制的建设和经济的快速发展,极大地刺激了土地利用需求,大量农用地转化为工业用地,但土地利用效率很低,引发了"谁来养活中国"和节约集约利用土地的讨论。特别是上海土地资源稀缺,因此较早地树立了土地集约利用理念,试点开展了土地有偿使用的探索。1985 年,上海率先在全国建立了市、区两级土地管理机构,开始对全市城乡土地进行集中、统一管理。1986 年,上海市人民政府发布了《上海市中外合资经营企业土地使用管理办法》,明确对外商投资企业用地征收土地使用费。同年,上海市政府组织了房地产、港口考察团赴香港进行考察。考察团回沪后,就香港土地批租的特点、发展房地产业的做法、上海现存的问题、试行土地批租需要具备的条件,以及如何吸引外商来沪租地经营提交了详细的分析和方案。上海经过深思熟虑确定了改革的战略目标,即:借鉴香港的土地批租制度,将土地使用权视作生产要素和商品,允许其进入流通领域,通过规划及金融政策的配套赋予其更长远的价值,以此改善城市基础设施,推动土地、资金等要素市场的建立,促进房地产、金融、商业、旅游等第三产业的发展,进而促进城市繁荣与经济振兴。为避免改革试点一开始就对国内原计划经济下的市场造成冲击和不利影响,在改革方向的选择上,确立了"以向国际出让为主要方、以国际招标为试点起步方式、出让金收取外汇、尽可能参照国际惯例进行试点"等一系列原则。1987 年,上海成立土地批租领导小组,研究颁布《上海市土地使用权有偿转让办法》,明确土地所有权与使用权分离,土地使用权为有偿取得。1988 年,上海虹桥开发区第 26 号地块国际招标获得成功,标志着上海符合"公正、公开、公平"原则的市场配置土地资源方式确立,实现土地由无偿划拨到有偿使用的政策转变。

进入 90 年代,上海土地批租市场加速发展,土地有偿使用覆盖面进一步扩大,使用方式进一步丰富,实现了土地批租外资外销房商品房和内资商品房并轨,同时开展了盘活工商企业国有房地产试点工作。为适应市场客观需求,丰富土地有偿使用方式,1999 年,上海根据《中华人民共和国土地管理法实施条例》等规定,出台了《上海市国有土地使用权租赁暂行办法》,标志着以土地出让、出租和收取土地使用费三者并举为基本格局的土地一级市场基本形成,提供了微观的市场化配置土地资源,进而提高土地利用效率的基础。

表 1.6　上海部分年份土地批租情况

年　份	地块幅数 (块)	面　积 (万平方米)	可建面积 (万平方米)
1998—1991	12	980.4	32.0
1992	205	2 071.6	842.7
1993	244	4 914.9	657.7
1994	455	1 568.0	1 269.8
1995	258	640.3	543.0
1996	207	378.7	527.1
累　　计	1 381	10 553.9	3 827.3

资料来源:《上海土地批租健康有序发展的思路与对策研究》,上海市决策咨询研究成果,1997 年。

专栏 1.3　试点成功破冰

20 世纪 80 年代,上海基于城市功能转型发展的需要,面对理论与现实的困境,实事求是、集思广益,主动探索、自主改革,在五个方面取得了重要突破:

第一,明确提出将土地所有权、使用权分离,在国家作为城市土地所有权主体不变的前提下,土地使用权可以按不同用途、不同年限、具体规划条件和其他规定由市政府实行有偿出让,由此建立土地的一级市场。投资商在政府垄断的一级市场获得土地使用权,依法开发建设后可以转让、销售、出租以形成房地产二级市场,由此奠定了上海地产市场的基本格局。

第二,允许土地使用权在两级市场中以多种形式流通。其中,一级市场的出让方式为协议出让、招投标出让和拍卖出让等;而在二级市场中允许以出售、出租以及抵押、继承、赠与等手段进行经济活动。

第三,从政策上对土地使用权的适用对象和经营方式进行有效开放。除了没有与我国建交(或建立商务代表关系)的国家、地区的经济组织及个人以外,都可以成为土地使用权及其房产的受让人。房地产交易被允许在境内外进行,但必须在上海进行登记。

第四,第一次明确区分了政府双重身份及差异:既是国有土地的所有权人,又是土地行政管理及其行政权力的行使者。作为国有土地的所有权人,政府可以在民商活动中以平等地位与受让人签订土地出让合同,并可以围绕土地使用权进行国际招标、组织评标、参与纠纷处理等活动。作为行政管理及行政权力行使主体,政府有制定规章、规范性文件,组织实施执行法律、法规、规章,以及进行监督、检查、处罚等职权职责。

第五,明确了房产与地产在市场内的整体关系。在土地使用权有偿转让项目中,建筑物允许分层、分套出售,同一基地可以由多个房产主按比例共占土地使用权,但不能分割。

上海土地使用制度改革试点于20世纪80年代末成功破冰,取得了前所未有的突破,冲破了我国长期实行的土地行政划拨和无偿、无期限使用的单轨制模式,激活了土地作为最重要的生产要素的内在经济价值,使城市的国有土地资源能在公开、公平、公正的市场机制作用下进行有效配置,为推进城镇住房制度改革、经济制度改革、城市土地使用制度改革作出了重要贡献,为土地要素市场的建立以及社会主义市场经济体系的形成进行了开创性的探索。此后,我国出现了与世界各国基本形式相类似的房地产市场,逐步建立起涉及上下游几十个行业的房地产产业链,并使之成为国民经济的重要支柱之一,为加速引进外资和形成房地产金融体系奠定了基础,为城市建设和经济发展提供了极为重要的积累。上海土地批租试点的成功,不仅加快了上海城市基础设施建设、旧区改造、民生改善的步伐,更为重要的是推动了上海城市更新、功能转型的历史进程。

资料来源:《破冰——上海土地批租试点亲历者说》,上海人民出版社2018年版。

2. 完善阶段(2000—2013年)

在这一阶段,逐步构建了土地集约利用的政策体系,奠定土地利用效率提升的制度基础。

进入21世纪,中国经济继续高速发展。从2000年到2013年,中国的当年GDP从9.92万亿元增长到56.88万亿元,上海的当年GDP从4 771.17亿元增长到2.16万亿元。但与此同时,土地扩张明显。至2013年末,中国、上海的城市建设总用地分别从2000年的2.5万平方公里、约1 500平方公里扩张到47 108.5平方公里、2 904.25平方公里,都增加近一倍。相对粗放式的发展模式也使得土地资源瓶颈更加凸显,供需矛盾突出。为此,2004年,国务院出台《关于深化改革严格土地管理的决定》,明确提出实行强化节约和集约用地政策。2008年,国务院发出《关于促进节约集约用地的通知》,对节约集约用地工作进行全面部署。继而,中共十七届三中全会提出将坚持"最严格的集约用地制度",节约集约用地上升为基本国策。在上述战略背景下,根据国家战略总要求,上海探索综合运用规划管控、计划调节、产业转型、政策创新等手段,结合中心城区、郊区、农村地区的土地利用特点,在提高土地利用效率方面进行积极探索,并相继制定和发布一系列政策文件。

一是中心城区实施"退二进三",郊区推进"三个集中"战略。其中,"退二进三"即指结合上海产业结构调整,通过市场调节、结构调整和产业集聚政策导向,市区用地结构也要进行"退二进三"的调整,即减少工业企业用地比重,提高服务业用地比重。2004年,上海出台《关于切实推进"三个集中"加快上海郊区发展的规划纲要》,提出"人口向城镇集中、产业向园区集中、土地向规模经营集中"。产业用地方面,着力通过政策主导和典型引路的推进方式,清理整顿开发区,淘汰、归并、整合了零星低效的产业用地,促进形成以产业基地为龙头、市级以上工业区为支撑、区级重点工业区为配套、郊区都市型工业园(产业街区)为补充的产业布局。2005年上海相继出台了《关于加强本市土地集约利用,试行产业用地评估工作的指导意见》《上海市工业项目供地导则(试行)的通知》《关于加强本市工业节约集约用地的指导意见》。二是推进"存量土地再利用"。2006 年,上海市政府颁布了《关于加快本市产业结构调整盘活存量资源若干意见的通知》,提出:"鼓励区县和企业通过多种途径加快结构调整,盘活闲置土地,激活低效土地,用好淘汰企业土地。推进土地增量指标与存量盘活挂钩,积极鼓励工业用地指标平移后集中到工业区使用。对产业结构调整和存量土地利用工作突出的区县,在安排土地利用计划时给予倾斜。同时,进一步优化存量土地再利用的相关程序和手续。"这标志着上海土地利用逐渐转向存量土地挖潜。三是加强土地计划调控。2008 年起,上海按照"统分结合、分级管理、保障重点、兼顾一般"的总体思路,加强和改进土地利用年度计划管理,严格控制新增建设用地总量和新增建设用地占用耕地的数量,同时,加大土地整理复垦力度,减少耕地占补平衡对新增建设用地计划使用的制约。四是推进地下空间开发利用。相继制定印发了《上海市地下空间规划建设管理条例(草案)》《上海市地下建设用地使用权出让若干规定》《地下空间建设用地审批和房地产登记试行规定的实施意见(一)(二)》等,从法制层面规范引导地下空间开发利用走向规划统一、建设有序、使用合理和监管到位,探索了地下空间资源的市场化配置,对经营性用途的地下空间建设用地实行有偿、有期限的使用制度。此外,还完善登记管理政策,逐步探索建立城市三维地籍管理制度,并规定在编制控制性详细规划时,严格执行和落实城市重点地区的地下空间规划指标体系,保障地下空间开发利用的系统科学布局。五是完善土地管理政策。截至 2013 年,上海相继出台了《产业用地指南》《基础设施用地指标》《社会事业用地指南》《农村建设有关设施用地标准》等用地标准,实行用地定额标准管理,深入推进"批项目、核土地"工作,着力提高建设用地利用效率。此外,自 2006 年开始,上海还相继建设并完善了土地交易市场平台、"1332"信息化管理平台、土地核验制度等,着力优化市场配置,加强地价管理,加强用地绩效评价,搭建监测监管平台,为提升资源利用效率奠定管理基础。

3. 深化阶段(2014 年至今)

这一阶段的重点是确定了"五量调控"的基本策略,构建了土地利用效率提升的制度框架。

2014年，上海发布《关于进一步提高本市土地节约集约利用水平的若干意见》，确定了土地节约集约利用"总量锁定、增量递减、存量优化、流量增效、质量提高"的基本策略。这一思路也进一步在《上海市城市总体规划（2017—2035年）》和相关政策文本中得到体现，为提高土地利用效率的具体方向提供了依据。

其中，总量锁定是指在宏观层面，依托新一轮城市总体规划和土地利用总体规划修编，率先启动永久基本农田、生态控制线、城市开发边界"新三线"划示工作，合理确定城市开发边界，明确城市空间和生态底线。到2035年，上海建设用地总规模不超过3200平方公里。增量递减是指上海实施年度新增建设用地计划稳中有降、逐年递减的策略。2015年以来，上海相继制定了《关于本市推进实施"198"区域减量化的指导意见》《"198"区域减量化市级资金补助实施意见》，支持和推进建设用地减量化。存量优化是指有序推进存量建设用地优化利用。为此，上海发布了《关于本市盘活存量工业用地的实施办法（试行）》，拓宽存量工业用地盘活路径，实行工业用地全生命周期管理；印发了《上海市低效工业用地标准指南（2014年版）》《关于进一步推进本市闲置土地处置工作的通知》，加大低效闲置用地处置力度；2015年，《上海市城市更新实施办法》《上海市城市更新规划土地实施细则（试行）》相继出台，鼓励和支持城市有机更新，标志着存量优化进入全面推动的新阶段。流量增效、质量提高是指提升土地资源配置效率，进一步提高土地利用质量。为此，2014年以来，上海相继出台了《关于加强本市工业用地出让管理的若干规定（试行）》《关于加强本市经营性用地出让管理的若干规定（试行）》《关于中国（上海）自由贸易试验区综合用地规划和土地管理的试点意见》《关于推进上海市轨道交通场站及周边土地综合开发利用的实施意见》《上海市加快推进具有全球影响力科技创新中心建设的规划土地政策实施办法（试行）》，通过实行新增工业用地出让弹性年期制，鼓励土地综合利用、立体开发，支持园区平台发展，鼓励创新创业，以土地利用方式转变促进全市经济转型升级。

专栏1.4　上海全面实行土地全生命周期管理

基于上海人口、资源、环境紧约束背景和"创新驱动发展、经济转型升级"的战略要求，上海全面推进工业用地和经营性用地"全覆盖、全要素、全过程、全生命周期"管理。经营性用地全生命周期管理，以土地出让合同为平台，通过健全经营性用地的用途管制、功能设置、业态布局、土地使用权退出等机制，加强项目在土地使用期限内全过程动态监管。实行经营性用地全生命周期管理，以土地利用方式转变倒逼经济社会转型发展，有利于城市功能和品质的实现和提升；有利于加强源头治理，遏制投资炒作，促使房地产开发企业向城市运营商转型；有利于充分发挥土地资源市场化配置作用；有利于加强部门协同配合，促进政府职能转变。

强化土地出让管理平台。以土地出让合同为平台，将项目建设、功能实现、运营管理、节能环保等经济、社会、环境等全要素要求，以及规土、投资、产业、建设、房屋、环保等相关职能部门职责和权力予以明确。实现全要素、多部门综合管理，既能体现土地的资源属性和市场化配置，又能减少和杜绝由于责任不明晰造成的管理缺位，提高政府综合施策、协同监管的效率。

加强规划引导、完善城市功能。通过明确重要特定地区应在控制性详细规划基础上开展城市设计研究，编制附加图则并作为地块出让条件，以更好地体现规划对区域功能、业态定位等引导作用；通过加强土地出让研判，分析土地出让的合规性和合理性，明确社会停车场、社区公共服务设施、物业用房等公建配套设施建设要求，确保区域城市规划目标实现和城市服务功能配套、整体品质提升。

加强土地出让全要素管理。从建设管理、功能管理、运营管理、节能环保四方面，针对开竣工时间管理、装配式建筑管理、配建保障性住房管理、全装修住宅管理、公共空间和保护建筑管理、绿化管理、区域功能设置、业态布局、行业类型、物业持有、建筑节能、土壤地下水地质环境保护等要素，明确了易量化、易考核、易监管的要求,实现了从单纯注重经济要素到综合注重社会、经济、环境多重要素的转变,对于提高土地节约集约水平、提升建筑整体品质、完善配套服务功能、明确产业形态定位、加快生态文明建设等具有现实的指导、操作和监督意义。

引导企业开发经营方式转变。以土地出让合同为平台,实现建设用地开竣工、运营管理、公益性责任和建设用地使用权退出的全过程管理。通过对建设管理、综合验收、土地出让期限届满以及土地出让合同约定的其他监管环节进行出让要素评定,在不增加企业负担的情况下,确保全过程要素管理落地,确保区域规划目标和合同约定特定功能的实现;通过加强登记管理和抵押管理,落实不同用途经营性用地的物业持有比例、建设用地使用权人出资比例、股权结构等转让要求和相关抵押要求,有效遏制房地产炒作,逐步引导建筑开发企业由房地产开发商到城市运营商、服务商角色的转变,促进城市优秀建筑的诞生、保护和延续,促进城市整体建设品质和服务管理功能的提升。

资料来源:上海市国土资源厅网站,2015 年。

1.2.2　上海提高土地利用效率的工作成效

历经二十余年的探索、研究和实践,上海土地利用理念逐步优化,政策体系不断完善,土地利用效率和城市品质不断提升。

1. 单位建设用地产出水平不断提高

通过控制总量,盘活存量,在有限的土地资源基础上,从 1986 年至 2017 年,全市生产总值已从 490.83 亿元增加到 30 133.86 亿元,成为我国第一个 GDP 突破3 万亿元的城市,人均 GDP 指标基本达到中等发达国家平均水平。1996 年至 2017 年,全市建设用地地均 GDP 从 1.70 亿元/平方公里提高到 9.51 亿元/平方公里,提高了近 5 倍。通过有保有压的供地政策,推进产业结构调整,全市第三产业产值比例由 1986 年的 27.5% 增长到 2017 年的 69.0%,2017 年战略性新兴产业增加值 4 943.51 亿元,占上海全市生产总值的比重为 16.4%,比上年提高 1.2 个百分点。

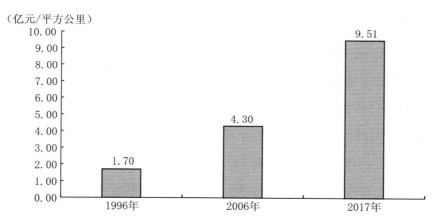

图 1.5　部分年份上海单位建设用地 GDP

2. 为上海城市品质提升腾挪了空间

伴随着土地利用效率提升工作的推进,上海城市建设扩张速度逐步放缓,国土开发圈层化蔓延趋势得到缓解。"十一五"期间全市新增建设用地 235 平方公里,年均 47 平方公里,比"十五"期间的年均 62 平方公里下降了 24%。近年来,新增建设用地规模逐年递减,全市新增建设用地计划从 2011 年的 5 143 公顷逐年减少为 2017 年的 600 公顷,年均降低率超过 30%。新增建设用地计划进一步向公益民生类项目倾斜。目前,上海已实现浦东新区和各郊区所有经营性用地出让与减量化指标挂钩,全市在推进规划建设用地减量化上取得了实质性的突破。到 2017 年底,全市计划完成"198"低效建设用地减量化项目立项 2 750 公顷,验收 2 050 公顷。截

表 1.7　2011—2017 年上海新增建设用地计划

年　份	新增建设用地计划数额
2011	2 500 公顷,其中农用地 2 260 公顷(耕地 1 790 公顷)
2012	2 700 公顷,其中农用地 2 420 公顷(耕地 1 905 公顷)
2013	总量 2 200 公顷,其中农用地 1 980 公顷(耕地 1 580 公顷)
2014	1 500 公顷
2015	800 公顷
2016	650 公顷
2017	600 公顷

资料来源:上海市规划和土地管理局。

至 2017 年 6 月中旬,在市、区、镇乡共同努力下,已完成立项 4 055 公顷,超额完成计划任务量,已完成验收 1 681 公顷。减量化工作的扎实深入推进,有力地促进了上海土地利用布局优化,推动了产业结构调整升级,加快了城乡统筹和生态文明建设的步伐,促进了城市品质的提升和科学发展。

3. 实现了土地开发利用理念的转变

土地开发利用理念是土地规划和管理工作推进开展的出发点。随着上海土地资源紧约束与经济发展矛盾的凸显,"保耕地、保发展"双保任务的加剧,以及土地利用低效、土地投机、城市空间格局紊乱、环境污染等问题频发,上海原有的粗放外延式的土地利用理念难以为继。在不断实践探索的基础上,上海逐步实现了土地资源利用管理理念向内涵式集约化方向的转变,从偏重资源的数量管理向数量质量综合管理转变,从事后监管到事前、事中、事后全过程管理转变,将内涵集约的理念全面贯穿于批、供、用、补、查各个环节,土地管理的差别化、精细化程度不断提高。截至 2018 年初,全市各区新供产业用地开竣工、投达产履约情况良好,全生命周期管理机制初显成效。对 2014 年以来按全生命周期管理要求出让的 400 余幅产业用地进行梳理,已有 300 余幅地块实施了履约监管,其中,开工履约率 93%,竣工履约率 63%,投产履约率 71%,达产履约率 70%。

4. 积累了丰富的土地转型提升经验

由于工业用地占比高,因此,为突破土地资源利用瓶颈,一直以来上海提升土地利用效率的主战场主要集中于工业区,积累了丰富的转型升级经验。从具体操作举措来看,工业用地转型方式可初步分为四种类型。一是产业升级型。即维持原有工业主体功能不变、性质不变,原有产业向产业链上端提升,逐步向服务型产业转变。典型案例为金桥开发区,实现从生产加工单一功能向生产、研发、管理、展示、投资等多功能转变。二是产业置换型,即对产业结构进行调整,发展附加值更高的服务业。典型代表为各类文化创意产业园区。随着城市的快速发展,原来的城市边缘地带迅速成为城市中心区域或片区中心,工业用地原有的功能和性质不能适应所处地段土地增值的变化趋势,且工业用地周边已形成一定的商业氛围,通过实施改造,有条件发展较原有工业收益价值更高的服务业。三是功能置换型。随着经济的发展,人们对居住空间、条件与质量有了更高的要求,对公共开放空间产生更大的需求,进一步追求精神与文化上的满足。这些促使了相关旧工业地区的功能置换,改变用地性质,原有产业退出,更改为公共空间或居住空间,如徐家汇公园。四是综合型置换,综合产业置换和功能置换两种类型。典型案例为后世博园区再开发。

表 1.8　上海盘活工业用地相关政策

年份	名　　称
1998	《国有企业改革中划拨土地使用权管理暂行条例》
2000	《上海市房地产转让办法》(2000 年修订版)
2002	《招拍挂出让国有土地使用权规定》
2005	《加强中心城区改变土地使用性质规划管理的暂行规定》
2005	《进一步加强本市规划管理若干意见》
2005	《上海"十一五"创意产业发展规划》
2008	《关于促进土地节约集约利用加快经济发展方式转变若干意见》
2010	《关于鼓励本市国有企业集团利用存量工业用地建设保障性住房的若干意见》
2010	《关于规划土地政策支持高新技术企业化,促进经济发展方式转变和产业结构调整若干意见部分操作口径的通知》
2011	《关于在张江国家自主创新示范区试点进一步开展产业用地节约集约利用的若干意见》
2011	《关于推进上海规划产业区块外产业结构调整转型的指导意见》
2011	《上海市加快创意产业发展的指导意见》
2014	《关于进一步提高本市土地节约集约利用水平的若干意见》
2014	《关于本市盘活存量工业用地的实施办法(试行)》
2014	《关于加强本市工业用地出让管理的若干规定(试行)》
2015	《市委市政府关于推进新型城镇化建设促进本市城市发展一体化的若干意见》
2016	《国务院办公厅加快发展服务业若干政策措施实施意见》

资料来源:国务院、上海市政府。

1.3　上海进一步推动土地高质量利用的必要性和紧迫性

当前,世情国情继续发生深刻变化,中国经济发展进入新常态,上海正处于基本建成国际经济、金融、贸易、航运中心和社会主义现代化国际大都市的决胜期,加快建设具有全球影响力的科技创新中心的关键期,全面建设卓越的全球城市的起步期。资源环境约束日益加剧,发展的路径依赖和思维惯性依然强烈,发展的质量和效益亟须提高。面对新形势新要求,进一步提高土地利用效率,以土地利用方式转变推动经济发展方式转变,意义重大、影响深远。

1.3.1 上海土地利用面临的新形势

1. 全球投资贸易活跃度变化或将对土地利用形势产生影响

全球经济和贸易投资延续复苏势头,但贸易摩擦等不确定性因素增多,或将对土地利用规模、结构产生影响。当前,全球经济和贸易投资仍处于复苏进程中,但受美国挑起贸易摩擦的影响,国际贸易投资及国际金融市场已遭受重大冲击,全球经济已出现放缓迹象。2018 年第二季度全球贸易量出现零增长,进入第三季度后,全球贸易继续下滑。WTO 全球贸易景气指数报告反映,第三季度的全球贸易景气指数为 100.3,较前值降低 1.5 个点,预示着未来贸易增长将进一步放缓,并将可能对全球外国直接投资产生负面影响。由此,贸易投资形势的改变将可能改变跨国公司投资流向,甚至影响未来全球产业链和供应链布局,对上海引进外资以及出口相关行业发展造成冲击。长期以来,土地引资是各国各地区招商引资的重要手段,外商投资企业是上海重要的土地利用主体,经济贸易环境的变化或将对投资的动向、主体、行业、结构产生影响。上海亟待优化土地利用方式,通过土地高质量利用增强城市发展的吸引力和竞争力。

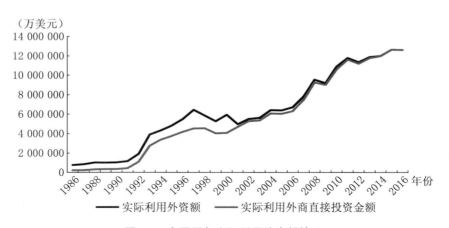

图 1.6　中国历年实际利用外资额情况

资料来源:国家统计局。

2. 全球城市地位提升将持续催生土地利用需求

经济全球化继续深化,全球城市节点地位更趋重要,将持续催生土地利用需求。自 20 世纪 80 年代以来,市场经济和国际分工加速推进,经济全球化和区域一体化步伐加快,有力推动了贸易自由化和区域经济合作,极大促进了资源要素流动。经济全球化改变了土地供需关系,土地资源配置由仅满足国家和地区自身经济社会发展的需要转向从提高国家和地区竞争力的角度来配置,土地资源价值逐步显化。中国也随即成为全球吸引外资最多的国家之一,外资也逐步成为支撑中国经济发展和参与城市土地利用的重要力量。当前,世界经济正处在后危机的转型期,经济全球化继续深化推进,全球化深化的进程在地域上产生了一种复杂的二重性,即经济活动在地域上的高度分离和全球范围内的高度整合。作为最佳空间集结点,全球城市的出现是对高度分散化的经济活动进行控制与管理的需要,在全球经济事务协调与组织中的角色更趋重要。作为崛起中的全球城市,上海将持续吸引国际资本和高端要素流入,并将产生持续的土地利用需求。

3. 新技术、新产业引发土地利用方式变革

当前,全球正在发生一场以绿色、智能和泛在为特征的新科技革命。信息、生物医药、新能源、新材料等领域有可能出现颠覆性技术,对生产生活方式、城市发展和土地利用产生重大影响。首先,信息技术、互联网经济的发展对土地利用结构和产业布局产生影响。由于土地资源的不可移动性,因此,传统的产业布局往往强调交通条件和交通位置对产业布局的重要性。而信息技术的发展,使得各方面的信息能够得到及时共享,人与人的互动交流将更为频繁,信息流对通勤交通流的替代使金融商务等功能对空间集聚的依赖大大降低,而对公共社交空间的需求不断扩大。城市容积率特别是郊区容积率的提升和休闲游憩空间拓展成为可能,城市将在实体和虚拟空间中共同实现包容和可持续发展。其次,产业融合发展的需求引致土地用途复合利用与管理的需求。自从《雅典宪章》提出"功能分区"的概念以后,其即成为城市土地规划的主流思想。而随着新兴技术的快速发展和应用,产业边界日益模糊,跨界融合已经成为新一轮产业升级的大趋势,如原有的生产型企业

已不再仅仅从事单一的生产或仓储,而逐步转型为集销售、采购、结算、研发、展示、培训、管理等功能为一体的复合型企业。为此,近年来,土地混合利用得到了宣扬,国际上已普遍认为,合理的、适度的土地混合利用将可以有效满足产业融合发展需求,提升环境品质,激发社会活力,并为城市发展带来正面效应。上海未来应改变传统的土地供应配置方式以及单一用途的利用管理方式,向弹性化、多功能的综合利用管理方式转变,以适应产业转型和融合发展的需求。此外,部分新兴产业具有规模小、资金实力弱、发展周期短的特点,与传统供地方式资金需求高、周期长形成冲突。上海亟待适应新技术、新产业的变化调整土地利用管理方式。

专栏 1.5　当前上海土地利用方式与互联网经济发展的不适应性分析

1. 土地利用结构不尽合理,难以适应互联网经济背景下产业结构变革的需要

一是从全市土地利用结构看,工业用地比重偏高。互联网经济促进了传统工业的转型,原本依赖生产制造业拉动经济增长的传统增长模式亟待改变。截至 2014 年底,上海工业用地占建设用地的比重为 28%,与纽约(5%)、伦敦(3%)和新加坡(10%)相比,工业用地供应明显偏多。

二是从工业用地内部结构来看,物流仓储用地比重偏低。互联网经济直接带动了物流仓储业发展,但据统计,上海仓储用地与制造业用地比例为 1∶7,而香港为 1∶1。仓储用地的不足,一定程度上会影响到物流产业的发展。

三是互联网经济对以百货商场、超市卖场等业态为代表的零售业冲击较大,部分商业用地可能面临过剩问题。互联网经济在刺激线上消费的同时,也对线下消费产生一定的挤出效应,以购物消费业态为主的实体店铺受到较大威胁,局部地区商业用地经营状况普遍下滑。与此同时,上海商服楼宇规模总体上已经呈现供大于求的态势。截至 2014 年末,上海商业项目建筑面积达 6 650 万平方米,人均商业面积 2.8 平方米,是香港和东京(人均 1.3 平方米)的 2.1 倍,是纽约(人均 1.1 平方米)的 2.5 倍,是伦敦(人均 0.9 平方米)的 3 倍以上。

四是互联网经济改变了传统的办公模式，局部地区办公用地也将面临过剩问题。互联网经济发展背景下，智能化、网络化技术发展正在对传统的集中办公模式产生深远影响，在家办公、异地办公、移动办公、远程办公等模式普及，可能会导致上海办公楼需求增长动力不足。与不断萎缩的市场需求相比，上海商办用地可能面临供应偏多的趋势。

2.产业布局不够合理，不利于土地利用效率的整体提升和新兴产业的发展

一是物流企业布点杂乱无序，难以为互联网经济发展提供有效支撑。物流仓储业能否科学布点，对支持互联网经济发展具有重要作用。当前上海物流园区建设各自为政，缺乏全局层面的统筹规划，难以发挥物流产业辐射带动功能，仓储用地利用效益有待进一步提高。

二是新兴商务区定位缺乏区域特色，无法适应"互联网＋"产业发展需要。近年来，上海新增商办用地大多集中于城市次中心区域的新兴商务区，这部分办公楼租售形势不容乐观，例如长风生态商务区一期入驻率尚未超过80％，二期入驻率还不到20％等。其中一个重要原因就是，各大园区未能结合互联网经济发展，及时调整自身产业定位，导致各大商务区定位趋于同质化，未能形成错位发展。

3.土地供应方式和管理模式弹性不足，难以适应"互联网＋"产业快速发展的需要

一是传统的工业用地出让方式，容易造成互联网企业用地成本较高。与传统制造业企业不同，互联网技术企业存在规模较小、资金实力较弱、发展周期较短等特点。上海工业用地以出让为主，出租供应偏少，互联网技术企业容易遇到"用地难"的问题。

二是混合用途的地块偏少，难以满足互联网经济发展需求。现有用途分类的混合仍然以商业和住宅混合为主，对工业与办公混合、办公与商业混合，特别是三种以上的用途类型混合，在规划上还比较少，不利于吸引相关企业入驻。

三是用途变更弹性不足,容易产生低效用地或违法用地。如一些企业由于经营不善,受规划限制,又不能及时改变用途,从而导致低效用地和闲置用地的产生。

资料来源:庄幼绯等,《互联网经济对土地利用的影响及对策》,《中国土地》2015年第11期。

---

4. 高密度、紧凑的土地利用理念渐成共识

近年来,全球城市逐步呈现出高密度、集约紧凑以及智能化的城市空间形态,密集紧凑的城市形态、高效率的交通系统和富有活力的公共空间共同构成了全球城市的空间特征。国际经验表明,全球城市中心区域拥有商务、娱乐、旅游、时尚和文化等多种功能,是充满活力的枢纽中心;最具竞争力的城市中心往往拥有超高的就业和办公楼密度,高密集度可以创造更高的经济价值。过去十年中,伦敦金融城就业密度增长了30%,达到每平方公里15万就业量,体现出强大的集聚经济效应以及高密度带来的经济增长。伦敦市中心1/3的岗位集中在10%的区域内(伦敦金融城+金丝雀码头),峰值高达每平方公里15.5万个岗位。在美国,城市就业密度翻番,每小时生产力就增长6%。以纽约为例,岗位主要集聚在曼哈顿中城和下曼哈顿区,这两地每平方公里有15万个岗位。纽约规划部门将金融和高科技集聚地的曼哈顿城区容积率提高到33,以创造更高的密集度。此外,提高居住密度和就业密度、混合利用土地还可以有效节约能源及减少温室气体排放。据联合国政府间气候变化专门委员会的报告,人类的聚居程度越高、就业率越高、交通越便捷、土地混合使用率越高,越可以减少温室气体的排放量。为此,如何通过公共政策的激励形成密集紧凑的城市形态是上海未来土地利用和空间转型应充分注重的核心问题。

5. 高质量发展和生态文明战略的地位提升

一方面,高质量发展要求推动经济发展效率变革。当前,中国经济发展的基本特征就是由高速增长阶段转向高质量发展阶段。实现高质量发展,是保持经济社会持续健康发展的必然要求,是适应我国社会主要矛盾变化和全面建设社会主义

现代化国家的必然要求。随着从高速增长向高质量发展迈进,中国经济正在开启新的时代。从投入产出关系来看,高质量即指投入少、产出多、效益好的发展模式。当前,我国资源利用效率仍与发达国家存在很大差距,也与世界平均水平也存在不小的差距。例如,我国当前单位 GDP 用水量在 90 立方米左右,发达国家一般在 9—18 立方米。土地方面,我国土地粗放利用状况没有根本改变,城镇规模扩张与存量建设用地低效利用问题依然突出。2000—2016 年,全国城镇建成区面积增长了约 118%,远高于同期城镇人口 58% 的增幅,2015 年人均城镇工矿建设用地面积为 149 平方米,2015 年人均农村居民点用地面积为 300 平方米,远超国家标准上限,进一步提高资源利用效率有较大空间和潜力。与此同时,我国资源约束进一步加剧,人均占有的土地面积还不到世界人均土地面积的 1/3。人多地少,土地资源相对不足是我国的基本国情。建设用地需求居高不下,2017 年,实际供地达到 60.31 万公顷,土地承载已逼近"天花板",传统发展模式难以为继。我国资源利用的低效率是抬升经济发展成本的重要因素,也是发展质量欠佳的突出表现。

专栏 1.6　以高质量发展理念统领经济工作

什么是高质量发展

高质量发展是产品和服务高品质的发展。在社会主义市场经济中,所有经济主体几乎都是为了交换而生产,生产的产品和服务都是为了满足广大消费者和其他生产者的物质文化生活需要。所以高质量发展第一位的要求是产品和服务要不断提高质量、改进品质。

高质量发展是供给与需求高匹配的发展。在现代市场经济条件下,所有的供给都是为了满足需求,产品和服务质量的高低皆由消费者说了算,皆由市场决定。高质量的发展,不仅要求供给结构与需求结构相匹配,还要求供给结构能保持弹性,在尽可能短的时间反应、适应、跟上需求结构的变化,在动态中不断满足日益增长的、不断变化的、丰富多样的需求,更要求在技术不断创新的基础上,靠

新供给不断创造新需求,在供给与需求的不断满足、互相创造中实现供需动态匹配,推动着经济高质量的发展。

高质量发展是资源和要素高效率利用的发展。创造高质量的产品和服务,创造出满足需求的供给,需要多种资源的耗费和生产要素的投入。我国推动经济的高质量发展极为关键的就是提高经济运行的质量,提高资源配置的效率,提高劳动力、资金、土地等生产要素的生产率。一句话,既要讲究有品质的产品,也要讲究更少的投入。这就意味着要进一步推动清洁生产,发展循环经济,更要进一步消除资源有效配置的体制机制障碍,提高资源配置效率和全要素生产率。

高质量发展是严格防范系统性风险的发展。现代市场经济是一个复杂系统,面临的环境异常复杂,不确定性是一个永恒话题。贯彻新发展理念,推动经济高质量发展,必须建立健全风险识别、监测、防控和处置的体制机制。

科技创新是高质量发展的动力之一

高质量发展的根本动力,一是科技创新,为此需要全面实施党中央确立的创新驱动发展战略,为高质量发展提供创新动力;二是体制改革,为此需要全面深化供给侧结构性改革,不断激发市场主体的活力和创造性。

其中,科技创新推动高质量发展有两条基本路径。第一条路径是科技创新创造新的具有更高更好品质的产品和服务。新的技术创新和新技术的应用总是不断地创造新的材料、新的动力、新的工艺和新的产品。从石料、木料到钢铁、水泥,再到纳米、柔性、电磁等新型材料,无一不是科技创新的产物,无一不是科技变革的结晶。新的产品集合成为新的产业,新的服务聚集形成新的业态。新的产业和业态的出现推动产业的转型升级,促进产业结构优化进步。第二条路径是提高要素生产率,优化资源配置效率。劳动生产率的提高来源于生产过程中动力的升级和机器、机器人及加工中心的使用;土地生产率的提高来源于良种的培育、土壤的改良、灌溉的普及、施肥的精准。资源的配置,在经济学意义上主要讲生产资源在部门间、地区间、企业间的配置,它主要解决生产什么、生产多少、在哪里生产、为谁生产的问题。这既是一个设计资源配置的导向机制和动力机制问题,也是一个解决信息不确定、不对称的问题。而信息技术的进步与变革,尤其是互联网、大数据、云计算等技术创新正在把海量需求与多元供给联结在一起,不断地减少经济活动的不确定性,极大地提高资源配置的效率。

资料来源:马建堂,《以高质量发展理念统领经济工作》,《新经济导刊》2018 年第 7 期。

另一方面,生态文明建设战略地位的提升要求全面促进资源节约。生态环境问题,归根到底是资源过度开发、粗放利用、奢侈消费造成的。长期以来,为追求规模经济效益的快速扩张,中国经济发展形成了要素积累型增长方式,这种增长方式强调投资需求的累进投入,具有低成本、高投入、低效益、高代价的特征;加之在经济转轨过程中,要素市场化滞后于商品市场化,各种要素价格被扭曲,极大地激励了企业在软预算约束下的过分投资需求扩张,其结果必然是持续过度投资导致能源消费快速增长和环境污染更加严重。为此,党的十八大将生态文明建设纳入中国特色社会主义事业"五位一体"总体布局,提出了大力推进生态文明建设,融入经济建设、政治建设、文化建设、社会建设各方面和全过程,并把"全面促进资源节约"作为其主要任务之一。党的十八届五中全会提出"绿色"发展理念。而后,习近平总书记在党的十九大报告中,首次将"树立和践行绿水青山就是金山银山的理念"写入了中国共产党的党代会报告,且在表述中与"坚持节约资源和保护环境的基本国策"一并,成为新时代中国特色社会主义生态文明建设的思想和基本方略。在这一背景下,近年来,作为生态文明建设的物质基础、空间载体和构成要素,土地资源的高效利用是推进生态文明建设的内在要求,节约集约利用土地、提高土地利用效率已成为我国土地管理工作的统领策略。上海需要按照上述两大战略要求推进土地集约利用工作走向纵深,坚定不移地推进土地资源效率变革。

6. 土地已成为制约上海发展的最大瓶颈

上海地狭人多,是典型的超大型城市。经历了城市快速扩张、人口剧增等阶段后,同时也面临着人口、土地、环境、安全等多重压力。从供给来看,上海土地空间约束仍然存在,到 2035 年,全市土地总量锁定在 3 200 平方公里。2017 年底,上海建设用地规模达 3 169 平方公里,超过市域总面积的 46.8%,远高于伦敦、巴黎、东京等国际大都市水平,未来上海剩余净增空间仅 31 公里。而上海土地后备资源匮乏,80% 的未利用地为水域,受自然生态系统保护、长江流域来沙量减少、全球海平面上升及河口工程建设等多重因素的影响,依靠滩涂围垦拓展城市建设空间和补充耕地后备资源的方式难以为继。从需求来看,近三年上海实际年均净增空间(用地总规模减去已使用的减量化规模),年均约 16 平方公里,其中,2015 年 19 平方公里、2016 年 16 平方公里、2017 年 15 平方公里,基本呈现稳定的趋势。未来伴随着上海卓越全球城市建设的深化推进、城市化的继续推进,预计市重大项目及各区对土地增量的需求水平居高不下,用地供需矛盾仍旧突出。

表 1.9　国土资源利用相关核心指标

核　心　指　标	2020 年	2035 年
常住人口规模(万人)	≤2 500	2 500 左右
建设用地总规模(平方公里)	3 185	3 200
耕地保有量(万亩)	282	180
永久基本农田保护任务(万亩)	249	150
单位地区生产总值(GDP)建设用地使用面积(公顷)	≤9.1	≤4.2

资料来源:《上海市城市总体规划(2017—2035 年)》。

7. 上海城市转型对土地利用方式产生新的诉求

一方面,当前上海总体处于后工业化阶段,产业经济总体呈现出向服务经济转变的趋势,产业转型趋势显著,并对土地利用方式产生影响。经济转型既是资本、劳动力、技术等要素在各个产业之间的重新配置,也需要通过土地要素优化配置予以支撑。特别是产业融合、技术进步涌现出的新产业、新业态的用地需求不同于传统产业,如在产业布局上,生产性服务业由于其产业本身的交叉性,既可以向前延伸成为工业,也可以向后延伸成为普通的服务业或商业,具有用地的二元性,通常表现出与工业混杂的特点。因此,其产业布局既有集聚性,又有分散性和动态调整性,由此引致出混合用地的需求。另一方面,上海正处于加速向卓越的全球城市目标迈进的关键时期,城市建设应体现以人为本的发展理念,着力促进城市功能转

型,实现"宜居、宜业、宜游"的城市发展目标。"上海城市发展目标公众调查"显示,
"开放、绿色、关怀"是市民对于上海未来畅想的三个核心关键词,市民越来越强调
对宜居环境的追求,越来越关注城市人文魅力的提升,越来越追求上海民生建设带
来的获得感。由此,规划土地管理工作应坚持人性化、生态化、集约化、一体化导
向,扩大多元化公共服务用地供给,加强城市公共空间建设和城市生态文明建设,
实现城市公共服务设施能级提升和均等化服务,建设生态环境舒适、空间尺度宜
人、城市功能复合的国际大都市。

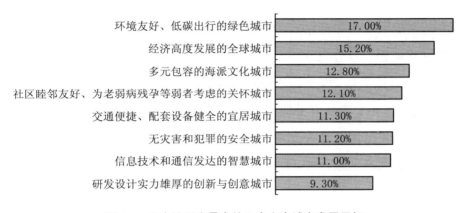

图 1.7　公众认同率最高的八个上海城市发展目标

资料来源:上海市政府,上海城市发展目标公众调查,2014 年。

1.3.2　上海进一步推动土地高质量利用的重大意义

1. 是上海贯彻高质量发展和生态文明战略的重要举措

党中央、国务院高度重视土地资源节约集约利用和提升土地利用效率。生态
文明建设、高质量发展两大战略的提出,加之党的十八届三中全会关于"健全土地
节约集约使用制度,从严合理供给城市建设用地,提高城市土地利用率",中央城镇
化工作会议关于"按照严守底线、调整结构、深化改革的思路,严控增量,盘活存量,
优化结构,提升效率"等一系列的论述和决策部署,深刻表明土地节约集约利用已
提升到关系经济社会发展全局的战略高度,影响之大、要求之高前所未有。上海改

革开放的序幕是从土地批租试点开始的。立足新的起点,作为全国改革开放排头兵、创新发展先行者,上海理应将思想和行动统一到党中央、国务院的决策部署上来,要对标国际最高标准、最好水平,面向全球、面向未来,在新的时代坐标中坚定追求卓越的发展取向,要坚持问题导向,着力攻坚克难,着力解决瓶颈难题,率先落实党中央高质量发展的新要求,提高土地等资源利用效率,进一步降低经济发展成本,推动城市发展质量和效益的提升,走出一条土地高质量利用的新路。

2. 是上海建设卓越的全球城市的内在要求

城市化进程孕育在整个社会发展变化的过程中,受经济、人口、政治、文化、科技和社会等多重因素的综合影响,共同决定着城市发展的方向,与之相对应的是土地资源利用的理念和趋势也在不断地发展改变。在经历过城市蔓延、规模化扩张带来的弊病和反思之后,以及在人口继续增长和资源环境紧约束的压力之下,密集、紧凑已成为当下全球城市土地利用的共同价值取向。建设卓越的全球城市是上海未来发展的目标愿景。为此,在迈向全球城市,建设繁荣创新之城、幸福人文之城和韧性生态之城的过程中,上海亟待适应经济全球化背景下全球城市网络节

表 1.10　产业类别及其空间结构差异

区　位	区位因素	旧制造业	新制造业	传统服务业	新服务业
核心地带	交　通	—	O	—	+
	地　租	—	—	—	O
	人　口	O	O	+	+
	通信设施	O	+	O	+
	集聚经济	O	+	+	+
中间地带	交　通	O	O	+	O
	人　口	+	O	+	+
	地　租	+	+	+	+
	集聚经济	O	+	+	+
外部地带	交　通	+	O	+	O
	地　租	+	+	+	O
	人　口	O	O	—	O
	生产规模经济	+	O	O	O

注:"+"表示具有正面的重要影响,"—"表示具有负面的重要影响,"O"表示作用不明显。

资料来源:郭贯成等,《经济新常态下产业转型引致土地利用管理的新矛盾及其应对》,《中国土地科学》2016 年第 1 期。

点地位提升带来土地利用需求的影响,新产业、新业态的涌现,人文软实力、吸引力的提升,以及功能复合、多层次生态空间体系建设的需求;借鉴全球城市的发展经验,以成为高密度超大城市可持续发展的典范城市为目标,落实规划建设用地总规模负增长要求,牢牢守住规划建设用地总量底线,着力提升土地利用效率,实现内涵发展和弹性适应,通过土地资源的合理配置与优化,积极探索超大城市睿智发展的转型路径。

3. 是上海基于自身发展基础和发展阶段的现实选择

上海用地的供求矛盾,以及城市转型与土地利用之间的矛盾愈加明显,上海已经到了必须在发展中加快提质增效升级的关键时期,粗放扩张、人地失衡、举债度日、破坏环境的老路不能再走,也走不通了。为此,上海市委市政府提出了"亩产论英雄""效益论英雄""能耗论英雄""环境论英雄"的工作理念,这都需要土地利用政策予以落实。在这一背景下,珍惜每一寸国土,全面促进资源节约,加强存量建设用地内部挖潜,优化用地结构和布局,进一步提高土地利用效率,既是上海推进生态文明建设的重要抓手;也是上海应对经济贸易、吸引外资的新形势、新动态,积极创新土地利用策略和方式,增强城市竞争力的需要;更是上海基于土地利用现状,面对土地资源紧约束,向存量、向流量要空间,加强空间布局引导,提高资源配置效率效能,推动资源向优质产业和产品集中,提高城市综合承载力的现实选择。上海亟待推进土地规划管理发展理念转变,深化政策改革,通过土地政策和土地利用方式转变促进经济转型升级。

第2章

上海土地利用的现状与问题

在经历了前期的快速增长阶段之后,近年来上海建设用地总量保持稳定,新增建设用地逐年大幅减少,土地节约集约利用的共识已经形成。但与此同时,土地供需矛盾依然突出,土地利用质量仍待提高,土地利用绩效尚不均衡,土地复合利用水平不高,这些问题制约了城市能级和土地承载力的提升。

2.1 上海建设用地利用的现状与问题

上海是一个人口多、土地资源相对缺乏、环境容量十分有限的超大型城市。从长远看,上海建设用地总量有限和可用量不断减少的趋势不会改变,资源环境已对上海城市发展产生了刚性约束。

2.1.1 上海建设用地的现状

1. 上海建设用地的演化历程

纵观上海建设用地的变化历程,进入新世纪以来,上海城市建设用地从高速增长转向缓慢增长,并将在未来逐步进入稳定阶段。

（1）进入新世纪的前十年是上海建设用地快速增长阶段。

根据国家基础地理信息中心全球地表覆盖数据（GlobalLand30），从 2000 年至 2010 年，上海建设用地面积增长迅速，从 2 464.75 平方公里增长至 3 731.52 平方公里。在长三角城市中，以"2010 年建设用地面积占市域总面积的比例"排序，前五名分别为上海（34.67%）、无锡（18.98%）、苏州（16.03%）、嘉兴（14.34%）、常州（13.46%）。其中，上海的指标是排名第二的无锡的近两倍。从增量来看，上海建设用地面积增加的绝对值最多，10 年间增加了 1 266.77 平方公里；其次是苏州，10 年间增加了 701.59 平方公里；接着是金华（665.86 平方公里）、南通（616.85 平方公里）、宁波（603.82 平方公里）。从增幅[（2010 年建设用地面积－2000 年建设用地面积）/2000 年建设用地面积]来看，铜陵翻了两倍多，金华翻了近两倍，南通也增加了一倍多。

（2）"十二五"以来，上海建设用地进入缓慢增长阶段。

"十二五"期间，中国开始注重经济发展模式转变，改变传统土地粗放式开发利用模式，推动集约节约利用。在此背景下，2013 年，上海发布了《关于进一步提高土地节约集约利用水平的若干意见》，根据该意见，上海工业用地的规模总量将锁定在 3 226 平方公里，且每年土地的增量将逐渐减少，提高存量土地的效益及土地的利用效率，并通过转变土地利用的方式来推动产业升级。此外，在此阶段，上海建设用地政策更加注重对于核心城市功能的支撑作用。如 2015 年上海市政府出台《上海市加快推进具有全球影响力科技创新中心建设的规划土地政策实施办法（试行）》，2017 年制定《上海市土地资源利用和保护"十三五"规划》。2017 年 12 月，《上海市城市总体规划（2017—2035 年）》（简称"上海 2035"）获得国务院批复原则同意。该文件在全球城市核心功能的基础上，为建设用地利用制定了总体框架。

受上述政策文件的指导，"十二五"期间，上海新增建设用地规模逐年递减，从原来的每年 50 平方公里以上降至目前的每年 20 平方公里以下，其中，工业仓储用地、市政公用用地和经营性用地比例约为 23∶46∶31，新增建设用地计划进一步向公益民生类项目倾斜。到"十三五"期末，上海建设用地总规模拟不突破 3 185 平方公里，其中工业用地比重降低到 17% 左右。根据《上海市城市总体规划（2017—

2035 年)》,未来至 2035 年,上海建设用地增量将非常有限,个别年份可能甚至会出现负增长。上海全市规划建设用地将控制在 3 200 平方公里以内。

2. 上海建设用地的利用现状

根据《上海市城市总体规划(2017—2035 年)》,2015 年,上海建设用地为 3 071平方公里,非建设用地 3 762 平方公里,建设用地占比为 44.94%。其中,城镇居住用地为 660 平方公里,占比 21.5%;农村居民点用地 514 平方公里,占比 16.7%;公共设施用地 260 平方公里,占比 8.5%;工业仓储用地 839 平方公里,占比 27.3%;绿化广场用地 221 平方公里,占比 7.2%;道路与交通设施用地 430 平方公里,占比14%;其他建设用地 147 平方公里,占比 4.8%。

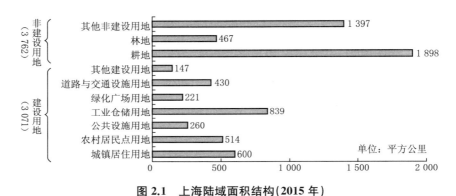

图 2.1　上海陆域面积结构(2015 年)

资料来源:《上海市城市总体规划(2017—2035 年)》。

截至 2017 年底,上海建设用地总规模较 2015 年净增 98 平方公里,达到 3 169平方公里,约占全市陆域土地总面积的 46.8%,接近陆域面积的一半。

2.1.2　上海建设用地利用存在的问题

尽管近年来上海建设用地节约集约利用取得了良好成效,但受前期因素的影响,当前上海建设用地在结构、绩效等方面仍显不足。

1. 建设用地利用方式较为粗放

(1) 建设用地占比偏高,远高于伦敦等国际大都市。

上海建设用地占陆域面积为 46.8%,远高于伦敦、巴黎、东京等国际大都市平均 30% 左右的水平。同为发展中国家大都市的孟买在 2011 年也只有 31%。不过，未来很长时间内上海建设用地占比将不会有大的变动。

（2）上海人均建设用地水平偏高，也远高于发达国家水平。

上海人均建设用地近 130 平方米，远高于发达国家人均 82.4 平方米和发展中国家人均 83.3 平方米的水平，也高于香港（37 平方米/人）、东京（84 平方米/人）、纽约（105 平方米/人）这样的国际大都市。显然，上海对建设用地的使用远未达到"精耕细作"的水平，粗放利用的特征十分明显。

表 2.1 上海人均建设用地的国际比较

	上 海	东京都	东京都市圈	香 港	芝加哥大都市区	纽约都会区	大伦敦	大开罗地区
人均建设用地（平方米/人）	128.04 (2017)	44.12 (2007)	83.91 (2007)	37 (2007)	203.01 (2000)	105 (2006)	214.08 (2005)	36.2 (1986)
建设用地/城市面积（%）	46.8 (2017)	29.4 (2005)	21.7 (2007)	23.4 (2007)	6.13 (2000)	11.35 (2006)	23.7 (2005)	31.7 (1999)
城市人口（万人）	2 418.3 (2017)	1 301 (2010)	3 463 (2006)	707.16 (2011)	289.78 (2010)	1 881.6 (2007)	757 (2006)	1 684 (2002)
面 积（平方公里）	6 340.5 (2017)	2 187 (2007)	13 400 (2006)	1 104.32 (2007)	9 598 (2004)	17 405 (2007)	1 584 (2006)	17 393 (2002)

资料来源：上海发展战略研究所，《上海建设用地集约节约利用研究》2012 年 3 月。

专栏 2.1 国际大都市人地关系的一般演化趋势

城市人口和城市建设用地是城市发展的两大支撑，是城市功能、城市品质、城市集聚和辐射能力的基础性制约因素。二者比例适当、结构协调则有利于城市健康可持续发展。城市是一个复杂系统，又受到内外部多种因素的制约，因此人口和土地的适宜比例几乎没有一定之规，美国和亚洲大都市的发展演化就存在着很大的差异。尽管如此，仍然有一条基本的演化脉络可寻。

第一，工业化初期，城市人均建设用地呈现逐步攀升的态势。一般而言，工业化与城市化总是同步展开的。在工业化初期，在经济利益的驱动下，大量的人口涌向城市，城市化进程开始加速，但此时城市建设用地的扩张往往会以更快的速度展开，大量的农业用地被转为工业、交通、基础设施和居住用地，人均建设用地出现稳步攀升的态势。

第二，工业化中期，城市人均建设用地开始趋于下降。随着工业化和城市化的进行，中心城区建设用地开始逐渐趋于饱和，但经济的扩张仍然吸引着怀着各种理想的人们向城市迁移，此时人地比例开始逆转，人口增长超过城市规模的扩张，人均建设用地开始趋于下降。比如芝加哥的人均建设用在 1910 年达到一个峰值后便开始长达 40 年的下降，由 1910 年的 225.4 平方米/人下降到 1950 年的 152.26 平方米/人。这一时期大都市人地关系的演化基本上是一条倒 U 形轨迹。

第三，工业化后期或后工业化时期，城市的人地比例关系呈现出多元的变化趋势，主要有两种模式：一种是芝加哥模式，代表了人少地多且居民偏好分散居住的演化模式，人均建设用地随城市人口的减少而不断上升，并在某一水平达到稳定。另一种是东京模式，代表了人多地少，且居民偏好集中居住的演化模式，人均建设用地随人口的不断增加而逐步下降，并稳定在某一水平上。

芝加哥模式。进入工业化后期，美国的大都市出现了一股明显的"逆城市化"趋势，大量的人口涌向郊区，甚至逃离大都市，旨在追求一种更为安逸的生活方式。其间，芝加哥的人口经历了 20 年的缓慢增长后开始下降，并一直持续至今。"逆城市化"的另一个结果是城市化设施在郊区出现低密度的蔓延，导致建设用地大幅增加。因此，人均建设用地出现了较大幅度的上升。芝加哥人均建设用地从 1970 年的 174.81 平方米/人，增加到 1980 年的 196.61 平方米/人，进而又增加到 2000 年的 203.01 平方米/人。

东京模式。东京是典型的人多地少的大都市，且建设用地受到严格控制，基本已趋于饱和，但城市人口却仍在缓慢增长。相应地，人均建设用地呈现稳中微

降的趋势,从 1994 年到 2007 年,东京人均建设用地从 45.94 平方米/人降到 44.12
平方米/人。与此相类似还包括伦敦,从 80 年代始,伦敦人口由持续下降转为稳步
上升,其中一个很重要的原因是国际移民的流入。相应地,伦敦建设用地也出现
了稳中有降的态势,比如内伦敦从 1981 年的 122 平方米/人下降到 2005 年的 109
平方米/人,而同期的大伦敦则由 240.96 平方米/人下降到 214.08 平方米/人。

　　资料来源:上海发展战略研究所,《上海产业用地发展机制调研》,2017 年 1 月。

2. 建设用地利用结构不尽合理

(1) 生产与生活建设用地比例不合理,特别是工业用地占比过大。

　　第一,上海工业用地比重偏高。伦敦、纽约、东京等国际大都市工业用地一般
占建设用地比重在 5% 以下,而上海工业用地"十二五"期末达到建设用地面积的
27%;即使同北京、广州、深圳、苏州等同处工业化和城市化快速发展阶段的国内城
市相比,上海的工业用地比重也处于高位。

　　第二,与其他大都市区相比,上海生态绿地比重相对较低。2015 年,上海绿地
比重仅为 14%,远低于巴黎、东京、纽约等地。此外,上海生态空间接近底线,基本
生态网络建设有待加强,外环、郊环、生态间隔带等重要生态空间内现状建设用地
比例仍然较高,全市森林覆盖率仍远低于全国平均水平。

表 2.2　国际大都市居住用地、绿地、交通用地占建设用地比重比较

城　市	居住用地比重(%)	绿地比重(%)	交通用地比重(%)	三者合计占比(%)	年份
大伦敦	32.56	38.23	14.12	84.9	2005
纽约市	42.15	25.37	18.08	85.6	2006
东京都区部	58.2	6.3	21.8	86.3	2006
大巴黎地区	30	12	27	69	1996
上海(现状)	38.2	7.2	14	59.4	2015
上海 2035 规划	≤32	≥15	20	—	2035

　　注:上海现状居住用地包括城镇居住用地 21.5% 和农村居民点地 16.7%。规划居住用地包含
城镇居住用地 26% 和农村居民点用地≤6%。
　　资料来源:上海发展战略研究所,《上海建设用地集约节约利用研究》2012 年 3 月;《上海市城市
总体规划(2017—2035 年)》。

第三,上海商业办公用地比重偏高。上海人均商业面积偏高。根据《上海城市商业综合体发展情况报告》,截至 2016 年底,上海全市 10 万平方米以上特大型城市商业综合体 44 家;人均商业面积 1.4 平方米,超过国际标准的 1—1.2 平方米。上海商业办公面积增长仍然迅速。2017 年上海城市商业综合体新开业 40 多家,2018 年新开业的购物中心总数将超过 36 家。2016 年上海办公楼竣工面积累计达 279.31 万平方米,同比增长 27.4%;2017 年 1—9 月上海办公楼竣工面积累计达 346.3 万平方米,同比增长 112.3%。

(2)农村集体建设用地规模总量较高,但功能偏弱、用地效率偏低。

城镇和农村建设用地比例不合理。截至 2018 年 6 月,上海集体建设用地现状总量约 1 100 平方公里,约占全市建设用地的 35%,农村人均建设用地面积 564 平方米,是城市居民用地标准的 5 倍多。其中,农村宅基地占上海住宅用地量的 45%,同期农村户籍人口仅占全市户籍人口的 10%。农村宅基地利用存在布局分散、户均占地大、空置住宅多等问题,规模与农村户籍人口规模明显不相匹配。同时,乡镇企业用地约 400 平方公里,普遍存在功能较弱、厂房闲置、单位工业增加值能耗高等问题。如何激活这些土地并节约集约利用,是关乎上海未来健康和可持续发展的重大课题。

3. 建设用地利用绩效空间分化

(1)中心和外围建设用地存在显著的结构性差异。

从空间结构看,建设用地粗放利用主要表现在非中心城区,集约节约利用的主要空间也在非中心城区,特别是在郊区的工业和仓储用地上。从建设用地的使用结构看,中心城区已基本接近或达到国际大都市的结构水平[1],这也与中心城区基本接近或达到国际大都市服务业比重水平的情况相类似。从人均建设用地空间分布看,中心城区和非中心城区存在巨大差异,平均而言,八个中心城区人均建设用地是非中心城区的 1/5 左右。从建设用地存量和增量的空间分布看,非中心城区城市建设

---

[1] 按照规划,中心城区居住、绿地、交通三者用地比重在 2020 年达到 71.1%,考虑到中心城区规划和现状基本差别不大,因此,这里用规划数据近似反映现实情况。

用地占到全市建设用地的 70.6%,如加上农村建设用地则占全部建设用地的 90.3%,而到 2020 年新增的 390 平方公里的建设用地中,有 96.2% 将分布在非中心城区。

(2) 地上空间利用总量高,但地下空间利用率较低。

截至 2018 年 6 月,上海全市已建成各类地下建筑超过 30 000 个,地下空间开发规模达到 8 000 多万平方米。但现有的地下空间开发主要集中在 0—15 米的浅层,且 70% 左右为交通设施,公共服务设施、市政公用设施、仓储设施等所占比例较小。与巴黎、东京、大阪等国际大都市存在明显差距,通过地下空间开发缓解城市用地紧缺、推动土地集约化利用的功能发挥不足。

4. 建设用地总体效益仍旧偏低

(1) 土地总体经济产出规模高,但地均产出水平偏低。

目前,上海已成为全国首个 GDP 突破 3 万亿元的城市,但地均产出水平仍偏低,与领先的全球城市差距甚大。2017 年,全市地均产值为 7 000 万美元/平方公里,只相当于伦敦、东京、新加坡、香港等城市的 1/5—1/4。

表 2.3　上海与国际大都市土地单位产出水平比较

	国内生产总值 (百万美元)	行政面积 (平方公里)	地均生产总值 (百万美元/平方公里)
上　海	446 414.81(2017 年)	6 340	70.41
纽约大都市区	1 657 457(2016 年)	17 420	95.15
伦　敦	553 500(2016 年)	1 577	350.98
东　京	829 800(2014 年)	2 193.96	378.22
香　港	340 900(2017 年)	1 106.3	308.14
新加坡	296 976(2016 年)	719.1	412.98

资料来源:香港政府统计处网站;东京都统计局网站;美国商务部网站;世界银行网站;上海市统计局网站。其中,纽约大都市区包括纽约市、北新泽西和长岛。

从国内比较来看,上海建设用地地均产出水平也不高,为 9.51 亿元/平方公里,低于深圳(24.4)和广州(12.03),略高于北京(7.53)和苏州(6.93)。面对城市建设用地"天花板"的硬约束,进一步提高土地利用效率是上海率先实现高质量发展的必然选择。

表 2.4　上海与国内主要城市土地产出效率比较

	行政面积 （平方公里）	2017 年 GDP （亿元）	全市建设用地规模 （平方公里）	建设用地单位产值 （亿元/平方公里）
上　海	6 340	30 133	3 169(2017 年底)	9.51
北　京	16 412	28 000	3 720(2020 年规划)	7.53
深　圳	2 019	22 438	1 004(2020 年规划)	22.35
广　州	7 248	21 503	1 787(2015 年)	12.03
天　津	11 903	18 595	4 001(2012 年)	4.65
杭　州	16 596	12 556	2 388(2016 年)	5.26
苏　州	8 657	17 300	2 496(2014 年)	6.93

资料来源：民政部（行政区划信息查询平台）；各城市 2017 年统计公报；《北京城市总体规划
（2016—2035 年）》；《广州市土地利用第十三个五年规划（2016—2020 年）》；关于《深圳市土地利用总
体规划（2006—2020 年）》调整完善方案的公示，2017 年；《天津市土地资源开发利用"十二五"规划》中
期评估报告，2012 年；《杭州市 2016 年度土地利用变化情况》；《苏州市土地利用总体规划（2006—
2020 年)调整方案》，2017 年。

（2）建设用地的产出效率由中心向外围呈现出明显的逐步降低的态势。

上海建设用地 GDP 产出整体较高，但郊区相对较弱。根据自然资源部 2018 年
8 月通报的《全国城市区域建设用地节约集约利用评价情况通报》，上海单位面积产
出是 9.12 亿元/平方公里，在中国省份排名中位列第一，是全国平均水平的 4.1 倍。
2015 年，上海单位建设用地 GDP 为 7.9 亿元/平方公里，但城郊发展不均衡，中心城
区、浦东新区、近郊区、远郊区单位建设用地 GDP 相对比例为 11.6∶3.2∶1.7∶1。
2009 年，上海中心城区建设用地的地均 GDP 为 21.9 亿元/平方公里，而非中心城区
的地均 GDP 仅为 4.5 亿元/平方公里，二者相差近五倍，并且距离中心城区越远，地
均产出效率就越低。整体上，与 2009 年相比，2015 年上海城乡单位建设用地产出
的差距在收敛，但依然较大。显然，上海建设用地的产出效率仍有待大幅提升，而
提升的主要空间在郊区，尤其是在工业用地上。

（3）重点地区高品质商办用地效率较高，但外围地区商办用地效率偏低。

近年来，上海商办楼宇已从 2003 年的 3 400 多万平方米增长到 2016 年的 8 000
多万平方米，总量已大大超过国外大都市，但商办楼宇的结构绩效极不均衡。一方
面，重点地区高品质商务楼宇难以满足需求，企业和人口大量集聚，人口过密。如

2015 年,中心城核心区范围人口密度为 3.28 万人/平方公里,超过曼哈顿 2.8 万人/平方公里。另一方面,中低端商务楼宇的空间集聚度不够,特别是部分郊区商务楼宇空置率偏高,影响了整体用地效率的提升。

专栏 2.2　提质增效——实施低效建设用地减量化与土地整治

2017 年 5 月,《上海市人民政府关于印发〈上海市土地资源利用和保护"十三五"规划〉的通知》发布,重点任务五是提质增效——实施低效建设用地减量化与土地整治。

重点聚焦低效工业仓储用地和农村宅基地,作为"十三五"期间土地资源利用和转型的主要对象。创新土地整治模式,以郊野单元规划为统筹平台,发挥农地综合效益,引导郊野地区有序、内生发展。稳步推进农村土地整治和滩涂围垦工作,预计实现补充耕地总量 10 万亩。

1. 推进工业用地转型升级,促进低效工业用地减量化

到 2020 年,全市工业用地总规模控制在 550 平方公里左右(占建设用地 17% 左右)。优化"104"工业区块、"195"区域和"198"区域工业发展空间转型升级路径和差别化管理策略。在新增工业用地供应和存量工业用地盘活过程中,开展对土壤和地下水地质环境质量监测和评估,强化合理利用土地约束机制,确保土地资源绿色、可持续利用。

"104"工业区块,以空间优化、结构调整、绩效提高和能级提升为主,着力构建战略性新兴产业引领、先进制造业支撑、生产性服务业协同的新型工业体系,巩固提升工业园区产业集聚优势,增强城市综合功能。"195"区域,推进存量工业用地整体转型,转型方向以研发用地、住宅用地、公共服务用地和公共绿地为主,或开展零星开发试点工作,促进存量工业用地盘活利用。建立和完善低效工业用地认定标准,进行全面调查和分类评价,推进低效用地的再开发利用。"198"区域,大力推进现状低效工业用地减量化。到 2020 年,减量 40 平方公里,优先考虑

二级水源保护区、生态廊道和永久基本农田内的工业用地;通过土地节约集约利用评价,对"三高一低"(高耗能、高污染、高危险、低效益)工业用地进行减量,减量化后的土地根据水土质量情况作为生态用地或耕地。

2. 有序推进农村宅基地撤并退出,优化用地结构和布局

根据各区村庄布点规划,编制农民集中居住专项规划,有序推进村庄撤并,鼓励引导农民进城进镇集中居住。稳妥推进农村宅基地减量,重点聚焦"三高"沿线、生态敏感地区、水源保护区、环境整治地区以及纯农地区的宅基地。对于位于纯农地区 10 户以下自然村的宅基地,按照农民意愿,有序推进农民集中居住。

3. 创新土地整治模式,发挥农地综合效益

推进低效建设用地减量化和农用地集中连片整治,完善土地整治管理,形成政府主导、多方参与的土地整治资金保障体系和产业化土地整治模式,建立健全行业管理基本制度。开展郊野公园建设,按照"宜耕则耕、宜林则林"的原则,促进农业生产与观光、休闲、旅游功能相结合,进一步拓展城市休闲游憩空间。结合郊野公园建设、滩涂造地和生态造林消纳无害渣土物质,同时加大渣土资源化利用力度,减少渣土处置量。

加大市级整治资金投入力度,在基本农田保护区、经济薄弱村等重点地区,安排示范性的市级土地综合整治项目。结合"198"区域减量化、基本农田保护、水源保护区治理、郊野公园建设和重点区域生态环境综合整治,推进土地综合整治项目实施,预计新增耕地 7—10 万亩。推进滩涂围垦成陆土地开发,预计新增耕地 3—4 万亩。通过市、区两级的土地整治工作,确保满足本市新增建设用地的耕地占补平衡需求。

资料来源:《上海市人民政府关于印发〈上海市土地资源利用和保护"十三五"规划〉的通知》(沪府发〔2017〕24 号),2017 年 5 月。

2.2　上海工业用地利用的现状与问题

随着上海国际地位的提升,未来上海工业用地转型发展同时面临着良好机遇和严峻挑战。

当前,中国正处于工业转型升级期,正从"总量积累"阶段走向"效率提高、效益提升"的转型阶段。因此,上海工业用地发展理应响应当下中国经济供给侧改革政策,注重工业生产效率和企业效益的提高。

按照创新驱动发展、经济转型升级的总体要求,围绕上海城市功能定位和产业发展战略,上海近年来出台了一系列促进工业转型升级和强化工业用地集约利用的相关规划与制度文件,并围绕"五量调控"等相关要求积极开展工业用地减量增效工作。

目前上海工业企业发展呈现生产平稳运行、效益稳步提升的态势,行业整体上增长态势良好,中小型企业增长较快,战略性新兴产业占全区工业的比重在逐步提升,新能源、高端装备业发展迅速,出口企业暂未受中美贸易摩擦的影响。但是,工业用地发展在行业规模化、土地集约化以及产业结构调整等多个方面始终存在问题,且现状大多数零星工业用地仍以传统工业企业为主,亿元企业增长乏力,未来还需继续加强工业用地集约高效发展,加快转型升级过程。

2.2.1　上海工业用地发展现状

1. 工业用地发展沿革

纵观上海工业用地发展历史,从土地面积及利用方式视角来看,上海工业用地演变可分为工业用地初步拓展、由点及面扩张、工业用地缓慢增长、减量集约利用四个阶段。

(1) 1926 年至新中国成立初期:工业用地初步拓展阶段。

上海工业基地始于 20 世纪 20 年代。1926 年《上海地区发展规划》提出发展沪西、沪东、沪南三个工业基地;沪东工业区重点发展纺织、印染、机器工业,沪西工业区重点发展纺织、轻工业,沪南工业区重点发展造船工业。

(2) 新中国成立之后至 2000 年:工业用地由点及面扩张阶段。

1949 年之后,上海工业用地布局上逐渐向外围扩展。根据 1953 年的《上海市总图规划》,上海重点发展沪东、沪西、沪南、蕰藻浜和桃浦工业区。1957 年,上海市政府又提出建立 8 个近郊工业区。1959 年底,上海又规划建设闵行、吴泾、安亭、松江、嘉定五个工业卫星镇。结合卫星镇形成彭浦、漕河泾、闵行、吴淞、高桥、周家渡、吴泾、安亭、长桥、庆宁寺、五角场、嘉定、松江等工业基地,形成了工业基地与中心区的圈层布局模式。

20 世纪 70 年代之后,上海工业布局拓展更加迅速。70 年代随着金山、宝山工业基地的形成,突破圈层式空间布局为沿江沿海发展。80 年代之后,上海承载工业发展的载体转变成为开发区。截至千禧之年,上海形成了 7 个国家级工业区、11 个市级工业区、12 个传统工业基地、174 个乡镇一般工业园。

(3) 2000 年至 2010 年:工业用地缓慢增长阶段。

进入新世纪的前十年,上海工业用地惯性缓慢增长。上海开始注重工业用地质量效益提升,从外延式粗放开发向内涵精细化开发转变。2003 年,在 1 008 平方公里共 177 个申报开发区中,筛选公布了其中 41 个国家公告开发区(15 个国家级,26 个市级)。规划面积达 656 平方公里,其中工业为主的开发区 38 个,规划面积约 556 平方公里。2008 年金融危机爆发之后,上海借经济转型机会大力推动服务业发展;2009 年上海工业用地占建设用地比重在过去十多年首次出现下降。

(4) 2010 年之后:工业用地减量集约利用阶段。

2013 年,上海确定了总量锁定、增量递减、存量优化、流量增效、质量提高的"五量调控"的土地利用基本策略,并在全国率先提出建设用地"减量化"的目标要求:对城市开发边界外的现状低效建设用地(违法工业用地和零散宅基地),通过拆除复垦等土地整治工作,使之恢复为农用地或生态用地。2015—2017 年,上海开展了第一轮减量化三年行动,累计完成低效建设用地减量 28 平方公里,实现了开门红。

近年来,上海一系列政策出台,推动建设用地节约集约利用,盘活存量工业用地,在提升效益的同时进一步降低了工业用地比重。第一,文件设定未来工业用地减量近半目标。《上海市土地资源利用和保护"十三五"规划》明确表示,到"十三五"期末,上海全市建设用地总规模不突破 3 185 平方公里,其中工业用地比重要降低到 17% 左右。根据《上海市城市总体规划(2017—2035 年)》,规划工业仓储用地面积控制在 320—480 平方公里,占规划建设用地比例控制在 10%—15%;积极推进城市开发边界内存量工业用地"二次开发"和开发边界外低效工业用地减量。第二,上海市规土局等部门制定存量工业用地盘活文件,推动工业用地集约减量化利用。2016 年 3 月,市政府办公厅转发了上海市规划和国土资源管理局研究制定的《关于本市盘活存量工业用地的实施办法》和《关于加强本市工业用地出让管理的若干规定》。相较 2014 年的试行文件,两份文件进一步加大对闲置、违法用地的处置和查处力度,倒逼存量土地权利人实施盘活开发。

2. 工业用地规模情况

为配合工业用地的调整,上海把工业用地划分在三个区域内,分别是:规划集中建设区内划定的 104 个产业区块,统称为"104"区块;在规划集中建设区内、"104"区块外有近 195 平方公里现状产业用地,称为"195"区域;在规划集中建设区外还有近 198 平方公里的现状产业用地,称为"198"区域。

"十二五"期间,上海累计供应工业用地约 54 平方公里,累计减量工业用地约 69 平方公里(包括存量工业用地规划调整转变用途和减量复垦)。与"十一五"期末相比,上海工业用地总量净减少约 15 平方公里。

3. 工业用地空间分布

(1)"104"区块整体空间分布情况。

"104"区块主要集中在中心城区外,目前中心城区内仅剩下桃浦工业园区、彭浦工业园区及漕河泾开发区。中心城区外"104"区块在布局结构上主要体现为"一圈、两轴、三线"结构形态。"一圈"主要为中心城区工业用地外迁,形成近郊区沿 S20 布局的环形战略性新兴产业园区;"两轴"分别为沿上海东西及南北两轴,依托对外交通设施形成的以钢铁化工及生物制药等为产业依托的发展轴;"三线"是依托对外交通形成的分别沿 S32、G1501 国道及奉贤沿海以新型材料、生产性服务业及石化为产业依托的三条发展线。

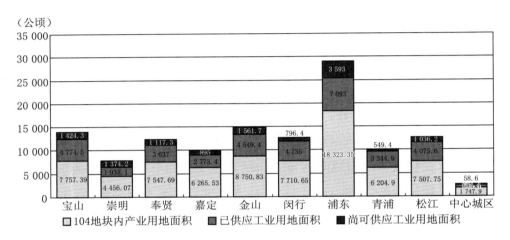

图 2.2　"104"区块已供应工业用地面积与尚可供应工业用地面积情况(2013 年)

资料来源:上海发展战略研究所,《上海产业用地发展机制调研》,2017 年 1 月。

"104"区块的空间布局依托城市主要交通设施,在一定程度上体现了工业用地的分布与城市重大交通设施的关系。

从区县分布情况来看,中心城区规划工业用地面积进一步压缩,郊区城镇工业用地规模除浦东新区外,各区趋于均等化。截至 2013 年,在各区县工业用地分布中,尚可供应的工业用地面积已不足。

(2)"195"区域和"198"区域工业用地布局。

"十二五"期末,"195"区域和"198"区域工业用地均占全市工业用地总量的 1/5 左右,郊区大量工业用地位于产业园区以外,整体上低效工业用地数量较多,地块分布较广,是提升工业用地利用效率的实践难点。目前"195"区域和"198"区域存在着大量的低效工业用地,主要是一些镇、村集体或私营企业。这些用地历史上也曾是上海经济的重要组成部分,为上海的发展作出过重要贡献。但随着时代变迁、产业升级,这些传统工业企业大多已不适应经济新形势,竞争力、经营效益下降,能耗、污染和安全等问题比较突出。根据 2015 年相关数据,"198"区域地均工业产值不到全市平均水平的 30%,零星分布的工业企业绝大多数集中在机械制造、纺织服装加工和四大特种工艺类行业等低端产业,多数企业生产规模较小,耗能大,污染大,并且存在生产生活安全隐患,急需推进减量化。

4. 工业用地产出情况

(1) 整体情况。

根据 2017 年《上海统计年鉴》,2016 年上海国家级开发区工业总产值为 9 282.82亿元,市级开发区总产值为 7 473.90 亿元;而根据 2016 年上海市国民经济和社会发展统计公报相关数据,2016 年全年完成工业总产值为 33 079.72 亿元。从中可以发现2016 年上海国家级和市级开发区的工业总产值占全市工业总产值的 50% 以上。

(2) 不同园区工业用地产出。

根据《2017 上海产业和信息化发展报告——开发区》相关内容,截至 2016 年,上海开发区实现营业总收入 67 400.22 亿元,同比增长 6.77%,市级开发区与国家级开发区保持较高增长,而城镇工业地块的营业总收入同比下降较大。

表 2.5　国家级、市级工业园区主要经济指标(2016 年)

指　　标	国家级开发区	市级开发区
年末从业人员(万人)	52.67	65.99
工业总产值(亿元)	9 282.82	7 473.90
出口交货值(亿元)	3 200.00	1 250.96
年末资产总计(亿元)	12 692.65	8 993.19
年末负债合计(亿元)	5 745.50	4 550.73
年末所有者权益(亿元)	6 926.20	4 421.04
主营业务收入(亿元)	11 055.85	7 953.73
利润总额(亿元)	987.90	662.53
亏损企业总额(亿元)	85.01	68.67

资料来源:根据《上海统计年鉴》(2017)整理得到。

表 2.6　全市开发区营业总收入和工业固定投资情况（2016 年）

类　　别	营业总收入（亿元）	同比增长率（%）	工业固定投资（亿元）	同比增长率（%）
国家级开发区	37 463.69	8.82	246.86	5.67
市级开发区	17 357.32	8.45	316.38	4.82
产业基地	9 067.69	−0.54	107.15	−21.56
城镇工业地块	3 511.52	−2.16	97.69	−9.69
合　计	67 400.22	6.77	768.07	−1.56

资料来源：《2017 上海产业和信息化发展报告——开发区》。

按营业总收入进行整体营收情况判断，目前市级开发区是国家级开发区收入的一半左右，产业基地不到国家级开发区的 1/4，而城镇工业地块不到国家级开发区的 1/10。其中，国家级和市级同比增长率都超过了 8%，而产业基地和城镇工业地块总收入呈下跌状态，二者的工业固定投资也在同比减少。

按工业总产值进行整体产值情况判断，目前国家级和市级开发区工业总产值相差不大，产业基地为国家级开发区的一半以上，城镇工业地块总产值最少，不到国家级的 1/4。

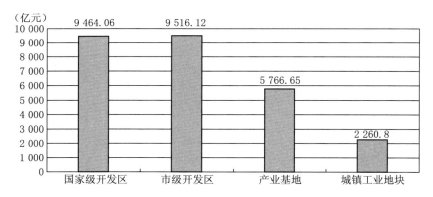

图 2.3　国家级工业园区、市级工业园区、产业基地和城镇级工业园区工业总产值（2016 年）

资料来源：根据《2017 上海产业和信息化发展报告——开发区》相关内容绘制。

按地均工业用地产值（亿元/平方公里）进行工业用地产出情况判断，目前国家级开发区大约是 96.67 亿元/平方公里，约为市级开发区地均产出强度的两倍，产业基地是国家级开发区的一半以上,城镇工业地块约为国家级开发区的 1/4。

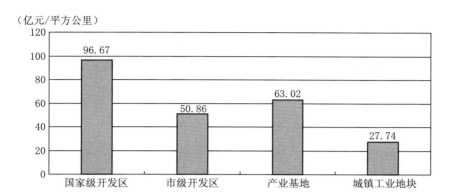

图 2.4　国家级工业园区、市级工业园区、产业基地和城镇级工业园区地均工业用地产值(2016 年)

　　资料来源:根据《2017 上海产业和信息化发展报告——开发区》相关内容绘制,此处对不同等级工业用地的产值与已经开发的工业用地面积比值情况进行比较。

2.2.2　上海工业用地发展面临的问题

1. 整体规模过大,土地复合利用率较低

(1) 工业用地规模过大。

上海供地结构中工业用地比例偏高,建设用地中工业用地占比达 27%,高出国际上同类城市至少一倍以上。根据《上海市工业区转型升级“十三五”规划》相关要求,到 2020 年上海规划工业用地要保持在 550 平方公里,现状实际工业用地已总量超标。因此,上海必须适度压缩工业用地,时间紧任务重。

(2) 用地长期是增长态势。

从增长速度及年动态变化角度。上海工业用地面积总量从 1998 年的 400 多平方公里增加到 2015 年的 800 多平方公里,增量工业用地主要体现在工业园区的扩张上。2000—2005 年,基于制造业转型发展升级需要,上海工业用地年增长率较快。2005 年后,创意产业及智能型服务业快速发展,工业用地年增长率逐渐下降。产业的转型对工业用地增长起到了制约作用,但目前来讲转型升级速度还是太慢,工业用地减量压力始终存在。

（3）土地混合度不够。

目前确定的"104"区块的规划方向为结构调整和能级提升,但当前尚未制定有效的不同类型用地混合使用措施,工业用地复合式发展不佳,大部分土地单一的工业使用性质与上海发展科创中心的战略定位及产业升级目标不相吻合。

在对现状工业用地分析中,发现许多单一产业的工业园区,其产出效率往往低于同类产业融合度较高的园区。由于部分工业区产业性质单一,城市化水平低,园区与周边地区功能融合度不高,配套服务水平低,产业转型升级没有方向、缺乏动力,园区低水平运转。另外,部分工业区产业性质对环境有一定影响,需要与周边区域进行适当的功能分工,缓解产业发展与城市扩张之间的矛盾。但是前瞻性规划协同和布局引导不够,产业园区与周边区域尚未形成功能协调联动发展的格局,存在园区及其周边环境基础设施不到位的问题。

未来,随着生活方式及生产方式的改变,"互联网＋"的普及,传统工业概念及工业类型也将发生改变,企业的创新、研发、试制是企业发展必不可少的组成部分,生产企业的人才模式的改变也需要在工业用地空间上适度作出调整。这就需要进一步完善园区配套设施,鼓励土地混合利用。在不同园区开展混合用地试点,编制用地弹性规划进行弹性控制,提高土地混合利用的引导层次,明确合理比例。针对产业转型发展、科技创新特点,根据产业性质、位置及规模,允许产业类工业用地配套科技创新服务设施,建筑面积占合适的比例。

2. 空间集中度低,区域发展存在不平衡

（1）工业区集聚度不佳。

现状存量工业用地空间分布较为分散,2015年"104"区块内工业集中度约80%,一部分工业由于没有向产业园区集聚,分布状态低效,土地使用整体效益下降。在科技进步日益加快的今天,集聚是影响产业区经济效益的愈来愈重要的因素。目前"104"区块综合容积率仅为0.6—0.8,远低于东京工业用地容积率1.2,同时大量土地资源被较低层次产业所占据,规模以下工业企业用地占比超过60%,仅贡献了5%的工业总产值。因此工业区的分布、规模及产业配比需要进一步优化,需要进一步减少工业区数量,明确各工业区产业分工,提高工业区集聚度。

(2)布局亟待优化。

工业用地空间布局规划需要进一步根据不同产业所依托的区位进行合理的空间转移。依托区位优势及交通设施的布局,优化产业的空间,形成圈层式与沿边发展、突出轴线引导的产业空间布局。未来上海需要进一步利用中心城区的区位优势及对外交通上的劣势,外迁低附加值、高能耗的产业,发展具有国际竞争力的战略性新兴产业、高端生产性服务业及创意产业,有效发挥中心区在产业定位上的空间优势,逐步引导产业效益的提升。具体而言,在中心城区以内,主要以劳动密集型、技术密集型高新技术产业为主;在外环区域依托老工业基地,进行升级改造,形成资本密集型的、具有国际影响的战略性新兴产业及制造业,发挥长三角区域联动;沿江沿海及沿边发挥对外区位优势,发展具有战略性的制造业及重化工业为主的空间格局。

3. 确权流转困难,产业发展导向不明晰

(1)工业用地权属复杂。

作为计划经济时代的产物,上海工业用地布局及结构中部分土地是划拨用地。随着城市的发展,工业用地权属及结构也变得复杂,转型及更新的难度日益加大,理顺上海工业用地的特征对于产业转型及城市空间结构的优化调整将具有重大意义。

上海土地权属状况比较复杂,在工业用地权属上存在国有用地及集体用地;国有用地存在划拨方式获得及市场方式获得;同时对于以上两种方式也存在土地产权人使用及二次租赁方式;集体用地上的工业用地多数属于 20 世纪末期城镇集体经济发展时期遗存。城市用地的"产权束"可以包含所有权、开发权、使用权、支配权等。"产权束"中的各项权利既可以为一个主体所有,也可以分属不同的主体。不同的用地权属,政策引导方向也应分类区别。目前,在对工业用地进行转型政策制定时,用地权属过于混乱模糊,且早期土地出让合同不尽完善,造成了现在难以操作,工业用地"不好管、收不回"的问题。

(2)土地流转仍较困难。

"十三五"中后期,要素资源瓶颈制约加剧,上海工业区面临更为紧迫的土地、环境等生产要素瓶颈制约,经济综合成本持续上升等问题。根据《提高土地利用效率调研报告之三》(〔2018〕第18号),目前上海一般工业用地和研发用地容积率高限分别为2.0和4.0,不仅远低于香港、纽约高限9.5和10.0的水平,而且也低于深圳4.0和6.0的水平。存量工业用地提升容积率的调整流程繁杂,且调整成本较高。容积率转移机制尚未建立,用地空间资源流转不顺畅。

未来工业用地规划空间将进一步压缩,可供工业用地资源更为短缺。在总量递减、存量优化的土地利用政策引导下,工业区外建设用地不断减量,新增工业用地需求主要依靠工业区外原有工业用地的转型及工业区内存量土地二次开发予以支持,受地价调整、土地出让年期调整、地面新增建筑价值升值等相关因素影响,闲置或到期工业用地回收成本不断提高,因此增减挂钩及土地流转统筹对接机制建设越发困难。二次开发还面临着利益制约过多、激励不够、活力不足等重重障碍。

(3)发展导向不明确。

上海工业开发区很多都是在历史工业发展基础上转化而来,过去发展中存在用地过多,引入的产业导向不明确,影响了土地长期有效的开发建设。上海郊区"104"区块外现有各级各类工业区在吸引外资、新工业项目落户等方面处于无序竞争状态,产业导向不明确,同质化竞争严重,区域基础设施建设不完善,缺乏合理的产业分工,这必将影响到上海创建工业新高地目标的实现。

4. 地均产出绩效低,配套设施功能较弱

(1)国际比较中处于落后位置。

与其他国际大城市相比,上海单位面积工业用地的工业产值与创建国际经济大都市的目标不相吻合。根据测算,2015年上海实际工业用地地均产值仅为

57.16 亿元/平方公里,与同等级的国际城市相比差距较大,仅为 2014 年东京都的一半。

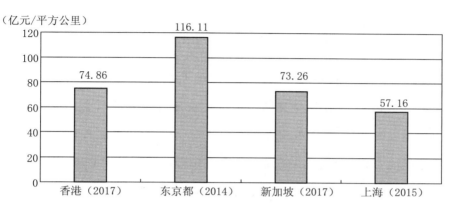

（亿元/平方公里）

图 2.5　四个城市(地区)工业用地地均产出对比

　　资料来源:根据《东京都统计年鉴平成 28 年》内平成 26 年相关部分;新加坡统计局网站;香港规划署、香港统计处相关资料;上海统计局《1978 年以来上海工业总产值及其增长速度》中 2015 年数据以及上海地籍相关数据整理而得 2015 年实际工业用地面积。

　　在工业用地利用效率上,战略性行业、生产性服务业两头大,传统生产性行业中间小。传统工业区尤其是"195"区域及"198"区域现状工业用地开发水平参差不齐。该区域内工业企业缺乏环境准入门槛,资源及能源利用水平低,污染治理成本高,部分工业区发展能级过低,亟待转型升级。根据《上海市工业区转型升级"十三五"规划》中相关内容,2015 年全市单位土地工业总产值低于 40 亿元/平方公里的工业区有 27 个,规划面积占全市产业区块面积比例接近 10%,区域内城镇管理的工业区开发水平明显偏低(单位土地工业总产值 36.3 亿元/平方公里),低端企业存在必然加剧土地利用的低效。

　　(2)不同等级园区差异大。

　　不同类型开发区产业构成和产业发展的状态特征从根本上影响到开发区土地利用效率的水平。目前上海工业区开发水平参差不齐,部分工业区发展能级过低。根据《提高土地利用效率调研报告之三》(〔2018〕第 18 号),2017 年全市开发区工业用地地均产出为 67.79 亿元/平方公里,其中,73.3%的开发区地均产出水平低于平均数。最高的安亭汽车产业基地(879 亿元/平方公里)是最低的工业园区(2.48 亿元/平方公里)的 354 倍。

专栏 2.3　走向世界的新加坡裕廊模式

新加坡裕廊工业园区是亚洲最早成立的开发区之一,其成功建立使新加坡实现了快速工业化,且时至今日依然保持发展活力。裕廊工业园区建立于 1961年,面积 65 平方公里,占新加坡总面积的 9%,目前开发工业用地 7 000 余公顷,提供厂房超过 400 万平方米,吸纳了约 7 000 家本地和外国企业,其中包括众多世界一流的跨国公司,工业产值占全国 2/3 以上,吸引了国内 30% 的就业,被公认为亚洲各国设立工业园区的成功范例。

新加坡注重科技等高效生产要素的重要作用,积极升级自身产业。结合裕廊工业园区、纬壹科技城等新加坡经济发展载体的开发、运营、管理和发展,下面主要总结整理裕廊模式的六大特色。

1. 科学规划促进产城融合

裕廊集团(JTC)规划重视工业用地的合理利用,在 JTC 科学规划下,裕廊工业园区成为工业体系齐全的工业基地和环境宜居的新型工业城镇。现已建成多层次工业区兼风景优美的旅游区,园区工业基础设施和生活基础设施齐备,轻重工业兼备,并设有自贸区。

2. 初期政府主导开发

1968 年新加坡政府成立裕廊镇管理局,将本国工业园区开发和营运工作全盘授权给 JTC。但在开发初期,裕廊工业园区的管理机构、开发资源等主要是由新加坡政府决定的。政府主导开发,使得建设初期土地快速且以较低成本地获得与开发,并有效保证项目快速启动而后达到规模经济。

3. 全球范围内集中招商

新加坡政府一开始就明确外资对新加坡经济发展的重要作用,将其上升至

每个国民需要积极履行经济发展的职责,几乎整个政府机构都是为招商引资服务,政府经济管理部门也由通晓国际经济贸易运行规则的人负责,举国共同营造开放的投资环境。

4."政联公司"化经营管理

新加坡政府虽然是裕廊工业园区最初的开发者,却并未直接参与工业区的具体管理。JTC 是企业与政府的结合,具有很高自主权,采取经营化管理方式,是自负盈亏的"政联公司",但其又是政府投资和规划的法定机构。

5. 注重科技、知识等创新要素带动

注重科技对经济的带动作用,制定了符合自身发展的科技战略。致力发展生物医药、环境与水务、清洁能源、互动数字媒体产业,为本国经济培育新的增长点,打造新的支柱产业。

6. 服务品牌推动工业园区对外扩张

国内资源匮乏,发展空间狭小,为此 JTC 成立了裕廊国际和腾飞公司专事在全球输出其卓越的园区服务管理品牌和资本,实现其全球布局。特别是 90 年代以来,新加坡大力推行"区域化经济发展战略",加速海外投资的发展。

资料来源:卫平、周凤军,《新加坡工业园裕廊模式及其对中国的启示》,《亚太经济》2017 年第 1 期。

（3）配套设施功能较弱。

虽然"104"区块的郊区分布具有一定的对外交通运输条件,但上海工业用地整体上布局较分散,许多工业用地的研发、销售及试车与生产分离,相应增加了企业的经营成本,也相应加重了其他设施补充的难度。

对于战略性工业及生产性服务业,更需要围绕信息、金融、服务等资源打造软环境基础设施的新经济建设模式。产业跨界融合发展则对研发创新、商业商务、社会服务等综合配套服务功能提出了更高要求。但目前大部分工业区软环境支撑不够,配套服务功能较弱,缺乏与人才队伍配套的商业居住、文化教育等生活休闲设施,园区的产业综合竞争力和持续发展能力不足。

（4）服务平台建设力度不够。

随着上海工业技术进步,市场改革的深入推进,新兴战略性工业不断涌现,工业产品技术含量、附加价值不断提高,企业生产原料输入、产品输出的速度对企业生存发展的影响愈来愈大。但目前部分工业区缺乏与产业发展配套的专业化技术与信息服务供给,缺乏与产业集群配套的共性技术、公共服务等协同创新平台的提供。

5. 低效用地界定不清晰,退出进程缓慢

随着城市发展由以往的"扩张型策略"转向"内生型策略",以往对工业用地的"低效粗放使用"将向"高效挖潜使用"转变,土地使用效率的提升将成为推进经济发展模式转型和提高制造业发展能级的重要抓手。由于目前上海的工业用地使用仍然存在"总量上较为失衡、布局上较为混乱、利用效率较为低下"等问题,导致普遍出现了新兴产业无地可用,一些传统产业却占用大量土地低效利用甚至闲置的情形,土地闲置和厂房空置问题不容忽视。

目前,上海工业用地内存在用地散乱,夹心地和空地较多的问题,而远郊工业用地集中存在整地块厂房空置、剩余土地未充分开发利用现象,造成了土地资源浪费的问题。在工业用地退出过程中,上海现阶段主要面临没有明确低效工业用地的"评价标准",不同"区域"低效工业用地的退出方向不清晰,以及没有明确低效工业用地的"退出方式"等三大问题。

（1）没有明确低效工业用地的"评价标准"。

目前,上海还没有制定相对合理的参照标准来衡量工业用地的绩效水平,缺乏从工业用地的投入产出效益、工业用地利用效率、工业用地结构合理性、行业可持续发展能力和用地安全生态性等方面予以科学全面的绩效评估。

依据《上海市低效工业用地标准指南（2014年版）》,目前的低效工业用地主要分为三种类型:一是"淘汰类"和"关停并转"类的工业用地。即《上海产业结构调整负面清单及能效指南（2014版）》规定的"淘汰类"产业使用的工业用地,以及各级政府实行专项整治列入"关停并转"范围的企业使用的工业用地。二是开发效率低下的工业用地。即以当前测算年度的 1 月 1 日为基准日,基准日超过土地出让合同约定的达产日一年以上仍未投产的工业项目用地。三是土地综合产出效率低下的工业用地。即以当前测算年度的 1 月 1 日为基准日,基准日超过土地出让合同约定的达产日三年以上,其中最近三年(不含当前测算年)统计年度内的土地税收产出率、以主营业务收入计算的土地产出率两项指标的三年均值低于《上海产业用地指南(2012 版)》中相应调整值的工业项目用地。

目前"一次性"评价依旧作为政府进行低效工业用地的主要评定方式,没有采取"经常性、动态性"的评估模式,也没有明确的低效工业用地的"评价标准",不能形成动态评估体系,以确保产业用地绩效能够一直保持在比较高的水平。

(2) 不同"区域"低效工业用地的退出方向不清晰。

目前上海的工业用地主要在"104"区块、"195"区域和"198"区域内部,对于处于不同地块的低效工业用地转型升级过程中,应当采取不同的处置方式,而现状实施过程中并没有很好地分区分级,有针对性地进行低效工业用地退出,转型升级过程并没有因地制宜。

对于位于"104"区块的低效工业用地,长期存在地均工业总产值高低不均的问题,部分工业区块的地均工业总产值低于均值水平。对于这些低效的工业区块应当进一步明确低效工业用地的类型,制定推进不同低效工业用地的退出路径。对于位于"198"区域和"195"区域的低效工业用地,一方面,这些低效工业用地应当向"104"区块产业区集聚,或者就地进行产业转型升级。另一方面,由于这些地块大量分布于工业区块之外的工业用地与城市其他类型用地混合,既不利于工业用地使用效率的提高,也不利于城市功能结构的布局,完全可以转性成为居住、商业和公共绿地等用途,为上海优化城市空间结构带来腾挪的余地。而现实情况是在土地出让、补偿、回收等方面,各个区域没有针对性的政策或相关规定,区分度不强。

(3) 没有明确低效工业用地的"退出方式"。

低效工业用地本身具有不同特点,主要取决于"工业用地的企业类型"和"工业用地的开发强度", 可能存在"低开发强度的低效企业、低开发强度的高效企业、高开发强度的低效企业"等不同类型, 这就需要依据低效工业用地的不同类型, 制定不同的退出措施, 最终目标是确保工业用地为"高开发强度的高效企业"所使用。

因此, 低效用地的退出就有两个层面的含义。一个层面是将产业用地利用绩效等各项指标值提高至能够符合既定的绩效标准要求, 土地的使用者不发生改变。另一层面的含义则是指产业用地从当前低效利用企业中退出使用, 重新安排给新的土地使用者, 因此退出的对象是"低效工业用地"。但实际上发生的却是土地使用权的转移, 从当前工业用地使用者中转移出去。目前, 上海各个区域的工业用地并没有针对自身的不同问题选择好适合的退出方式。

针对低效工业用地, 过去几年上海出台了一系列的政策来指导低效工业用地的退出, 然而效果却非常不明显。难以退出的原因比较复杂, 首先是权属状况复杂, 其次存在政府利益、企业利益与公众利益之间的博弈。2016 年上海出台了《关于本市盘活存量工业用地的实施办法》, 明确了工业用地二次开发、转型及退出办法, 办法的制定在摸清上海工业用地低效的状况下对低效用地的退出起了很好的指导作用。然而, 从对上海工业用地的调研及对工业用地不同权属拥有者的利益博弈分析来看, 对上海工业用地的未来预期超过用地退出所获得的收益。所以在文件具体执行中, 仍需要进一步平衡不同的利益诉求, 采用行政与市场手段相结合的机制, 有计划、分时序保证低效工业用地退出。

专栏 2.4　低效工业用认定和处置措施

由于我国目前国家层面尚无认定低效工业用地的统一标准, 缺少对低效工业用地空间与体量的整体判别, 难以形成总体性政策进行规划引导, 各个地方主要以企业合同履约程度情况判断其是否属于低效工业用地。因此, 在进行低效工业用地转型升级过程中, 我国面临着"低效"认定难度较大、土地回购缺乏法律支撑、部门协调机制建立困难等诸多问题。

　　各地近年来创新实践了大量的地方政策应对低效工业用地转型升级问题。相对于新增工业用地的开发利用,低效工业用地再开发主要面临"低效"认定标准制定和如何采取针对性的处置方法两方面问题。从各地采取的政策措施来看,也主要是先制定地方标准再进行对应的补偿、转让、奖励措施。

　　国土资源部发布的《关于开展城镇低效用地再开发试点的指导意见》中对城镇低效用地有描述性界定,但缺乏具体的量化标准,因此各个地方政府一般根据自身情况开展认定。例如,上海制定了《产业结构调整负面清单及能效指南》以及《低效工业用地标准指南》,以土地综合产出效率为主要测算依据进行认定;广东、陕西和四川关注合同履约认定,将工业项目投资强度、容积率、建筑系数、绿地率、非生产设施占地比例等控制性指标纳入用地使用条件,对达不到指标要求的地块认定为低效用地。广东省中山市还将不符合安全生产或环保要求,简易建(构)筑物,以及城乡规划变化的工业用地认定为低效。浙江主要以企业生产经营情况为依据,以占地、电力等资源消耗与企业产出匹配,对低于限额的认定为低效。江苏对未利用和利用不充分,落后淘汰,出让到期,要求回购的,认定为低效。

　　而针对不同规模、具有不同历史问题的低效工业用地,目前政府部门主要从分割转让、合同管理、扶持奖励等方面制定相关政策,帮助低效工业用地转型升级。各地目前对工业用地转让的规定不尽相同,大都实行限制措施,以确保工业用地支持实体产业投资;在合同管理方面,提出相应的强制退出机制;在扶持奖励方面,各地主要从不增收土地价款,允许合并归宗,支持优化建筑功能等方面对低效用地改造进行奖励。

　　资料来源:陈基伟,《低效工业用地再开发政策研究》,《科学发展》2017 年第 1 期。

6. 运行机制不完善,现状管理工作落后

　　上海存在工业区产业管控能级不够等诸多问题,开发运营机制有待突破。部分园区缺乏招商、规划建设及运营管理的优秀开发团队,开发能力差、产业能级低。不少开发主体缺乏园区开发运营激励机制和保障政策,调控能力较弱,产业转型升级困难。

目前,上海国家级和市级工业园区集约化发展初显成效,大部分园区转型升级效果较好,工业生产效率和企业效益稳定提升,高水平工业园区集聚效应日益凸现。而拉低整体水平的工业用地,主要集中于近、远郊地区,且大多为零星工业地块,大部分为城镇传统工业园区和传统工业企业,粗犷发展依旧。未来,应加大力度鼓励和支持优质开发主体托管开发乡镇低效工业园区。加大园区整合归并力度,探索试行"198"区域优质企业评估与保留机制。在城镇级工业园区招商方向更加偏向选择高精尖的行业,在城镇引进更加优质的环保工业企业,实现传统工业园区的"腾笼换鸟",助力城镇传统工业园区转型升级。

与国家级和市级工业园区相比,长期以来城镇工业地块发展较为滞后,这主要是由于管理工作和人才培养方面观念落后,创新能力弱,大多还是传统发展思维。政府、园区、企业及农户等多方主体利益取向不一致,协调成本和难度较大,招商引资缺乏长远规划。个别企业由于市场环境变化,无法继续生产经营,建成的厂房就造成空置。

(1)多方主体利益取向冲突。

现状上海城镇级工业区开发水平参差不齐,闲置工业用地荒废较多,部分传统工业区发展能级过低,且自我更新意识淡薄,没有形成整体上转型升级的发展态势,缺乏转型内在动力。

一般来说,区县政府及园区经营者希望尽快得到短期的土地出让收益;企业获得土地后,即使生产经营不善,但出于对土地增值的巨大预期,也会长期低效占有土地;而对于农户来说,动迁期望值不断提高,利益诉求日益多元化。部分乡镇工业园区存量土地中仍有相当数量的农户住宅,导致在撤制征地等工作上遇到许多阻力。

(2)企业引入标准滞后。

工业园区招商标准制定滞后,尤其是开发园区以外的工业用地,主导产业定位模糊,招商缺乏针对性,以同类低端企业空间集聚扩展为主,龙头企业及其配套企业较少,产业关联度不高,集群规模较小。究其原因,一是 20 世纪 80 年代早期工业开发区建设过乱,缺乏规划和有效管理;二是 90 年代区县级工业园区大多是在原城镇级分散的工业小区的基础上组建而成,调整归并工作滞后;三是国家级开发区及市级工业区成立时间不长,尽管开发建设速度较快,但历史遗留问题使现状与规划目标还有差距。

(3) 相关部门配合度不高。

目前,上海部分区政府实际上控制着工业土地批租,而且在财政上也处于相对独立状态,辖区内通过土地批租和房地产开发吸引外来投资创造了激励和机会。土地批租以及房地产开发也给各区政府直接带来好处,虽然部分城镇工业企业在招商引资方面取得了较好的成果,但政府在整个过程中的决策、执行、监督环节,配合程度不够,造成了重决策、轻执行,缺少有效监督等问题。从部门协调来看,各部门之间的配合力度不够,导致政府"一条龙式"办公服务难以完成,在国家级和市级工业园实施较好的措施,在城镇工业园区就难以高效开展。

(4) 重短期项目收益。

相较于国家级和市级工业园区,上海城镇工业用地发展起步较晚,产业升级创新能力不足,用地零散,管理思想落后,权力运行不够严谨,较为随意。由于城镇一级开发区招商引资压力大、进展慢,大部分城镇政府和企业忽视了投资收益较慢的公共服务,社会管理职能的协同建设和公共平台功能作用的发挥不足,导致招商引资缺乏长远规划。城镇政府往往更重视产品的成本、收益,对工业园区管理人才培养重视还需加强,在人才培养方面不肯花费更多的财力和时间,没有建立良好的人才输送机制,导致管理人才匮乏,进而阻碍了城镇工业企业和小型工业园区的科学发展。

2.3　上海土地复合利用的现状与问题

在土地资源紧约束背景下,鼓励土地复合利用,有利于破解用地瓶颈,提升产城融合发展要求和城市环境品质,是未来大城市发展的必然趋势,也是新经济对土地利用的全新要求。近年来,土地复合利用已日益成为上海各相关部门关注的重点,在相关政策推动下,上海土地复合利用已经在部分地点进行了尝试,初步形成了一定的模式和经验,达到了积极的示范效果,但也存在一些问题和不足,需要加以重视和不断改进。

2.3.1 上海土地复合利用的现状

土地复合利用作为深化土地利用方式改革的积极探索目标,一直受到上海市政府和社会各界的关注和支持。土地复合利用也从理念共识的达成、实践试点的探索,逐步向体系化制度化推进演进。

1. 土地复合利用的理念共识逐步达成

经过数年的理论研究与实践探索,土地复合利用作为一种紧凑高效、多样丰富、整体有序的用地方式已逐步被政府和各利益相关方所接受,并在概念界定上从微观层面的单宗用地混合利用向宏观层面的混合开发拓展,在利用方式上从较小尺度内部的用地混合向更大范围的功能混合延伸。

在概念界定上,狭义的土地复合利用是指单一宗地具有两类或两类以上使用性质,包括了土地混合利用和建筑复合使用,侧重于微观层面对于平面和立体的开发、建设和使用。广义的土地复合利用则指将区域所需的各类功能在同一空间内系统性地结合,侧重于宏观层面的混合开发战略。相对于功能单一、机械和缺乏活力的用地方式,土地复合利用具有节能环保、节约资源、宜居宜业、提质增效等特征。

在利用方式上,在我国城市规划和土地资源管理领域中,在土地复合利用的实际操作过程中,有不同的复合利用方式,相关的概念有"混合用地""用地兼容""综合用地"和"功能复合"等,内涵互为交叉,但在实际操作中也各有区别和侧重。其中,"混合用地"出自城市规划领域,在上海市2011年发布的《控制性详细规划技术准则》中,明确提出了"混合用地"是指一个地块中有两类或两类以上使用性质的建筑,且每类性质的地上建筑面积占地上总建筑面积的比例均超过10%的用地。并且,明确了混合用地中用地比例的拆分方式、前提条件以及禁止混合的用地,进一步通过"用地混合引导表"标明了不同用地大类、中类之间混合的适宜性(宜混合、有条件可混合、不宜混合)。强调了同一地块某种兼容性土地和空间的混合状态,更侧重于地块内部各类不同用途的用地之间的共生和密切融合。"用地兼容"是指同一土地不同使用性质的多种选择与置换的可能性,表现为土地使用性质的"弹性""灵活性"与"适建性"。与"混合用地"相比,"用地兼容"更多地侧重于土地利用对环境带来潜在压力的大小以及环境所能承受的物质活动,反映了土地混合功能开发的可能性,并未涉及必须有什么功能,以及对功能指标的规定,是一种被动的约束,而不是主动的引导。"综合用地"出自国有土地使用权出让和转让相关规定中,指包含各用途不动产的用地,可按照最高出让年限50年确定出让年期。其内涵和形式实际包含了土地混合利用和建筑复合使用,相当于规划土地利用分类中的混合用地。"功能复合"更多强调不同功能在空间形态上的交叠和系统性方面的整合,使不同功能的空间同构共生为一个多功能协调统一的综合体,发挥综合性能。其中,尤其重视城市公共交通与建设用地的结合。对比以上概念,我们认为"功能复合"在内涵上更为宽泛,空间形态上更为多样化,是土地复合利用最终实现的目标。

表 2.8　土地复合利用相关概念辨析

概　念	用地分类	空间范围	主要形式	管理环节	特　点
混合用地	规划用地分类	地块	多见于商住混合、商办混合	规划编制和审批	侧重于地块内部
用途兼容	无	地块	弹性、适建	规划编制和审批	强调禁止兼容的用途,缺乏主动引导
综合用地	土地利用分类	地块、建筑物	包括用途混合和建筑复合利用	土地利用管理	强调出让年期
功能复合	无	区域、街坊、地块和建筑物	地上地下空间、城市综合体	产业、规划、土地等	主动性、协调性、系统性

资料来源:胡国俊、代兵、范华,《上海土地复合利用方式创新研究》,《科学发展》2016年第3期。

2. 土地复合利用的实践路径初步形成

近年来,上海在多块区域、多类用地和多种空间上展开了土地复合利用的实践探索,初步形成了以下几类实践路径,并取得了一定的经验与成效。

专栏 2.5　上海虹桥枢纽土地复合利用

上海虹桥综合交通枢纽及其周边区域是典型的以交通为依托的城市复合空间。上海虹桥综合交通枢纽是集航空、高铁、城际铁路、长途、地铁等多种交通方式于一体的城市空间,是目前国内乃至世界最大的综合性交通枢纽。虹桥综合交通枢纽主体建筑呈东西向布局,由 2 号航站楼、铁路站、长途客运站、东西交通中心和地铁站等组成,总建筑面积达 150 万平方米,是城市交通的重要节点。

虹桥综合交通枢纽以交通用地为依托,结合便捷的交通运输拓展商务办公、会展等性质用地,将不同的功能相互混合,满足多样性的需求,形成有活力的城市增长极;用地集约、紧凑,不同交通方式的复合能够实现交通的联运和配套服务设施的共享,实现节约土地资源。

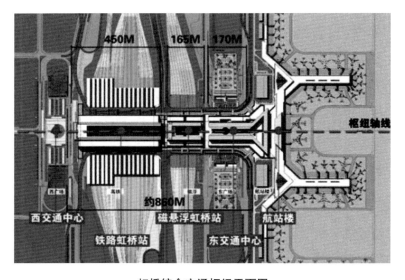

虹桥综合交通枢纽平面图

上海虹桥商务枢纽核心地块是交通与商业复合利用模式。商业由三大板块组成，包括精品主题购物中心，酒店、宾馆及会议中心，以及商务楼宇配套商业；陆路交通站厅本体商业由两大板块构成，包括站厅商业以及站厅上盖酒店；机场站厅商业位于虹桥机场航站楼。各板块地下停车设施配足并在各板块之间贯通，停车设施在所有权上分属各商业板块运营商，但在利用上相互共享，采取先进结算系统，科学合理分配停车收入。

资料来源：虹桥商务区官网，http://www.shhqcbd.gov.cn/。

（1）综合交通用地上的复合利用。

交通用地复合利用是相对较早的土地复合利用方式，具有较长的实践历史，主要实践领域包括对外交通枢纽土地复合利用、轨道交通站点土地复合利用、轨道交通停车场用地复合利用等。在对外交通枢纽方面，火车站等交通用地与周边商业用地混合利用，形成较好的土地利用模式，提升了土地利用效率。如上海虹桥综合交通枢纽等已形成土地复合利用的典范。在轨道交通站点及周边的土地复合开发方面，轨道交通站点与商业办公等混合利用，提升了土地使用效率。如星贸广场等是上海轨道交通土地复合利用的首批项目。星贸广场坐落于新静安区恒通路与恒丰路交界处，上海地铁1、12、13三线汉中路站正上方，区域规划一轴三带交汇中心，是集商业、办公、住宅为一体的商业综合体。在轨道交通停车场用地复合利用方面，停车场用地与商业办公等功能复合，提升了土地使用效率。如上海共有19处轨道车辆停车基地，其中吴中路停车场和嘉定北路停车场进行了土地复合利用开发。上海万象城是在10号线吴中路上方建成，停车场上方建有购物中心、写字楼等。

专栏2.6　上海万象城等轨道站点开发

轨道交通站点与停车场土地复合利用也是一种典型的轨道交通站点复合利用模式。上海一些轨道交通车辆场站地块正开展复合利用。据悉，上海规划轨道交通 22 条线路,共 37 处车辆基地,占地 10.5 平方公里,其中,已建成 19 处,规划、在建 18 处。在已建成的 19 处车辆基地中,闵行吴中路停车场(10 号线)、嘉定城北路停车场(11 号线)实施了综合开发。

如上海万象城位于地铁 10 号线吴中路停车场的上方,紧邻 10 号线紫藤路站,采用国际通用的 TOD(transit-oriented development,以公共交通为导向的发展)模式,发挥轨道交通大容量客运与网络联通优势,并充分利用垂直空间,实现建设用地零增长的集约化用地,进而增强城市功能、改善城市形态。项目总体量 53 万平方米,包括 24 万平方米万象城购物中心、14 万平方米超 A 级写字楼、3 万平方米国际轻奢时尚酒店和国内首家地铁博物馆。又如 4 号线蒲汇塘停车场上方建有上盖绿化,接近 4 万平方米,是亚洲最大的屋顶绿化。

资料来源:林兰,《推行更好的 TOD 模式:城市交通和土地的整合利用》,《国际城市观察》2016 年第 5 期。

(2) 对工业用地的改造与复合利用。

工业用地改造与复合利用包括工业用地复合利用和老厂房资源改造两方面内容。工业用地复合利用主要指的是工业属性、研发属性、商办属性等多种用地性质的复合。老厂房资源改造主要是不改变工业用地属性的情况下,通过建筑物改造升级等方式,推动地上功能复合利用的一种模式。第一,围绕低效工业用地二次开发的土地复合利用。以工业用地为主的土地复合利用发展相对较慢,近年在上海自贸试验区内有政策尝试。整体上,上海自贸试验区内实施工业用地复合利用的案例还不是很多。目前,自贸试验区外高桥保税片区正在按照政策探索实施区内一幅工业用地向综合用地转型的存量盘活项目。计划将原有物业重建为集商业、办公、研发、展示等功能为一体的综合性楼宇,推进区内物业资源整合和功能布局的不断优化,为自贸区新兴业态的落地提供物业保障。第二,围绕工业老厂房开展的土地复合利用。利用工业老厂房进行改造升级,也是工业用地复合利用的一种模式。在不改变土地属性的同时,实现用地复合利用。如上海 8 号桥、M50 等。这些老厂房一般改造成为文化创意空间,为文化创意产业发展提供支撑。如 8 号桥是由 20 世纪 70 年代所建造的上海汽车制动器厂约 15 000 平方米的老厂房改造而成,改造始于 2004 年 3 月,是上海老厂房改造较早的项目之一,为上海首批创意产业集聚区。该项目吸引了众多创意类、艺术类及时尚类的企业入驻,包括海内外知名建筑设计、服装设计、影视制作、画廊、广告、公关、媒体、顶级餐饮等公司,如设计金茂大厦的 S.O.M、设计新上海国际大厦的 B＋H、英国著名设计师事务所 ALSOP、法国 F-emotion 公关公司等。

(3) 对公共空间的立体复合化利用。

公共空间立体化复合利用主要表现在广场与商业功能、商业办公与绿化功能等的复合利用。一般来说,公共空间复合利用体现在立体化分层式复合利用,如地面公共空间与地下商城的复合,商业办公与楼顶绿化的功能复合。整体来说,上海公共空间复合利用案例相对较多,在各类公共空间复合利用方面均有相关的探索案例。第一,在公共广场与商业办公复合利用方面,有人民广场等案例。人民广场地上是绿地,地下是商铺,地表是绿化属性,地下是商业办公属性。又如西亚宾馆在酒店转型为办公用途的同时,通过适度提高容积率,在经营性物业面积不增加的情况下,将 1—2 层开发为公共空间、3—4 层开发为社会停车场,提高区域环境,完善地区功能。第二,在公共建设与绿化复合利用方面,有静安屋顶绿化等案例。静安区因地制宜,以"小、巧、高"为特色,率先开展了屋顶绿化、"五口"绿化、透墙绿化、墙面绿化、垂直绿化等,显著地提高了绿视率,美化了城市景观,同时,也有效缓解了热岛效应。

3. 土地复合利用的制度保障日益完善

(1) 上海土地复合利用指导性文件。

为了推进土地复合利用,近年来上海出台了一系列文件,如《上海市土地资源利用和保护"十三五"规划》《上海市加快推进具有全球影响力科技创新中心建设的规划土地政策实施办法》《关于进一步提高本市土地节约集约利用水平的若干意见》《关于支持本市休闲农业和乡村旅游产业发展的规划土地政策实施意见(试行)》等。

根据《上海市土地资源利用和保护"十三五"规划》,上海推进土地复合利用和立体开发。具体在自贸试验区开展综合用地规划和土地管理试点的基础上,全面推开全市土地复合利用,建立弹性、协调、绿色、开放、共享的土地复合利用理念,促进上海"四新"经济发展,完善区域功能和配套设施,推进产城融合发展和城市有机更新。进一步鼓励综合开发利用地下空间,继续全面实施经营性地下建设用地使用权有偿使用制度,引导综合开发利用地下空间建设市政基础设施。大力推进轨道交通场站及周边土地综合开发,建立符合上海发展实际的轨道交通场站及周边地区综合开发利用模式。根据《关于进一步提高本市土地节约集约利用水平的若干意见》,上海鼓励土地立体开发和复合利用。综合开发利用地下空间,全面实行经营性地下建设用地使用权有偿使用制度。推进轨道交通场站、交通枢纽、公共停车场等大型基础设施、公共设施的综合开发利用,在中国(上海)自由贸易试验区等区域内,探索工业、商业、办公等综合用地复合开发的土地政策。根据《关于支持本市休闲农业和乡村旅游产业发展的规划土地政策实施意见(试行)》,上海探索农用地复合利用。在严格耕地保护和土地用途管制前提下,探索农用地的复合利用,以满足游客峰值时期的休闲农业和乡村旅游配套服务设施使用需求;在优先保障农业生产,不改变原土地用途的前提下,可将现状合法,已用于规模化、现代化农业生产的农业配套设施用地,如晾晒场、粮食和农资存放场所、大型农机具存放场所等用地,临时用于公共停车。

(2)推动土地复合利用的配套性文件。

为推进上海土地复合利用,重点针对地下空间利用,近年来上海制定了若干相关配套文件。一是制定地方性法规《上海市地下空间规划建设管理条例(草案)》,从法制层面规范引导地下空间开发利用走向规划统一、建设有序、使用合理和监管到位。二是制定发布《上海市地下建设用地使用权出让若干规定》,探索了地下空间资源的市场化配置,对经营性用途的地下空间建设用地实行有偿有期限的使用制度。此外,上海还在规划及统计登记等方面推动地下空间利用。如在编制控制性详细规划时,严格执行和落实城市重点地区的地下空间规划指标体系,保障地下空间开发利用的系统科学布局;并将地下空间作为城市土地资源的重要组成部分,完善登记管理政策,逐步探索建立城市三维地籍管理制度。

(3) 推动工业用地复合利用的探索性文件。

针对上海自贸试验区用地瓶颈对区域新业态融合发展形成制约,存量低效工业向产业融合转型路径不畅等问题,上海及时出台了自贸试验区"综合用地"土地新政,是国内首个成体系的关于土地复合利用的规划土地管理政策。该政策从规划引导、土地供应、出让价格以及后续监管等各环节指导和鼓励土地混合利用和建筑复合利用,并聚焦重点,创新性地提出了规划弹性管控和土地刚性管控的管理思路和措施:一是实施规划弹性管控,即在综合考虑空间布局、产业融合、建筑兼容和交通环境要求等情况下,从规划功能分区、用途兼容、公共配套、整体品质等方面,明确综合用地供应前规划控制要求。二是土地供应刚性管控,即在满足安全生产、环境保护、相邻用地关系等要求,结合产业用地需求的前提下,结合用途兼容和业态混合特点,在供地方式、出让年限、出让底价等方面,采取差别化管理方式。

2.3.2　上海土地复合利用存在的问题

在取得积极效果的同时,结合实际调研和国内外对比,可以发现,上海土地复合利用总体上仍处于初级阶段,在应用面、应用模式和应用效果等方面仍存在不少问题,需要从规划、制度、机制和技术等多方面予以完善。

1. 土地复合利用的应用覆盖面仍较窄

整体上,上海土地复合利用还处于探索阶段,土地复合利用的覆盖面还不广,复合利用案例也不是很多。上海在轨道交通用地复合利用上的探索相对较多一点,然而轨道交通上盖综合开发已完全建成和在建的仅有 15 个项目。香港、东京等城市在轨道交通用地复合利用方面走在全球前列。如香港总共有 93 个车站,还有 68 个有轨电车站,其中 51 个车站采用"铁路＋物业"模式。在 93 个车站里面,有 43

个车站都有大型的购物中心,大型的是指超过 5 万平方米,其中最大的是沙田是十几万平方米。东京很早就注重地铁上盖项目开发,拥有六本木、品川站、银座站等土地复合利用案例。此外,与深圳等地相比,上海土地复合利用应用案例也较少。如上海规定配套服务设施的建筑面积占项目总建筑面积的比例不得超过 15%,而深圳该比例为 30%。

2. 土地复合利用的实践效果仍待改善

虽然上海已经在土地复合利用方面进行了初步尝试,但在具体复合利用效果方面仍需改进。与东京、香港等地相比,上海土地复合利用效果还不明显,还未达到功能完全融合的效果。如上海铁路南站一共分为五层,最底层是地铁层,轨道交通 3 号线的部分空间位于上海铁路南站下方;地下二层包括停车场和商业空间;地下一层包括停车场和商业空间,还有南北通道等;地面层主要是绿地和停车场;地上部分主要是建筑主体的出发层。上海铁路南站虽然实现了交通、商业、绿化等功能的融合,但与香港、东京等地地铁上盖相比,整体开发仍限于地下空间,且与交通空间平面分割,存在商业空间融合度不够、交通换乘路径过长、商业功能主题薄弱、商业业态限制较多等问题。

中国香港及日本一些站点的土地复合利用实践效果较好。如香港地铁九龙站上盖开发联合广场是一个集住宅、写字楼、商场和酒店等设施于一体的都市交通枢纽综合体。港铁公司联合新鸿基地产、恒隆地产、九龙仓集团、永泰控股等大型开发商,在面积为 109 万平方米的土地上,通过 2002—2011 年的 7 期开发,落成包含 16 座住宅,如漾日居住宅、擎天半岛住宅、君临天下等住宅,香港第一高楼环球贸易广场(ICC)和圆方广场构成的大型地铁上盖综合体。该综合体建于九龙地铁站之上,地上为住宅和商业办公,地面环形区域为休息、观光、娱乐、绿化区域,地下两层中底层为地铁站,站点上为公交、巴士出租车转乘站点,以及餐饮购物场所。从地铁站出来之后,都有分流便道通向商场、地面、写字楼和住宅,由于前期规划合理和地铁全生命周期的考量,该项目成为香港最有代表性的轨道交通用地复合利用项目之一。

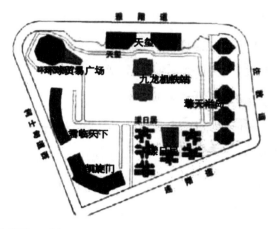

物　业	落成时间	档　次	体量(万 m³)	容积率	简　　　介
漾日居	2000		13	5—6	6 栋,1 288 个单位,1 332 个停车位,单位面积约 77—232 平方米
擎天半岛	2003		16	5—7	5 栋,2 126 个单位,1 270 个停车位,单位面积约 77—252 平方米
凯旋门	2004	高档住宅	10	5—6	4 栋,新鸿基地产;255 米高,75 层,约 1 300 个单位
君临天下	2005		10	5—7	3 栋,恒隆地产;1 122 个单位,864 个停车位,单位面积约 95—271 平方米
圆方商场	2007.10	顶级购物中心	9.3		新鸿基地产;香港首个横向式商场,商业最高端商业,4 层
天　玺	2007.3	国际级多功能大厦	住宅 18.2 酒店 5.3	15—18	新鸿基地产;香港最高的纯住宅,2 栋约 270 米双子塔,包括住宅、服务式出租住宅(港景汇)和豪华六星级酒店(W 酒店)
环球贸易广场	2007—2010	国际级地标办公楼	共 26.2 写字楼 23.2 酒店 3.0		新鸿基地产;香港最高写字楼,全球第四高,共 118 层,490 米,丽嘉酒店(The Ritz-Carlton)300 客房

图 2.6　香港九龙联合广场土地复合利用示意图

资料来源:SYSU 城市化研究院,《香港城市综合体规划控制研究》,2014。

3. 土地复合利用的统筹机制仍不明确

目前,上海针对土地复合利用还未形成统一的顶层制度设计,并未从根本上解决土地复合利用的制度难题。虽然上海在规划土地管理领域已经出台了创新政策,鼓励土地复合利用,但是对于灵活多变的市场经济而言,统筹机制还不健全,与土地复合利用的城市规划和土地管理仍处于被动局面。第一,各部门管理理念未统一。各部门未能从更广视野、更高层次上围绕"生产、生活、生态"协同发展的土地"大复合"利用,也未能结合新型工业化、产业融合、风貌文化和生态环境保护等需求,在产业、文化、绿化、消防、农业以及财政等相关部门之间形成统一的理念和创新思路。第二,各方用地需求仍条块分割,多部门整合空间、协同创新的机制未形成。针对不同用途的土地,其供地方式、土地使用年限、地价水平均不尽相同,相应的统筹管理机制也不健全。近年来,上海尝试综合用地出让,在一定程度上推进了土地复合利用,但各部门也针对不同用途制定了详细的出让条件,在一定程度上制约了土地复合利用的推进。

专栏 2.7 徐汇区商住办综合用地出让条件

2018 年 5 月,徐汇区红梅街道相关地块将近 12 万平方米的商住办综合用地出让,对建设条件、定位、自持比例、申请条件等进行了详细规定。该地块位于地铁 12 号线桂林公园站,紧挨桂林公园。附近 1 公里内生活设施齐全,包括沃尔玛、家乐福等大型超市。

建设条件:(1)地上+地下商业总建面不超过 8 万平方米;(2)地块内要至少5 300 平方米以上广场和绿地;(3)保障房 5% 以上;(4)租赁住宅不少于 550 套,并需要自行管理;(5)中小套型住宅不低于 80%;(6)部分地块 100% 全装修住宅;(7)商办限高 50 米;(8)装配式建筑面积的比例 100%。

定位:据了解,该项目将打造响应"建设具有全球影响力的科技创新中心"的科创社区。引入生产型服务业、战略性新兴产业、新型商业业态,打造以智慧城市为主题,以垂直"产研展商"闭环生态链为支撑的商业办公住宅综合体。

自持比例:(1)自持 100% 地上商业物业不小于 20 年;(2)自持 100% 地下商业物业不小于 20 年;(3)自持建筑面积不低于 50% 办公物业不小于 20 年;(4)按出让年限自持建筑面积不低于 30% 住宅物业;(5)以上自持面积须用于租赁。

公共设施:公共服务设施产权无偿交予政府相关部门,需考虑体育、文化、邻里中心等服务功能。(1)体育功能建筑面积不少于1.5万平方米,需设置于xh124B-01地块内,集中配置,相对独立,占地不小于3 000平方米。设置漕河泾综合体育中心,室内具体体育功能包括标准游泳池、篮球场、屋顶足球场、羽毛球场、壁球、健身中心、乒乓球、台球房、形体训练区等。(2)文化功能建筑面积不少于1.5万平方米,建议沿公共轴线布置,相对独立,结合具体方案进行设计。设置漕河泾综合文化中心,具体文化功能包括会展区、小剧场、图书馆、特色书店、画廊、多功能厅、社区级文化设施等。(3)公共服务功能建筑面积不少于1.5万平方米,建议沿公共轴线布置,相对独立,结合具体方案进行设计。设置漕河泾综合服务中心,具体功能包括生活服务中心、养育托管中心、养老设施、卫生服务中心、教育及管理配套、园区管理服务中心等。

其他条件:(1)须引入至少一家经国家发改委、国家科技部等部委认定的国家级"企业技术中心",并须向区商务委备案。(2)须在地块内引入两家及以上具有资质的众创空间运营机构,推进"品牌化、专业化、国际化"众创空间建设,以签订协议或获得企业授权的方式合作,须经区科委备案。(3)为确保科创商务社区建设目标的实现,在受让方未能完成上述运营要求5—6条中任意一条的情况下,本次出让地块内所有可售住宅、可售办公、持有年期届满后商业不允许出售,受让方也不可通过变更股权的方式转让住宅、商业、办公等物业。

申请条件:(1)本地块设立预申请底价。报价不低于地块预申请底价的预申请人方可参加本地块入市出让的后续交易活动。(2)本地块在正式出让时仅接受预申请竞买人的竞买申请。未获得预申请资格或已申请不再参与本地块入市出让的后续交易活动的有效预申请人也不得参与本地块入市出让的正式出让活动。

资料来源:《2018第69号国有建设用地使用权出让公告》,上海土地市场官网,2018年。

4. 土地复合利用的开发模式尚待成熟

上海推动土地复合利用还没有形成成熟的开发模式,只有少数大型企业进行了初步尝试。第一,轨道交通地铁上盖复合利用模式不够成熟。目前,上海申通集团在轨道交通上盖项目方面进行了初步尝试。由于申通集团是轨道交通建设用地的开发主体,也是轨道交通站点的权益主体,其他社会资本参与轨道交通物业开发相对比较难。第二,工业用地复合利用模式不够成熟。上海工业用地复合利用在上海自贸试验区内进行试点。然而,自 2014 年 7 月发布自贸试验区"综合用地"土地新政以来,鲜有工业用地混合利用的案例出现。

专栏2.8 中国(上海)自由贸易试验区首提综合用地概念

2014 年 8 月 12 日,上海自贸试验区管委会官网发布《关于中国(上海)自由贸易试验区综合用地规划和土地管理的试点意见》,于 2014 年 8 月 1 日起施行,有效期至 2016 年 7 月 31 日。根据这份由上海市规划和国土资源管理局、上海自贸试验区管委会联合印发的《试点意见》,上海自贸试验区鼓励地块用途兼容,用地类型实行两种或两种以上用途混合;存量建设用地转型为综合用地的,要补缴土地价款。

综合用地概念的提出,可以从根本上解决工业用地转性升级的问题。在此之前,工业用地在成交后,要想转变用途难度极大,原则上试用期内是不能转变用地性质的。所谓综合用地,按照《试点意见》的定义,指的是土地用途分类中,单一宗地具有两类或两类以上使用性质(商品住宅用地除外),且每类性质地上建筑面积占地上总建筑面积比例超过 10% 的用地,包括土地混合利用和建筑复合使用方式。

在综合用地的供应上,《试点意见》明确,要按照主导用途对应的用地性质,实行差别化的供地方式。除了公开招拍挂,有些类型的土地可采取带产业项目挂牌出让、协议方式供地。比如,主导用途为商业、办公等经营性用地的,应采取

公开招标、拍卖、挂牌方式供地；主导用途为研发总部产业项目类用地、产业项目类工业用地、仓储物流产业项目类用地，可以采取带产业项目挂牌出让方式供地；主导用途符合划拨目录的，附属用途不符合划拨目录的，可以以协议方式供地，涉及公益性用地部分的按照划拨用地管理。《试点意见》还鼓励"租让结合，先租后让"，中标人或竞得人先行租赁土地进行建设，通过规划土地综合验收或达产验收，符合租赁合同约定使用条件的，再按照协议方式办理出让手续。

综合用地的出让底价，由上海自贸试验区土地招拍挂办公室委托具有资质的评估机构进行市场评估，根据评估结果，结合产业政策、土地市场情况等因素，由上海自贸试验区土地招拍挂领导小组集体决策，综合确定出让底价。当然，基本的门槛还是有的，譬如：采取协议出让方式供地的，出让底价不得低于综合用地各用途对应基准地价乘以其比例之和的 70%；研发总部通用类用途部分的出让底价不得低于相同地段办公用途基准地价的 70% 等。而存量用地经批准同意转型为综合用地的，土地权利人要按照市场评估价补缴土地价款。

资料来源：《自贸区土地二次开发启动：首提综合用地概念》，上海自贸试验区管委会官网，2014 年 8 月，http://www.china-shftz.gov.cn/Homepage.aspx。

第3章

国际大城市提高土地利用效率的经验

提高土地利用效率是国际大城市面临的共性问题。国际大城市在土地管理利用方面的理念、战略和提升土地利用效率的具体举措可为上海提供借鉴和启示。

3.1 国际大城市土地管理利用的新理念

土地管理和利用的核心在于和城市功能相协调,适应城市经济社会发展的需要。土地管理利用理念是城市空间利用情况和密度的外在反映,也是城市发展不同阶段的产物。根据城市发展需要,国外大都市逐步调整、优化土地管理利用的理念与方式,提出了"紧凑型城市""精明增长""公共交通导向发展""弹性规划用地"等多种不同的土地管理利用理念。

3.1.1 "紧凑型城市"理念

"紧凑型城市"(compact city)是国际大城市在土地利用方面的主流理念之一,旨在倡导土地集约利用、集中紧凑布局、降低能源消耗,让城市在规模、结构和功能上都实现高效率,对西方城市的城市规划和发展具有重要意义。目前在英国和欧洲大陆,"紧凑型城市"已被当作国家可持续发展战略的组成部分来加以倡导。

1. 理念提出的背景

二战后,随着经济复苏和汽车的出现,城市人口大幅增加,包括伦敦、纽约在内的西方发达城市卫星城和新城开始大量发展,一定程度上减缓了城市中心的拥堵,低密度也成为现代化的象征。

但是,20 世纪 50 年代到 60 年代,随着劳动密集型产业梯度转移到其他劳动力价格相对比较低的不发达国家,发达国家的城市开始出现了制造业衰退的迹象,中心城区也开始逐渐萧条,有的甚至成了贫民聚集区。此外,居民大量使用汽车也导致能源、环境问题严峻。

20 世纪 70 年代,西方发达国家的城市开始对以往郊区化的生活方式带来的土地、资源非高效利用的问题进行了反思,开始重视解决中心城区衰败的问题,推动中心城区更新再造,吸引人口回归城市中心。1973 年,美国教授 George B. Dantzig 和 Thomas I. Saaty 在共同撰写的《紧凑型城市——适于居住的城市环境计划》一书中提出了"紧凑型城市"的理念,并论证了其科学性。

进入 20 世纪 90 年代后,随着郊区化带来市区人口锐减、土地基础设施利用率不高、土地资源消耗达到空前规模等问题,西方发达国家的城市逐步开始倡导"紧凑型城市"理念。1990 年,欧共体委员会发布《城市环境绿皮书》(Green Paper on the Urban Environment),认为"紧凑型城市"是一种解决居住和环境问题的有效途径,可以促进中心城区恢复活力,减缓社会对立(如贫民居住在中心城区、富人居住在郊区),减少汽车使用增长带来的环境压力,能够大大增强城市经济、社会、环境的效益,增进竞争力,实现可持续发展的城市形态。在良好设计的前提下,"紧凑型城市"更保护环境、更经济、更宜居、更公平,从而更有活力、竞争力。

2. "紧凑型城市"理念的内涵

针对"紧凑型城市"的内涵,国内外学者有不同的观点。其中共识性的观点通常认为"紧凑型城市"具有以下特征:一是城市规模紧凑,包括相对高密度的人口、建筑等。二是城市形态紧凑,包括划定城市边界,控制城市无节制蔓延扩张,以先进的公交系统连接居民区,强化城市空间的使用。三是城市功能紧凑,包括提倡土地混合集约利用,建设混合功能的城市中心,发挥中心城区经济活动和高密度效益,强化中心城区的更新再造。

基于"紧凑型城市"的内涵,"紧凑型城市"的土地利用理念在于城市土地利用形式和城市功能区的动态匹配,包括以下几个方面的要点:

一是提倡土地高效集约利用。土地的高效集约利用可以促进公共设施的使用强度达到规模经济,减少出行、交通压力,减少对郊区用地和其他绿化空间的使用。土地利用强度可以通过不同的密度指标来反映。比如,建筑密度从物质形态上反映了城市的土地利用强度,而人口密度和就业密度则从经济活动上反映了城市土地利用的强度。

二是提倡土地功能适度混合利用。当一个城市的工作区、居住区和休闲区间界限明显且距离较远时,就产生了更多的交通和排放需求。[1]功能混合的社区在缩短交通距离、减少出行成本的同时,可以从源头上减少众多城市环境问题。适度功能混合的土地利用开发就是指通过不同土地利用方式的混合,使得不同类型的活动可以在一个水平或垂直空间中混合布局。当然,土地功能"适度"混合利用并不是指"高度"混合利用,并非是"一刀切"地采取居民在居住地上班,带来最大土地利用"负外部效应"的模式[2],而是致力于住宅和商业用地的均衡分布,既最大化城市的规模集聚效应,提高城市的多元发展活力,减少钟摆式交通带来的出行次数和距离,降低由此产生的能源和环境问题,也塑造高品质的居住生活环境,改善公众生活水平。

三是在土地利用形态上采取"分散化的集中"。根据不同的土地开发模式,"紧凑型城市"的城市形态也会呈现不同的面貌(如图 3.1)。"分散化的集中"是指通过建设与土地利用开发联动的公共交通体系,以公交体系连接城市重点区域,在此基础上发展高密度和高联通度的城市空间组织形态。这样的土地利用形态区别于过去"单中心"的城市空间结构,为特大城市提供了新的规划思路。

---

① 贺鼎:《紧凑型城市——超大城市的可持续发展选择》,《社会创新评论》2015 年版。

② 韩刚等:《国外城市紧凑性研究历程及对我国的启示》,《世界地理研究》2017 年第 1 期。

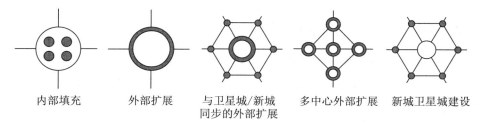

内部填充　　　外部扩展　　　与卫星城/新城　　多中心外部扩展　新城卫星城建设
　　　　　　　　　　　　　同步的外部扩展

图 3.1　不同的紧凑型城市形态

资料来源:韩刚等,《国外城市紧凑性研究历程及对我国的启示》,《世界地理研究》2017 年第
1 期。

3."紧凑型城市"理念的实践

不同国家针对"紧凑型城市"的理念有着不同的实践和发展模式,其共性在于
都非常重视城区再开发、旧区再生,以此吸引人口重新回归中心城区。在具体做法
上,比较典型的有以下两种模式。

一是英国模式。[①]通过对衰退中心城区的更新再造,加强中心城区空间的有效
利用;通过制定符合混合用地功能土地利用原则的交通规划,促进公共交通、抑制
私人汽车的使用;通过发展绿带,为城市的无序蔓延和扩张设置边界,也为城市带
来了更多休闲场所和自然景观;通过"都市村庄"规划,推进住宅区、未充分开发利
用土地的可持续、高密度开发。

专栏 3.1　英国绿带的发展模式借鉴

绿带(green belt)是英国城市规划实践中为限制城市用地扩张,保护自然景
观和生态环境,环绕已有城镇边界所划定的禁止建设区。绿带所覆盖的区域往
往自然景观优美,生态环境宜人。据统计,绿带涵盖了英国 19% 的落叶林地,
34% 的社区森林,以及 12% 的国家级自行车骑行线路。与此同时,由于靠近城
镇,交通便利,绿带成为城镇居民亲近自然、放松身心的绝佳去处,与居民生活质
量和幸福感紧密相关。因此,英国各级政府和社区组织都十分重视对绿带的保护,

---

① 韩刚等:《国外城市紧凑性研究历程及对我国的启示》,《世界地理研究》2017 年第 1 期。

积极实践各种绿带投资与管理模式,促进绿带生态价值及休闲娱乐价值的实现。在英国,主要包含以下几个典型的绿带发展模式。

一是区域公园(regioal park)。Lee Valley 区域公园是绿带景观保持的典范,公园面积达 4 万公顷,包括了若干国家公园、自然保护区、河湖徒步线路和体育设施。园内设有 8 个特别科学兴趣点、1 个水源特别保护区、1 个湿地保护区和 31 个本地野生动物点。Lee Valley 区域公园管理委员会成员主要由地方政府提名并由伦敦议会任命,另外包括合作社会组织派出人员。年度预算约 2 500 万英镑,其中一半来自公园内设施收益,另一半来自地方政府财政投入。

二是自然增强区(nature improvement area,NIA)。伯明翰自然增强区旨在为区内生态环境和居民争取长期环境收益,主要着力于景观尺度上的生态多样化项目。三年以来,伯明翰 NIA 获得来自中央财政的种子资金约 80 万英镑,其他资金来源还包括野生动物基金会。伯明翰 NIA 由超过 50 个机构组织合作管理,日常维护主要依靠社区活动和志愿者。

三是森林社区(community forest)。默西森林(Mersey Forest)面积超过 100 万公顷,环绕利物浦、沃灵顿、切斯特等城镇,其中一半位于绿带区域,是英国最大的社区森林。默西森林管理层来自 7 个地方政府和其他环境相关的半政府组织(Natural England,Forestry Commission,Environment Agency)。默西森林年度预算约 140 万英镑,主要来自地方财政和社区森林基金会(Community Forest Trust)。默西森林目前正在积极推进休闲娱乐功能配套,计划开发超过 300 公顷的区域,建设约 28 公里的徒步和骑行路线相关设施。

绿带地区的可持续发展是英国城乡协调发展的重要组成部分,既避免了城镇无序扩张对自然生态环境的破坏,又充分挖掘了绿带地区的经济价值和服务城市居民的功能,促进地区经济和环境的可持续发展。

资料来源:搜狐财经,2017 年 7 月 4 日,http://www.sohu.com/a/154364504_654278。

二是日本模式。20 世纪末，随着老龄化社会结构的发展，以及金融危机泡沫破灭后的低房价，日本社会呈现出一种松散的城市开发建设状态。为了改变这一发展趋势，日本开始按照"紧凑型城市"的理念重新制定城市总规，其主要做法包括：加快中心城区的城市再开发；鼓励市民居住在市区，限制郊区居住区的建设；支持有轨电车等公共交通发展；推动道路更新，建设适合步行的城市环境；保护农业用地和自然环境。

当然，实践中也存在着对"紧凑型城市"发展理念的争议，这主要集中在以下方面：一是"紧凑型城市"的发展不一定可以解决城市交通问题。虽然发展"紧凑型城市"的初衷之一就是减少私人汽车的使用，通过鼓励公共交通出行来减少能源消耗和环境污染，但是一旦公共交通无法提供有效、舒适的交通服务，中心城区交通很可能因为人口密度的增加而加剧拥堵，进而影响城市功能。二是"紧凑型城市"可能带来生活质量的下降。分散式的城市发展模式可以为居民带来大量宽敞的空间，而"紧凑型城市"则可能因为高密度而导致城市绿地、公共空间的减少。因此，也有相当一部分人对这一理念持保守态度。

3.1.2　精明增长理念

与"紧凑型城市"的理念相似，"精明增长"（smart growth）理念也是在国外大城市低密度扩散的背景下提出的，它们都不同程度地强调了要适度控制城市的发展。但"精明增长"理念于 20 世纪末在美国兴起，其实践以美国为主。不同于"紧凑型城市"通过强调城市规模、形态、功能的紧凑倡导中心城区更新再造，"精明增长"强调有边界的城市合理增长，通过盘活和有效利用城市中存量土地，做好废弃地区再开发，分区引导和保护开放空间等措施来提高土地利用效率，促进城市整体发展。

1. 理念提出的背景

20 世纪中后期，美国的许多城市出现严重的"城市蔓延"（urban sprawl）问题，表现在：基于小汽车交通的土地低密度开发，空间分离，土地单一功能利用，就业岗位分散,农业用地和公共空间缩减等[①],以及随之带来的土地浪费、基础设施建设投入增加、交通和环境问题严峻等一系列负面影响。

20 世纪 70 年代到 90 年代,"精明增长"的理念在美国萌芽和发展。1997 年,美国马里兰州州长格兰邓宁正式提出了"精明增长"方案,旨在建立使州政府能够指导城市开发的手段。2000 年,美国规划协会联合 60 家公共团体组成了"美国精明增长联盟",提出要用足城市存量空间,减少盲目扩张;加强对现有社区的重建,重新开发废弃、污染工业用地,以节约基础设施和公共服务成本;城市建设相对集中,空间紧凑,混合用地功能。"精明增长"理念提出后,被政府、企业和社区公众广泛采纳并在美国的许多城市实践,取得了较好的效果。

表 3.1　城市蔓延与精明增长的对比

	城市蔓延	精明增长
密　度	密度低,中心分散	密度高,中心集聚
增长模式	城市边缘化,侵占绿色空间	填充式或内聚式发展模式
土地使用的混合度	单一土地利用	混合土地利用
尺　度	大尺度的建筑、街区和宽阔的道路,缺少细部	建筑、街区和道路的尺度适合人居,注重细部
公共设施(商店、学校、公园等)	区域性的、综合性的,需要机动车交通联系	地方性的、分散布置的,适合步行
交　通	小汽车导向的交通和土地利用模式,缺乏步行、自行车及公共交通的环境和设施	多模式的交通和土地利用模式,鼓励步行、自行车和公共交通
连通性	分级道路系统,具有许多环线和尽端路,步行道路连通性差,对于非机动交通有很多障碍	高度连通的街道、人行道和步行道路,能够提供短捷的路线
道路设计	道路设计目的是提高机动交通的容量和速度	采用交通措施将道路设计为多种活动服务的场所
规划过程	政府部门和相关利益团体之间很少就规划进行协商和沟通	由政府部门和相关利益团体共同协商和规划
公共空间	重点是私人领域,如私人庭院、商场内部的步行设施、封闭的社区和私人俱乐部	重点是公共领域,如街景、步行环境、公园和公共服务设施

资料来源:马强等,《"精明增长"策略与我国的城市空间扩展》,《城市规划汇刊》2004 年第 3 期。

---

① 马强等:《"精明增长"策略与我国的城市空间扩展》,《城市规划汇刊》2004 年第 3 期。

2."精明增长"理念的内涵

"精明增长"理念的核心是对城市空间结构、用地模式、交通体系的综合考虑，倡导科学、公平的城市发展。它关注城市土地的利用和管理，通过提高土地利用效率来抑制城市蔓延的问题，实现城市集约、高效的增长。

1994 年，美国规划师协会提出"精明增长"要致力于实现的三大目标定位，即"城市的发展要使每个人受益；要实现经济、社会、环境公平；要使新、旧城区均获得投资机会并得到良好的发展"。[①]此外，美国"精明增长在线"(SGO)对"精明增长"提出了 10 项规划原则的总结(见表 3.2)。

表 3.2　城市精明增长十大原则

（一）混合式多功能的土地利用：土地的开发和利用遵循混合利用的原则，实现多种土地功能的有机结合，混合型的土地使用将不同的住房类型（单体住宅、多层建筑等）混合起来，同时配备日常生活所需的零售商店和服务行业

（二）垂直而非水平的紧凑式建筑设计，以此减少土地和交通需求

（三）能在尺寸样式上满足不同阶层人们的住房要求：对住宅的开发遵循机会均等和公平的原则，避免因经济收益差距而造成的居住条件的过大差异；创造多种住宅机会和选择提升城市住房的可支付性

（四）建立步行式社区：社区的建设遵循以步行为导向的原则，创造适于步行的邻里社区，为城市居民锻炼提供场所

（五）创造有个性和富有吸引力的居住场所感觉：生活场所的设计和兴建遵循个性化原则，打破现有建筑风格的盲目复制，培养特色型、魅力型社区

（六）保护空地、农田、风景区和生态敏感区：城市环境保护规划遵循生态优先的原则，防止经济用地对农田、景区等原生态土地的破坏；保留开放空间、耕地、自然美景和主要环境保护区域

（七）加强利用和发展现有社区的开发：新城建设与旧城改造同时进行，充分利用已建成的生产、生活区域

（八）增加交通工具种类选择：减少对小汽车的依赖，增加公共交通的使用（承载量），减少环境污染

（九）做出可预测、公平和效益的发展决定：政府决策遵循可预测、公平的原则，对政策效果的评定要综合考量其产生的经济效益、社会效益和生态效益

（十）鼓励公众参与：鼓励社区和业主在发展决策制定过程中与政府和规划机构的合作

资料来源：关静，《以精明增长为指引的城市增长管理》，《社会科学家》2017 年第 10 期；诸大建等，《管理城市成长：精明增长理论对中国的启示》，《同济大学学报（社会科学版）》2006 年第 4 期。

---

① 唐相龙：《"精明增长"研究综述》，《城市问题》2009 年第 8 期。

3."精明增长"理念的实践

"精明增长"理念在美国广为采纳,其具体的行动计划覆盖了联邦政府、州政府和地方政府三个层面,强调土地利用的过程监管。

一是联邦政府拨出专项财政经费给各州和地方政府,鼓励其用于缓解交通堵塞,减少空气污染,推动轻轨、人行道和自行车道设施建设等,并制定了精明增长的立法指导。

二是在州政府层面,马里兰州通过了包括《精明增长地区法1997》在内的多项立法提案,为该州精明增长的工作提供了指导。此外,该州还于2000年成立了马里兰州大学精明增长研究和教育国家中心,加强对土地利用等问题的研究。

三是在地方政府层面,波特兰市提出了该市面向2040年的主要发展战略,即严格控制城市边界,将城市用地需求集中在已有的交通枢纽和中心地区,并通过"精明增长实验"致力于摆脱美国传统城市发展模式;奥斯汀市政府则于1998年公布了"奥斯汀市精明增长提案",划出了两个精明增长区域来限定城市发展边界,并通过邻里规划来改善邻里关系,提高交通连通性,提升生活环境质量。

四是美国的"棕地"开发。为了进一步激发城市活力,为城市再生提供更多可能性,纽约开始实施棕地(brownfield)的清理和再开发计划,为棕地规划了未来多种可能的开发方向,如住宅、办公、商业、公共空间等,以此适应城市快速发展的需要(详见3.2.2节)。此外,在纽约的区划法规中,也设立了"混合利用区"等新的土地利用类型。

总体来看,"精明增长"的理念在美国不同层级政府和地区的力推和落实下,通过土地利用的过程监督管理产生了较大影响力和良好的效果。不过,实践中"精明增长"还有许多可以提升的空间,比如统一测量和评估标准,加强后期效果评估,推动公众深度参与等。

3.1.3　公共交通导向发展理念

土地管理利用方式和城市交通方式、城市空间形态密切相关。选择合理的城市形态和与之相适应的交通体系,是城市建设和发展过程中面临的核心议题之一。在"紧凑型城市""精明发展"等影响下,国外大都市渐渐探索出"公共交通导向"(transit oriented development,简称 TOD)的发展理念和模式,形成了一系列相对成熟的做法和经验。

1. TOD 理念提出的背景

20 世纪后期,美国汽车导向发展模式(automobile oriented development,简称 AOD)带来了中心城区衰落和城市向郊区蔓延问题,与之相伴随的是大规模、低密度居住区的现象及单一功能的土地利用方式。为了促进城市从低密度蔓延向高密度复合化发展,20 世纪 80 年代至 90 年代,美国城市开始兴起一种主张土地利用和交通体系联动发展的理念模式,即公共交通导向发展理念。1993 年,加州伯克利分校的 Peter Calthorpe 在其《下一个美国都市:生态、社区和美国梦》(*The American Metroplis-Ecology, Community and the American Dream*)一书中首次体系化地明确提出了 TOD 理论和实践导则(表 3.3)。

表 3.3　Calthorpe 的 TOD 规划原则

(一)在区域规划的层面上组织紧凑的、有公共交通系统支撑的城镇模式
(二)在公交站点周围适于步行的范围内布置商业、居住、就业岗位和公共设施
(三)创造适于步行的道路网络,营造适合于行人心理感受的街道空间,在各个目的地之间提供便捷、直接的联系通道
(四)提供多种价格、密度的住宅类型
(五)保护生态敏感区、滨水区,以及高质量的开敞空间
(六)使公共空间成为人们活动的中心,并且为建筑所占据而不是停车场
(七)鼓励在已有发展区域内的公共交通线路周边进行新建和改建

资料来源:马强,《近年来北美关于"TOD"的研究进展》,《国外城市规划》2003 年第 5 期。

1997 年,Cervero 和 Kockelman 又提出了关于 TOD"密度(density)""多样性(diversity)""设计性(design)"这样的"3D"原则,旨在保障 TOD 模式可以为不同人群提供更多选择。[①]2008 年以后,Reid Ewing 和 Calthorpe 在"3D"原则的基础上又

---

①　马强:《近年来北美关于"TOD"的研究进展》,《国外城市规划》,2003 年第 18 卷第 5 期。

增加了"距离(distance to transit)""目的地可达性(distance Accessibility)",由此拓展成为"5D原则"。

2. TOD理念的内涵

TOD规划理念的核心是围绕地铁、轻轨、巴士等公共交通路线进行土地混合利用和开发,以公交站点为中心,形成以较短时间(一般是十分钟以内)的步行路程为半径的城市细胞区域,进而发展出多个由TOD组成的网络化用地模式,形成布局紧凑的城市空间形态。一个典型的TOD通常由公交站点、居住区、办公区、核心商业区、公共空间、次级区域等功能结构组成,这样的组合将吸引更多人提高对公共交通的使用频率。根据是否位于区域公交体系的主干线上和承担功能的不同,TOD又分为城市型TOD和社区型TOD两种。常见的TOD实施手段包括叠加区划法(overlay zoning),即控制密度、土地使用及场地设计;以及对站点地区的规划和资金补助,具体包括鼓励可承受的住房设计和地区密度增加,放宽停车标准的限制,改善重要站点周边的基础设施和街道景观等。①

TOD理念有一下几大明显特征:②

一是较高密度。TOD的目标之一就是以密度的提高来提升土地利用效率,而一定的密度才可以为公交提供必需的客流量,并支撑TOD地区商业和公共服务所需要的消费人流基础。

二是混合土地利用。TOD地区通常由居住、商业、公共建设等不同土地利用类型组合而成,由此来帮助市民平衡居住、工作、享受公共服务,从而减少汽车出行,缓解交通问题。此外,TOD理念中的土地混合使用也可以在垂直空间形成,如顶楼用作居住,中间层用作办公,底层作为商用。此外,在同一种土地利用类型里,不同业态用途也被鼓励使用。比如,居住用地中,公寓、独栋别墅、联排别墅等不同业态形式也被鼓励采用。

---

① 潘海啸、任春洋:《美国TOD的经验、挑战和展望》,《国外城市规划》2004年第6期。
② 张明、刘菁:《适合中国城市特征的TOD规划设计原则》,《城市规划学刊》2007年第1期。

表 3.4　TOD 中合适的土地利用比例

土地利用类型	城市型 TOD	社区型 TOD
公共建设	5％—15％	10％—15％
商业中心	30％—70％	10％—40％
居　住	20％—60％	50％—80％

资料来源:张明、刘菁,《适合中国城市特征的 TOD 规划设计原则》,《城市规划学刊》2007 年第 1 期。

三是良好的步行环境。TOD 的设计要综合考虑步行的舒适度、便捷度、安全度,并与其他公共出行方式很好地衔接联动。事实上,TOD 空间尺度是由步行距离来完成的,一个宜人的步行环境也几乎是 TOD 地区成功的关键。

四是优质的公交服务。公交服务涵盖了发车的频率、接驳的衔接、枢纽建筑的设计、指示信息的呈现,其质量极大程度地决定 TOD 的质量及可以吸引到的人流量。

3. TOD 理念的实践

自 20 世纪 90 年代开始,TOD 理念在美国各大城市都有了深入的应用。据预测,2030 年将有 1/4 的美国人将居住在 TOD 社区,美国 4 000 座公共站点附近将产生各 2 000 套住房的开发需求。[①]

从横向上看,各地都有不同的政策和解读。比如,不同城市对 TOD 的空间尺度范围有不同的设定。西雅图、波特兰设定 TOD 的空间范围为距离轻轨站 400 米的范围,圣地亚哥设定在距离核心车站 600 米左右的范围,而华盛顿特区将这一范围设定在距离核心车站约 800 米、普通车站约 400 米的范围内。[②]

从纵向上说,TOD 理念也随着实践不断迈向多元化。在美国,TOD 已经由应对城市蔓延的一种发展方式转变为交通站点复合开发模式和重视公共空间的城市设计方法,成为一种城市功能调整的主流理念。

[①]　Federal Transit Administration,"TOD 101:WhyTransit-Oriented Development and Why Now?",2007 [2018-05-10],http://www. reconnectingamerica. org/resource-center/browseresearch/2007/tod-101-why-transit-orienteddevelopment-and-why-now/.

[②]　胡映东等:《美国 TOD 模式的演变、分类与启示》,《城市交通》2018 年第 4 期。

TOD理念的发展带来了一系列的正面影响,比如一定程度上限制了城市蔓延,增加公共交通使用率,减少交通拥挤,推动城市土地开发利用和交通之间的有效联动,进而促进城市空间结构紧凑发展等。不过,TOD自身存在问题。比如,站点地区的高密度开发增加了节点的交通压力,多模式交通换乘对地区道路和停车设计提出了高要求,往往会导致步行质量降低;又如,作为TOD模式重要特征的土地混合利用给投资者和租赁者带来了困难,不少开发商认为不应过分强调垂直的混合使用。

总体来说,TOD理念源于美国,它倡导的原则和我国的可持续发展目标一致,但其在我国和上海的应用中还应根据我国城市具体情况而针对性考量。

专栏3.2　以交通为导向的城市空间发展

以交通为导向的城市空间发展,主要有两种模式:以轨道交通引导的城市空间发展和以公共交通为导向的城市空间发展。前者的代表性城市有丹麦的哥本哈根、瑞典的斯德哥尔摩、日本的东京等,后者的代表性城市有巴西的库里蒂巴和新加坡的太普皮尼新城。

斯德哥尔摩在过去的50多年里,已经从战前的单中心城市转变成了战后的以地铁为骨架的多中心大都市,城市的土地使用形态也与地铁线网紧密结合。由于轨道交通引导的多中心结构的成功塑造,在高峰期,斯德哥尔摩规划交通系统的双向客流量之比为45∶55。轨道交通具有良好的可达性,为外围中心提供了增长点,同时其运营速度达到30—40 km/h,解决了外围次中心与城市中心之间的联系不便问题。

库里蒂巴具有典型的基于公交导向的城市空间结构形态。其公共交通方式不同于地铁或轻轨等造价高昂的轨道交通,为富有特色的Metrobus系统。Metrobus系统为环状与放射状相结合的形式,城市形态相应地呈现封闭环形系统与开放线形系统的结合。库里蒂巴在公交优先、土地利用与公共交通紧密结合等方面充分体现了注重城市发展可持续性的精神,其饱受赞誉的 Metrobus 系统的多种优点在规划界被广为推崇。

太普皮尼(Tampines)新城是新加坡 16 个新城中最为成功的一个,1992 年获得世界居住城市奖。其主要交通方式是高速铁路,铁路与普通公交的换乘方面也做得很好,实现了 74 % 的居民通过公共交通上下班。值得注意的是,Tamp-ines 规模毕竟较小,因此即使保持舒适度极高的水平,在为其居民提供就业机会、社会及文化多元化方面的优势仍是有限的。

资料来源:郭研苓等,《从交通视角谈以公交为导向推进新城建设——以上海松江新城为例》,《上海城市规划》2010 年第 1 期。

3.1.4 "弹性规划"理念

"弹性规划"(flexible planning in land use)是指在城市规划土地利用和管理时给予一定的弹性和空间,从而使政府的可调控资源实现最优配置,适应城市的快速发展变化和不可预见因素的冲击,避免陷入在规划期内频繁修编规划而带来时间、人力成本浪费局面。当前,这一理念已广泛应用在国际大都市发展的实践中。

1. 理念提出的背景

20 世纪 60 年代,简·雅各布在《美国大城市的死与生》中提出城市要以多样化的功能来满足居民的多样化需求。70 年代末,现代建筑国际会议中提出的对国际城市规划领域具有深远影响力的《马丘比丘宪章》强调,要通过"创造一个综合的、多功能的环境和弹性的规划控制来实现城市的活力"[①],从而避免城市不同分区彼此孤立的问题,并提出公众参与对城市规划的重要性。20 世纪后半期,在"紧凑型城市""精明增长""TOD"等一系列强调土地混合利用的重要理念激发下,"弹性规划用地"的思想和理念应运而生。受其影响,纽约、新加坡、香港等许多领先城市对

---

① 王潇文:《"白地"、"棕地"及其他:土地利用兼容性制度研究》,《城市规划和科学发展——2009 中国城市规划年会论文集》,2009 年 9 月 12 日。

土地功能的管理已经从简单分类管理走向了土地的兼容性和弹性管理。

2.“弹性规划”理念的内涵

弹性规划用地理念有以下几个核心要点：

一是以刚性规划作为规划控制的原则。弹性规划用地是建立在规划的硬性规定上的。比如，香港的法定图则就是在刚性规划的基础上提供了多种建筑用途的选择，但要求经过科学的研究论证后才能给予设置。“综合发展区”用地第一栏显示的“经常准许的用途”为空白，意为不可放入未经规委会批准的土地用途；而第二栏“须申请在附带条件或无附带条件下获准的用途”则包括了丰富的 37 种，从而便于香港规划部门根据环境和发展变化，对各类土地设计、布局选择给予灵活性空间。

二是通过土地预留保障土地未来使用价值最大化。“白地”就是通过土地预留，对那些暂时无法明确最佳用途、在未来发展潜力大的地区先划定功能留白地块，待时机和条件成熟后再明确更优用途，从而避免大拆大建带来的资源浪费。

三是通过动态市场调节实现用途转换。[①]在“弹性规划用地”理念的指引下，开发商可以实现土地用途的灵活转换。例如，新加坡政府将地段位置、用地面积、建筑高度上限、混合用途建议清单、租赁期限、许可的最大总建筑面积和总容积率上限六项重要指标在招标技术文件中固化，开发商则在“白地”的租赁使用期间，视市场环境需要自由变更使用性质和功能比例，且无需缴纳土地溢价。

四是优化土地管理流程，加强弹性管理。改变土地用途可以不再重新申请规划调整、完成相应程序，从而节省了大量时间和人力成本。此外，纽约、新加坡等城市通过给予容积率红利、转移、转让、储存等调节手段，赋予开发商一定的调控自主权，以此来完成城市公共空间建设的弹性调节。

3.“弹性规划”理念的实践

在“弹性规划”理念影响下，为了破解城市化进程加速、城市建设用地不足的问

---

① 王潇文：《“白地”、“棕地”及其他：土地利用兼容性制度研究》，《城市规划和科学发展——2009 中国城市规划年会论文集》，2009 年 9 月 12 日。

题,国际大都市进行了一系列的应用探索。

一是新加坡"白地"实践。新加坡市区重建局在 1995 年提出了"白色用地"(white site)的概念,并将其用于 1997 年新加坡的法定城市总规中作为开发控制的要素,允许开发商在满足规划的情况下,根据市场规律来自主决定土地用途,以此来提高土地的灵活性。该规划还将新加坡划分成 5 个大区域和 55 个小分区,在每个小分区中规定了一定数量的"白色用地",为城市建设提供灵活的发展空间。1998 年,"白色用地"概念在新加坡被融入商业用地和商业园用地,并在原来单一用途的功能上叠加了清洁、市政、休闲、教育等功能,并从预留用地渐渐转向功能复合用地。经过 20 多年的发展,新加坡的"白地"规划已经成为其城市规划体系中极具特色和地位的一部分,在新加坡的城市建设实践中也发挥了重要作用。2008 年,新加坡总规中的"白地"概念使其用地性质具有大的弹性选择空间。其"白地"通常选择在新城开发地段、商业中心地段、交通枢纽地段和历史文化保护地段。

二是香港的"其他指定用途功能区"实践。香港将"其他指定用途功能区"设置在新兴功能较为丰富的区域,从而为未来的变化保持弹性。2002 年,香港在修订规划法定图则时提出了在"其他指定用途功能区"中推行"混合用途"地带的概念,以此替代原来的商业住宅用地。

总体而言,"弹性规划"理念强调了最大化地保障土地的使用价值,也发挥了市场的动态调节作用,是一种兼具刚性规划和弹性调整的土地管理理念。

3.2　代表性国际大都市的土地利用战略

国际大都市如伦敦、纽约、东京、巴黎、香港都很重视城市的长期规划发展,在它们发布的各项长期城市战略规划中,土地的管理利用作为城市经济转型和空间优化的主要手段和载体之一,往往被放在重要位置。这些具体的土地利用策略既是国际大都市主流土地利用理念的具体实践,又立足不同城市的特点呈现出不同的演绎特征。

3.2.1 伦敦：以支持土地混合利用为核心

2015年3月,伦敦市政府发布修订后的《伦敦规划》,提出了面向2036年的伦敦城市发展战略愿景,旨在建设达到下述目标的顶级全球城市:为全体民众和企业打拼扩展机遇;环境最佳、生活质量最好;在解决21世纪都市挑战、尤其是气候变迁的挑战方面成为世界城市的领军者。这一城市发展战略愿景包含了六大目标:一是成为有效应对经济和人口增长挑战的社会城市,即确保所有伦敦人拥有可持续的、良好和不断进步的生活质量,充足的高质量房屋及街区,帮助解决伦敦人关于贫穷和不平等的问题;二是成为国际竞争力强、成功的城市,即拥有一个强大和多元的经济,充分利用历史文化资源,发展经济,建设竞争力强、经济结构多样、创新和研发能力超前,让经济发展的收益惠及全伦敦人和全伦敦地区;三是成为拥有多元、强大、保障和可达街区的城市,即增强社区归属感,为所有在伦敦的人,不管种族、年龄、身份、本地居民还是访客,提供表达渠道、实现潜能的机遇,为他们生活工作提供优质的生活环境;四是成为让人愉悦的城市,即珍视自己所有的建筑和街道,在拥有最棒的现代建筑同时充分利用自己的历史建筑,并将它们的价值延伸到开放和绿色空间、自然环境和水道中去,为伦敦人的健康、福利和发展实现它们的潜能;五是成为低碳节能的世界级环保城市,即致力于全球和当地环境的改善,应对世界城市气候变迁,减少污染,发展低碳经济,节约能源,提高能源利用率;六是成为轻松、安全、方便,所有人能找到工作机会和服务设施的城市,即通过方便和有效的交通系统,鼓励更多的步行和自行车交通,更好地利用泰晤士河。

在土地管理方面,《伦敦规划》提出了通过支持土地混合利用来推动土地高效利用的战略,关注具有大规模发展潜力的地区(比如重视东伦敦地区大面积未利用土地的重新利用)及小规模发展机遇的地区,确保通过有效政策使得土地发展潜力得到最高效利用。在这一战略下,《伦敦规划》明确了外伦敦、内伦敦、中央活动区、有开发潜力的区域及需加强开发的区域、重建地区等不同空间区域的优先发展任务,对伦敦未来的城中心、外伦敦战略发展中心、工业战略区位和绿色基础设施建设战略网络提出了不同要求。在此基础上，《伦敦规划》还提出了为这一土地利用战略服务的具体任务。

1. 强化土地混合利用导向，支持办公空间等混合用途开发

近数十年里，伦敦经济日益向服务业转型。《2009 年伦敦办公场所政策审查报告》显示，2011 年至 2031 年间将增加超过 30 万的就业人数，届时办公就业密度将达到每 12 平方米有一名工作人员，净增长人数占据总人数的 75％到 85％，摩擦性失业达到 8％，截至 2031 年，伦敦可能还需要 390 万平方米办公占地面积（净值）。

因此，《伦敦规划》将保障在正确的区域有正确的、充足的办公空间作为一个关键性的任务，支持办公空间的管理、混合用途开发及再开发，以此提高伦敦的竞争力，增强多元性，吸引包括中小型企业在内的各型各类商务机构。为了实现这一关键性任务目标，伦敦制定了如下行动计划。

一是支持剩余办公空间向其他用途转变，推进混合用途开发。根据伦敦办公场所审查小组的信息，在 2036 年之前的开发周期内，"规划—监测—管理"模式将会应用于调节办公需求与供应。这种方式将有助于剩余办公空间向其他用途转变，尤其是向住房转变。2013 年政府放宽了办公用地向住宅用地转变的相关权益限制，但伦敦部分地区在例外之列，包括中心活动区、爱犬岛北部、科技城（城市边缘）、肯辛顿、切尔西、皇家码头企业区。大伦敦将与自治市镇共同协作，在这些地区以外的其他地区，监测放宽政策进行开发所带来的影响。

二是采取因地制宜的方法进行混合用途开发及提供办公场所。充分考虑"土地调换使用"、"住房信贷"和"场外调配"能作出的贡献，尤其是注意扶持具有战略意义的重要商务活动集群区域（如伦敦市和爱犬岛北部具有开发潜力的地区）。在外伦敦，强化剩余办公空间使用，并对新的办公空间进行置换。鼓励混合用途开发，在不同的地区采取不同的方式，比如在办公成本较高的地方支持其他用途，而在其他用途（如住宅）成本较高的地区支持办公空间再生。

三是加强土地利用的过程监管。尽管中心活动区不享受政府宽松的准许开发权利，但其办公和住宅用地成本的不同还是有可能导致办公空间向住宅的转变流

失。基于此,伦敦市谨慎监测中心活动区的变化,根据监测情况调整当地混合用途开发政策适用的门槛,从而鼓励公共空间再生。在符合地区战略性办公用地评估的前提下,伦敦支持市镇保留小规模办公用地,因为这些地方通常都是当地具有活力的混合适用地。

2. 实施严格的工业用地管理制度,优化土地资源配置方式

除了支持办公空间的管理、混合用途开发及再开发外,《伦敦规划》还提出了实施严格的工业用地管理,确保工业用地和工业地产满足伦敦不同地区对不同工业用地的需求。具体行动计划如下:

一是规划、监测、管理剩余工业用地的出租和用地开发。在战略性工业区域里的市镇工业用地及工业地产开发需要符合以下原则:确定并保护当地明确需求的重要工业场地;制定管理以上及其他工业场所的地区战略性标准;设立工业用地向其他用途转变的市镇级管理机构,在补充规划指导方针中设定工业用地出租的战略性监测基准。在伦敦及更大区域内对废物处理、交通设施、物流及零售市场进行战略性区域管理,满足中小型企业及新兴工业部门对工作空间的需求,此外还应注意场地用途的品质及合适度;战略性公路网络的可达性,铁路及水路运输物资的潜力;通过公共交通、卡行及骑自行车获取当地劳动力的可能性;区域战略性评估体系中按工业需求决定保留或是出租工业工地,以达到高效利用土地的目的;剩余工业用地满足混合用途开发如住房的战略性区域要求的潜力,在适当地区提供社会基础设施及促进市镇中心复兴的潜力。

二是调节工业用地的需求与供应。重视工业及相关用地需要,包括废物管理的分类、效能、环境、可达性及成本等要求,主要集中在战略性工业场地、当地重要工业场地和其他工业场地三类场所。若有详实的证据表明某工业场地对当地的工业功能具有独特的重要性,应予以确认并进行战略性审查和保护。

三是对剩余工业用地进行再开发要能解决当地战略性目标,特别是住房以及诸如教育、紧急服务、社区活动等社会基础设施目标。剩余工业用地的出租应尽可能地集中在公共交通节点,以便进行更高密度的再开发。

四是努力保留有效的零售市场功能,以满足伦敦的要求。对任一市场的开发都不能危害任何强化复合零售市场功能的机会。

3.2.2　纽约:以棕地再利用推动城市更新

2015 年 4 月,纽约市政府发布《"一个纽约"——建立富强公正的城市》战略规划,提出了面向 2050 年的纽约城市战略愿景:建立一个繁荣兴旺、平等公正、可持续发展和具有韧性的城市。这一城市战略发展愿景包括四大目标:繁荣兴旺的城市愿景是指纽约将继续成为世界上城市经济活力最强的城市,为家庭、企业、社区的繁荣发展提供良好的环境;平等公正的城市愿景是指纽约将形成包容、公平的经济发展模式,从而保障每个居住在纽约的居民享有优渥收入的工作和发展机会,生活得更有安全感和尊严;可持续发展的城市愿景是指纽约将成为世界上最具可持续发展力的大城市,在应对气候挑战方面发挥领导作用;具有韧性的城市愿景是指纽约的社区、经济和公共服务将有能力承受气候变化等一系列新世纪挑战和威胁,实现快速的恢复。

在土地利用方面,纽约重点提出了以棕地利用推动城市再生战略。棕地是指由于已存在或潜在的环境污染而难以重新开发的闲置或未充分利用的地产。这些棕地造成了环境污染、社区衰退、居民生活品质下降、土地闲置、城市空间破碎等不良影响。对棕地的再开发利用可以缓解城市用地紧张,重新激发城市活力,控制城市蔓延,体现了纽约根据城市快速发展的需要对土地用途进行调整的战略思路。

目前,纽约有超过 3 000 个空置商业房地产和工业房地产以及 7 000 多个被指定用于环境研究和管理的房地产。据估算,由于开发者担心环境责任风险、政府执法政策以及意外土地污染造成的施工延误和成本超支等原因,这些受污染的土地中高达 40% 被长期空置或未充分使用。对棕地清理重建的综合管理有助于解决纽约的环境、社会及经济问题,不仅可以造福环境,有益居民健康,还可以实现公平可持续的经济发展,创建更多小企业、保障性住房和健康开放空间。

2007 年开始,纽约启动了市政棕地清理计划"纽约市自愿清理计划",这一计划及相关的系列计划构成了纽约市土地清理和复兴计划,允许纽约市政府来控制管理棕地复兴的所有步骤。纽约市政府将不再需要倚靠其他的外部政府机构实现当地关于棕地的环境、社会和经济计划。

专栏 3.3 纽约市自愿清理计划

纽约市自愿清理计划采用了纽约州严格的清理标准,实现相同的高质量清理效果。注册纽约市自愿清理计划的项目将获得针对政府环保执法的责任保护,能够通过一个方案解决所有政府清理责任的问题。自从 2011 年启动以来,纽约市自愿清理计划在纽约掀起一阵前所未有的土地清理热潮,全市超过 475 个征税地块上的 260 多个项目完成修复或仍在修复当中。这些计划生成 2 300 万平方英尺的安全的新建筑空间,可用于开发小型商务,同时创造出 4 500 多个固定就业岗位。其中大约 23% 的项目还能生成新的保障性住房单元。纽约市自愿清理计划中注册的地产平均空置年限超过 11 年,其中 57% 位于低收入和中等收入社区,也正是最需要住房和经济增长的地方。

资料来源:The Mayor's Office of Sustainability & Mayor's Office of Recovery and Resiliency, One New York: The Plan for a Strong and Just City, 2015 年 4 月 22 日。

在面向 2050 年的这份战略报告中,纽约提出其下一步棕地利用战略目标是"清理所有遭受污染的土地,从而解决低收入社区由于棕地比例过高而产生的问题,并推动土地的安全、有益利用",具体包括了三大计划。

1. 强化棕地利用方式创新,鼓励私人参与棕地发展投资

纽约市计划在 2019 年前清理 750 块棕地,其中包括低收入和中低收入社区中的至少 375 块,这预计将带来 140 亿美元的私人投资,可新建 5 000 套保障性住房。为此,纽约市制定了以下行动计划:

一是确保所有被补救的棕地都符合绿色房地产认证程序。绿色房地产认证保证了新建楼房是纽约市最适宜居住和工作的地方之一,其设计初衷是为了表明对

被补救棕地的安全有信心,鼓励开发者利用政府计划的支持清理棕地。为增加清理的可预测性,降低清理项目的时间和成本,鼓励更多的人加入到纽约市自愿清理计划,纽约市还启动了"环境项目信息中心计划",通过这一网络应用来完成自动化和简化清理项目导航。

二是降低棕地清理的成本。首先,纽约市鼓励纽约州立法机关通过立法来稳定州棕地清理计划提供的税收抵免,为保障性及支持性住房、工业开发项目提供税收抵免的途径,并通过免除不必要政府税费等方式使清理成本更低。其次,继续争取国家对区域棕地机会项目的资助,鼓励社区参与,降低自愿清理费用。

三是提供棕地激励津贴等资金支持,为城市环境调查和清理提供更多资金。首先,建立棕地启动程序,启动若干战略棕地用于保障性住房和工业发展,支持州棕地清理计划中的项目,使它们可以得到税收优惠。其次,通过纽约棕地激励津贴鼓励更多人参与到纽约市自愿清理计划中来。目前,纽约市棕地激励基金为促进棕地清理和发展提供了许多财政激励政策,土地所有者和棕地开发者还可以通过"财政援助搜索工具"了解如何获取津贴资格。社区组织、社区和私人开发商以及市民也可以通过这个网络应用找到纽约市政府为社区棕地计划、棕地研究以及清理提供的津贴和贷款政策。

2. 实施社区棕地开发计划,调动社会各方参与的积极性

一是在拥有高比例棕地的低收入社区建立地方化社区棕地开发计划,确保社区真正参与到此项计划中来。纽约计划在 2019 年前指定 20 个新社区,为帮助这些社区更好地识别战略棕地和实施社区发展项目制定激励政策,帮助确定、清理和重建得到社区支持计划的 40 个房地产项目。通过这些方法,把地方化社区棕地计划区域的数量翻一番。通过现有条件研究成果,确定土地使用、地理及人口条件,为社区棕地规划提供一个坚实基础。

二是推出公益环保援助计划和纽约棕地伙伴关系计划。为了培养社区组织在棕地清理工作方面的能力,准备战略棕地发展,纽约市将推出公益环保援助计划和纽约棕地伙伴关系计划,向对清理和发展棕地感兴趣的社区开发者和棕地规划者

提供免费的专业环境清理、新资源使用的指导,从而实现棕地地产的美好愿景。

三是推出"社区环境项目信息中心"应用。这个网络应用可以使社区棕地计划组织与其他组织、城市机构、当地居民以及工作在该社区的开发者对话。社区环境项目信息中心也可以储存和分享数据、报告以及其他相关文件。

专栏 3.4 环境项目信息中心社区版

地区性社区棕地规划对于公众参与和以社区为引擎的棕地再开发推广至关重要。纽约计划将服务的社区数量提高一倍,并通过新的工具和资源协助社区棕地规划者确定战略性地块,实现社区驱动的再开发。其中一个工具便是环境项目信息中心社区版,这个全新的网络应用将为全市 40 个社区的社区棕地规划者提供先进的数字通信方式。通过环境项目信息中心社区版,社区棕地规划者将能够在统筹协调的网络中相互合作,与社区中更多居民接触,方便地与参与他们所在区域清理和再开发项目的政府机构和开发商进行交流。环境项目信息中心提供一个讨论区,用于交流最佳实践并在同行之间分享相关文件。在这个网络应用上,社区棕地规划者能够方便查询纽约市自愿清理计划中清理项目的所有工作计划和报告,通过消息推送帮助规划者及时掌握所在社区清理计划的最新发展,将纽约市自愿清理计划变成美国最透明的清理计划之一。

资料来源:The Mayor's Office of Sustainability & Mayor's Office of Recovery and Resiliency, One New York:The Plan for a Strong and Just City,2015 年 4 月 22 日。

四是推出第二代"可搜索地产环境电子数据库"。该数据库是一个曾获奖的网络地图应用程序和环境研究引擎,它把这座城市里所有房地产的信息同联邦、州和市政府环境数据库的所有信息结合在一起。

3. 制定特定区域棕地开发激励机制,强化开发的长效性

据预测,未来沿海洪灾将变得更加频繁,因此,低洼海滨地区棕地将随之更容易被侵蚀。洪水会使污染物被分散到周围的社区,包括已经不堪污染重负的地域,

因此,纽约也致力于促进百年泛滥平原上房地产的清理工作,降低潮汐风暴潮可能对污染带来的风险。

一是扩大纽约市自愿清理计划中的棕地激励奖助金计划。为加速清理洪水易发地区,改善公共安全,纽约市扩大了纽约市自愿清理计划中的棕地激励奖助金计划,建立新的小额赠款计划支持百年泛滥平原上的清理活动。

二是建立新法规完善清理标准。2014 年,纽约建立了新法规以加强海滨地区工业用地的清理标准。这些新法规规定清理工作完成时残留污染物的减少要求,旨在减少未来风暴潮对沿海工业地区的污染影响。

三是在曾严重遭受飓风影响的地区建立四个社区棕地,扩大对气候弹性基层计划的支持。升级版的“可搜索地产环境电子数据库”还将提高现有和预计的泛滥平原、湿地、紧急疏散区地图的在线访问。

四是为纽约市自愿清理计划中的项目提供免费的气候变化弹性的调查。这些调查由建筑弹性专家完成后会提供给棕地开发人员,从中普及最具保护性的建筑设计原则,并降低风暴潮和其他气候变化对建筑和周围社区的损害。

3.2.3　东京:以城市更新与未充分利用地区再开发为核心

2015 年 2 月,东京市政府发布了《东京都长期发展规划》,提出了面向 2030 年的东京城市发展战略目标是要成为“世界第一城市”,即“能为居民提供最大幸福”的城市,并在社会福利、经济活力、城市基础设施、艺术文化振兴等各方面超过伦敦、纽约、巴黎等城市。规划列出了为实现愿景所需达到的基本目标(包括举办史上最佳的奥运会和残奥会、实现东京的可持续发展)及相关战略,进一步提出为实现各目标而计划采取的各项政策,同时制定了一个为期三年的实施计划。

在土地利用方面,东京提出了以城市更新与未充分利用地区的再开发为核心,实现构建领先世界的全球化大都市的目标。

1. 实施“城市改造升级计划”,增强中心地区的城市功能

通过推进“城市改造升级计划”的实施,引进民间力量,根据地区特性统一使用

多幅市有地块,同时,带动周边地区开发,促进城市建设。

一是充实、强化中心城区等地枢纽车站功能。对于中心城区等地的枢纽车站,不仅要考虑如何合理配置周边交通功能,还要通过车站重组等手段,进一步充实、强化交通基础设施,重组、完善周边城区建设,提高土地利用效率。比如,品川车站临近羽田机场,也是中央新干线磁悬浮列车始发站。品川的城市建设将充分发挥其连接国内外广阔区域的地理优势,努力成为国际交流枢纽。品川站周边城区建设作为地区建设的核心,由市政府主导,政府、民间合作,按阶段推进开发建设。通过设立新站和车站周边道路的基础建设,充分利用大规模低利用率土地,推进商务中心建设。

二是推动重点地区的城市建设。在有乐町站周边,与民间资本携手,共同开发旧市政府用地,并通过构建步行街网络,加强车站东西及其与周边地区的联系;在北青山三丁目地区汇聚时尚、文化设施,在市中心构建拥有大型绿地、富有特色的城区,重建占地面积4公顷的大规模老旧住宅区,使其高层化、集约化,利用创造出的用地,推进青山大道沿线一体化城市建设,引导高水平的民资开发。

三是兼顾2020年奥运会后发展的临海地区城市建设。在东京临海副中心地区发挥2号环线、游轮码头的作用,构建国际商务中心以及会展、国际观光中心。建立丰州新市场,满足首都圈食品供应需求,同时建设"千客万来"设施以及新的停泊码头和临水绿化带,形成一个业务、商业、居住功能集聚的城区。

表 3.5　东京多样的城区发展前景及城市功能的充实、强化

市中心及中心周边地区

大手町:发挥国际金融中心功能,发挥信息通信、媒体功能融合以及通信基础设施优势,构建新产业创造、国际商务港

丸之内:通过复原东京站丸之内火车站建筑、站前广场以及行幸大道以及周边街区的建筑物,形成具有历史感和独特风格的街道风貌

有乐町:更新车站周边地区的功能,构建汇聚商务、商业、文化、交流、会展等,功能多样、繁华热闹、国际色彩浓郁、令人流连忘返的城区

八重洲:强化交通节点功能,充实步行街网络,构建具有独特风格的街道风貌

日本桥:构建汇聚金融、生命科学相关产业,短期、长期居留及居住功能齐备的国际金融、商务中心

（续表）

日比谷：构建复合中枢业务功能以及商业、文化交流功能的商业中心

六本木：构建最新都市文化、信息发布中心，形成热闹繁华、绿化率高、令人流连忘返的城区

虎之门：强化交通节点功能，与周边地区共同构建具备国际化生活环境的商务、交流中心

品　川：构建具备国际商务功能以及短期、长期居留、居住、研究等支撑体系的新的先进技术交流国际中心

竹　芝：构建商务中心，吸引民间活力，强化国际竞争力

筑　地：以隅田川河以及浜离宫庭园等观光资源以及筑地的传统、文化为基础，构建繁华热闹、富有活力的城区

北青山三丁目：连接周边丰富的"繁华、文化和绿化"资源，构建最新都市文化、信息发布中心

新　宿：发挥拥有客流量日本第一的终点站以及商业集聚的特性，构建引导东京发展的兼具国际商务、交流、观光功能的城区

涩　谷：构建向全世界开放的先进的生活文化信息发布中心，同时，建设能令人愉快漫步的安全、安心城区

神宫外苑：以新国立竞技场建设为契机，构建汇聚多样功能的体育、文化中心

临海地区

临海副中心：通过打造工作、居住、学习、游乐功能均衡的复合型城区，构建具备东京乃至首都圈应有的新魅力的先进城区

丰　洲：通过完善丰州新市场，建立先进的市场流通体系，同时，完善绿化地带，创建富有魅力的邻水都市空间

晴　海：构建支撑国际商务活动中心运行的都市型居住区

羽田机场旧址：构建与机场融为一体的，具备产业、文化交流功能、住宿功能以及复合业务功能的新中心

资料来源：东京都政策企划局，Creating the Future：The Long-Term Vision For Tokyo，2015 年 3 月 27 日。

2. 以建筑节能、绿色改造为抓手，实现城市集约发展

《东京都长期发展规划》将城市建设与再开发的重点放在智慧节能型城市建设、绿地建设等几个方面。

一是创造智慧节能型城市。通过对住房、建筑等的利用改造，使其能自动控制能源的使用。推进节能措施，通过能源管理的普及和区域应用，促进能源使用效率的进一步提高。扩大可再生能源的应用，将其作为支撑城市运行的主要能源之一。

二是扩大临水地区利用,加强绿地建设。进一步充实包括水源、绿化在内的城市空间中的自然环境,构建绿水青山、人与自然和谐相处的城市。一方面,充实东京绿地建设,注重绿地高质量扩充和保护,到 2024 年建立开放市立公园 170 公顷,开放海上公园 97 公顷,保护私有绿地 300 公顷。另一方面,保护市内尚存的宝贵绿化资源,将森林、农地、房屋周围的树木以及崖线(由于海水侵蚀形成的连续崖线)等处的绿化作为有价值的资源加以保护,扩大临水区域的利用。

三是充分利用成熟的城市建设经验和丰富的自然资源增强地方活力,推动多摩、岛屿地区的振兴。改造多摩新城,促进大规模住宅小区的重建,实现集约型地域结构。

3.2.4 巴黎:坚持集中和平衡、保留和开发相结合

2012 年 12 月,巴黎公布了《巴黎大区 2030》规划,为巴黎大区地区的发展提供了框架。该规划着眼于可持续发展的理念,旨在提高巴黎的吸引力和辐射力,并将"大都市化"作为此次规划编制的重要概念。规划提出了巴黎到 2030 年发展的愿景目标是:通过连接和架构,成为与外界连接更紧密、发展更持续的都市;通过集中和平衡,成为一个更多样、更有吸引力的大区;通过保留和开发,建立一个更具活力、更绿色的大区。

在土地利用方面,巴黎提出了可持续发展战略,包括限制农业用地、林地和自然空间的消耗,在现有城市化区域促进改变土地的可转让性及建筑密度,增强功能的混合型利用等,具体包括以下行动目标:

1. 适度增加产业空间供应

在创新和创造就业方面极具潜力的中小型企业/超小型企业的发展对于经济发展具有重大意义。当前,巴黎大区面临经济活动不断占用自然和农业用地(大约每年 250 公顷)的问题,需要通过增加经济活动区域密度的方式来扭转这一趋势。

一是提高空间管理效率,创造更多的就业和企业。这可以通过物流、中小型企

业/超小型企业、高新技术等部分产业活动在城市稠密地区、发展走廊沿线或火车站附近地区的重组来实现。

二是增加土地和场所供应。造成巴黎大区工业衰退的原因还有符合企业经济承受能力的场所的匮乏。这一现实情况导致企业搬迁至偏远地区，并对企业的扩张和新企业的设立造成阻碍。为了弥补这一缺陷，应提供更多在质量上和数量上都符合需求的场所，并加强特殊房地产供应，尤其是在稠密地区，同时促进企业向大型经济区域汇集。这应使循环经济原则、货物运输大众化原则和公共交通通勤优先发展原则得到实施。

2. 锚定清晰城市开发边界

巴黎大区的城市边界是无形的，任何新的城市化进程不能超过这一边界。现有的城市化边际以及与绿地、林地和自然空间的交界线，应符合建设一个严密的边界，同时对其的控制和处理应达到为城市边界所设定的目标。至于对外扩张，首先是限定必要的土地范围以保护环境，可利用自然环境限定，也可人为设定；其次，根据不同的城市化阶段暂时设定城市边界以处理自然环境转化，并使城市发展变得更清晰。

3. 强化农业地保护与开发

巴黎大区的农业用地作为提供食物和非食物产品的载体，同样也是自然空间、资源空间，为人提供宁静的休闲场所和园林景观的空间。根据其位置和其承受压力的程度，农业用地包括：在农村大型的农业用地和其他农村土地；在绿色植物带，所有城市内和城市周围的通过不可分割的网络联系在一起的农业土地，以及与农业相关的与农村土地相连的土地；村镇的绿色网络，被城市空间所围住但是仍然作为城市农业的一部分。

巴黎大区农业用地的发展原则是：连成一片的农业用地需要被保护；在规划图中未标明的农业用地如果能被开垦且可以被开垦，则需保护，否则将被作为开放空间保护；对于农业用地，除非是开垦所必需的建筑和设施，其他所有建筑、设施、工程均不能在农业用地上进行。在对地下资源可持续开发的情况下，矿场的开发需要首先考虑所涉及土地的农业用途;只有在城市空间土地不足以满足跨市镇的大众利益,尤其是在处理固体和液体垃圾及能源生产时,才可以使用农业用地,但是,在农业用地上禁止安装任何光伏设施。这些措施将本着节省农业土地资源消耗的原则融入环境和景观。同时也需要考虑到对于附近地貌和水资源的影响,不能对农业用地的未来持久发展造成影响。在农业用地中,所有与生态环境有关的因素和空间需要得到地方城市化法案的保护。

4. 保护林地和自然空间

巴黎大区林地为巴黎大区人民提供了林业资源外,也提供了保护生态多样性和降低城市热岛效应的空间。自然空间作为生态多样性所涉及的土地,也是基本空间之一,同时在水循环中,起到了重要的作用,在林地之中的自然空间的生态作用与其为种植树木的特性也相互联系。

大区规划中规定了森林用地及自然空间的发展原则是:在不违背《森林法》中关于可持续管理的规定情况下,树林和森林须受到保护。在城市地区没有任何空间的情况下,其他项目可以特殊情况的名义进行,但是需对造成林地的损失予以补偿。所有项目的进行都应本着节省空间、并与环境和景观融为一体,尤其是保持和恢复生态的连续性的原则。特别需要注意的是在那些公共绿地已经被侵害或者农业用地、林地、自然空间和城市开放空间少于10%的市镇中的林地和自然空间的保护。超过100公顷的林地边缘50米内除用于农业用途的建筑物外,不得建造任何建筑物,以保护林区的边缘。

5. 保护绿地及休闲空间

绿地和休闲空间包括了不同的土地类型,其社会功能包括了提供放松场所,提供资源,作为体育场所等。其中很大一部分以开放空间的形式满足了重要的环境功能,如蓄洪功能、减少街区热岛效应,在城市内保护生态多样性等,是宜居城市的重要元素,同时也为旅游业和大区的吸引力发展作出了贡献。以下土地类型被视为绿地和休闲空间:公共绿地、花园和大型公共公园;家庭花园、共有的花园及连成一片的花园;大区或地方的户外休闲基地;与休闲相关的公园、动物园、野生动物园和游乐园；大部分面积为开放空间的大型设施如高尔夫球场、赛马场、露营地；露天运动场（足球场、田径场、橄榄球场、网球场、马术中心等）；部分作为旅游景点和文化遗产的城堡和修道院。

大区规划中规定应保持现有的公共绿地，使在人口密集的城市内的私人开放空间增值，优化绿地的功能和服务。未列入规划图的绿地和休闲空间也应该被列入城市整治的规划之中，在能够找到代偿方案的情况下，才能改变其位置和功能。在欠缺绿地的区域尤其是在城市修缮更新的过程中需保护现有的绿地并使其增值。

3.2.5　香港：以审慎利用、高密度为导向

2007 年 10 月，香港特别行政区政府发布了《香港 2030 研究》，提出了未来发展的总体愿景目标是：贯彻可持续发展概念，巩固香港"亚洲国际都会"的地位，致力均衡满足这一代和后代在社会、经济和环境方面的要求，从而提供更佳的生活质素。在可持续发展的总体目标下，规划列出了三大具体方向：一是提供优质的生活环境，确保香港的发展按环境的可承载能力进行；美化城市景观；促进旧区重建。二是对于具生态、地址、科学及其他价值的自然环境加以保育，并保护文化遗产。三是提升香港作为经济枢纽的功能，包括预留充足的土地储备以配合日新月异的工贸和商业需求、加强香港作为国际及亚洲金融商业中心的地位，加强香港作为国际及亚洲贸易、运输及物流中心的地位，以及进一步发展为华南地区的科创中心。四是确保能适时提供充足的土地及基建配套，以发展房屋及社区设施，满足房屋及社区的需求。五是制定规划大纲，借以发展一个安全、高效率、合乎经济效益及符合环境原则的运输系统。六是推动艺术、文化及旅游业，使香港继续作为一个具备独特文化体验的世界级旅游目的地。七是加强与内地的联系，应付增长迅速的跨界交流活动。

在土地管理利用方面，作为高密度的都市，香港在新一轮规划中高度重视可持

续发展的理念,在充分征询公众意见后提出了审慎的土地利用战略,其要点如下:将大量发展集中环绕于地铁车站四周,促进快捷、环保的公共交通使用;多利用已发展用地,在基础设施容量容许的情况下,善用已建成区的发展机会,减少新开发用地;在规划新发展项目时,谨慎考虑建筑密度及其高度、文物保护等城市设计要素,在新界与新发展区作适度规模开发(每个新发展区人口约 10 万至 20 万)的地区划拨土地,用作综合用途发展,包括房屋、就业、教育、高增值或无污染工业等;在以上妥善发挥市区发展机会的基础上,保留大部分乡郊地区,通过规划提供另类居住选择,强调优质生活空间。具体包括以下行动要点:

1. 强化土地用途规划的精细化设计

香港规划市区核心区为未来发展重点,并沿着北向、中向、南向三条轴线延伸(见表 3.6),其余位于已建成区及上述轴线以外的地区,将作低密度的发展,并以保育作为首要考虑。

表 3.6　不同地区与轴线发挥的功能

地区与轴线	功　　　能
都会核心	承担着集约商业地带及都会生活模式房屋的布局功能
中发展轴	社区形式的房屋、教育和知识创造设施的建设功能
南发展轴	物流及主要旅游设施
北发展轴	非集约科技及商业地带及其他可发挥边界有利位置的用途

资料来源:香港规划署规划策略署,《香港 2030 研究》,2018 年 1 月,https://www.pland.gov.hk/pland_en/p_study/comp_s/hk2030/chi/finalreport/。

从土地用途规划上看,未来房屋用地的供应主要将在已建成地区,优质办公室的发展重点将在商业中心区,一般商贸用地的需求可通过重建现有工业地及次办公室枢纽未用尽的地盘发展潜力来提供,创新科技工业、高等教育等特殊行业的就业用地可以在新界和新发展区提供,同时,在优质生活环境内发展低密度住宅,并提供便利的公共交通及社区设施;将部分人口由稠密的市区迁往新界,从而减少市区发展的密集程度,帮助香港发展分布更平均。这其中有三个重点:

一是在核心区提供充足的甲级办公用地,以支援金融与商贸服务行业,并将重点机构集中在商业中心区,设置城市黄金地段。一方面整合并提升现有的商业中心区的土地利用途径;另一方面开拓商业中心区以外的其他地区发展优质办公枢纽,鼓励一些产业选择市区外围的办公地带。

二是加速一般商业用地的发展,鼓励重建或改建的楼宇为商业用地提供发展空间。目前,已有 200 公顷的工业用地被重新划定为"商贸"地带,这些地区虽位于都会边缘,但具备良好的公交接驳。

三是更有弹性地供应特殊工业用地。一方面,香港应用科技研究院的成立带动了工业技术水平的进步及工业产值增长,由于传统工业与高附加值工业对土地的需求有所不同,应在工业屯和特殊工业区为高附加值工业活动提供合乎其需要的场地。另一方面,为了保证香港具备多元化而稳固的经济基础,必须策略性地预留特殊工业用地为进行大规模生产或投资创造条件。

2. 实施多元化的空间发展密度策略

过去的高密度发展利弊并存。香港在面向 2030 年的规划中提出了要维持发展密度的多元化:市区大致保持目前的密度,在个别稠密地点及富特色的海旁地区严谨重审发展密度,并对城市设计及环境影响(如改善空气流通情况、提供景观廊等)加以考虑;在新发展区作较低密度的发展,以提供更宽阔的居住与工作环境;保留其他地区,即林地、灌木林、草地、农地和乡郊住宅等,保护宝贵的天然资源。具体的行动计划包括:

一是促进市区重建。首先,根据市区重建策略及四大业务(即重建发展、楼宇修复、旧区活化、文物保育)策略,注重楼宇修复和旧区活化的作用,延长楼宇的使用年限,焕新老化城区,同时达到保育文物的目的。其次,改善地区的可达性,推动私人参与市区重建计划。再次,重新考虑楼宇用途,通过重新制定土地用途、放宽对工业用地的管制,加快旧工业区转变为办公室、商业区的过程。最后,将工业大厦改建为文创中心作为提升城市活力和经济水平的重要途径。

二是规划新发展区。一方面,在新界发展中适用低密度、枢纽式的发展模式。

充分利用交通布局,并提供房屋用地,达到深入改善乡郊环境、复兴乡郊经济、增加就业机会的目的。另一方面,进行有序的新区开发,确立优先发展区,以其发展带动新区整体建设。

三是开发有利乡郊地区发展的土地资源。首先是形成有效的保育区,旨在保留乡郊地区的景观与面貌,并提供土地作为静态康乐的用途。其次是鼓励私人机构提交乡郊发展计划,更有效地利用乡郊土地。再次,发展生态旅游,为游客提供生态度假屋,增进环保意识。最后,关注小型屋宇、露天仓库及简陋工厂的发展问题,及时修补被损坏的乡郊环境。

3. 采取混合开发和储备并举的方式

一是实施立体规划。香港在混合利用土地的项目上属国际先驱,例如,允许住宅楼宇建于设有零售及公用设施的基座之上,并以绿化平台作分隔;将工作与生活紧密联系,使工作环境更适合居住;允许楼宇设计与布局具备较大的灵活性,规划"混合用途"地带,从而满足不同使用者的不同用途。

二是鼓励土地及楼宇的循环使用。过去 20 年,经济转型使香港产生了大量的工业楼面积,因此灵活地使用工业楼宇对盘活资源十分关键。一方面由政府主导,将工业大厦改建为家居或工作室,例如将工业大厦改建为长者居所,并附设实用设施。另一方面,由私人机构为改建为工作室或长者居所寻求合适的机会,政府则担当促进者的角色。

三是审慎利用未开发的土地。目前,香港已发展或城市化的土地只占总面积的 21%,余下的主要包括林地、灌木林、草地、农田及乡郊土地等,其中包括超过 400 平方公里的受保护郊野公园。"阻止"城市的增长,审慎利用未开发的土地,避免侵入"止步"地区。在未来的 20—30 年间,新发展区及基建的用地不应超过全港土地总面积的 2%。此外,由于开发土地需要较长时间,针对广占土地而较难预测需求的土地用途(如特殊工业),香港提出通过"土地储备"确保土地的及时供应,以便把握突如其来的发展机会;针对大型基础建设项目用地,政府将密切监察需求,以适度超前需求推动有关设施的兴建；针对其他土地用途，政府将保持促进者和"小政府"的角色，由市场主导供应。

3.3　国际大都市提高土地利用效率的一般经验

纽约、伦敦、新加坡、香港、巴黎等国际大都市在土地利用过程中，不断总结经验和教训，根据城市发展的需要适时调整土地利用理念和战略，积累了一系列提升土地利用效率的有效措施，可为上海所借鉴。

3.3.1　实施密度分区管理和容积率激励机制

国际大都市根据土地用途施行密度分区管理、容积率激励和管理，实施"法律＋社会监管"的双重控制体系，以此充分优化土地资源配置效率。

1. 根据土地用途实行密度分区管理

国际大都市普遍按照容积率对应用空间实施细化式管理，将其作为城市精细化规划的重要管控手段，通过容积率高低限差异，促进形成"疏密相致"的城市空间格局。如香港将居住用地分为 3 大类 11 小类密度分区，最低密度分区的容积率上限为 3.6，最高密度分区的上限为 9.5，高低限差异为 2.6 倍；工业用地分为 2 大类 7 小类，允许最高容积率为 1.6 至 9.5 不等，高低限差异为 6 倍（见表 3.7）。纽约将居住用地分为 10 类，允许容积率上限为 0.5 至 10 不等，高低限差异为 20 倍；工业区分为 3 类，最高容积率限值为 1.0 至 10 不等，高低限差异为 10 倍（见表 3.8）。东京划定 12 种用途区域（见表 3.8），规定每种用途区域的容积率和建筑密度，其中包含两种规则：规则一为城市规划可以指定的强度，规则二为由前面道路的宽度来确定强度，在两种规则中取较小值。新加坡将居住用地分为 6 种密度等级，允许高密度分区的毛容积率上限为 2.8，低密度分区的毛容积率上限为 1.4，高低限差异为 2 倍（详见表 3.9）。

表 3.7　纽约、香港工业用地容积率

地区	用 地		功能类别	容积率上限
纽约	M1	M1-1	轻工业,包括多层 LOFT,在 SOHO/NOHO 区内,艺术家可以将工厂用作共同生活工作宿舍（Joint Living-Work Quarters for Artists）最高性能标准要求	1.0
		M1-2/4		2.0
		M1-3/5		5.0
		M1-6		10.0
	M2	M2-1/3	介于轻工业与重工业之间;主要位于滨水的老工业区;性能标准要求低于 M1	2.0
		M2-2/4		5.0
	M3	M3-1	产生噪音,交通或污染物的重工业,典型的应用包括发电厂、固体废物转运设施、回收厂和燃料补给站,最低性能标准要求	2.0
		M3-2		2.0
香港	一般工业用途/商贸用途	都会区内现有的工业区		9.5
		都会区内的新工业区		8.0
		新市镇及其他新发展区		5.0
	特殊工业用途	工业村		2.5
		科学园		2.5
		乡郊工业用途		1.6

资料来源：http://www1.nyc.gov/site/planning/zoning/；《香港规划标准与准则》。

表 3.8　东京各种用地对应的容积率管控

用途区域	城市规划指定容积率（城市规划决定）	由相邻道路指定的容积率,前面路宽小于 12 米时
第一、二类低层住宅专用区	0.5, 0.6, 0.8, 1.0, 1.5, 2.0	宽度最大的相邻道路宽度×40%（制定区域×60%）
第一、二类中高层住宅专用区、居住区、准居住区	1.0, 1.5, 2.0, 3.0, 4.0, 5.0	
地区性商业中心、准工业地区	1.0, 1.5, 2.0, 3.0, 4.0, 5.0	宽度最大的相邻道路宽度×60%（制定区域×40%、80%）
商业地区	2.0, 3.0, 4.0, 5.0, 6.0, 7.0, 8.0, 9.0, 10.0, 11.0, 12.0, 13.0	
工业地区、工业专用地区	1.0, 1.5, 2.0, 3.0, 4.0	
指定用途地区	0.5, 0.8, 1.0, 2.0, 3.0, 4.0	

资料来源：日本国土交通省,http://www.mlit.go.jp/。

表 3.9　新加坡居住用地发展的一般规定

密　　度	毛容积率（GPR）	建筑密度（％）	建筑高度控制（层数）	
			开发指导规划的控制规定	可达到的最高值
超高	＞2.8	最高 40	＞30	＞36
高	最高 2.8	最高 40	30	36
中高	最高 2.1	最高 40	20	24
中	最高 1.6	最高 40	10	12
低	最高 1.4	最高 40	4	5
独立式住宅	用层数表示	—	—	—

资料来源：新加坡城市建设局，*Development Control Handbook*；*Development Parameters for Residential Development*，2018 年 10 月。

2.建立区域发展的容积率激励机制

容积率激励技术是发达国家城市在传统区划基础上发展出的改良手段，即在政府公共资金、管理职能、法律权利有限情况下，以容积率作为诱因对私人资本进行激发，借助市场力量完成城市公共空间建设的弹性规划调控技术。具体操作方式包括四种：一是容积率红利，即政府通过放宽开发地块法定容积率的最高上限值的方式，来吸引开发商提供某些特定的城市公共空间或设施。二是容积率转移，指在开发区内只要总容积率不变，开发商可以根据自身的开发需求进行设计的调控技术。转移在于容积率在空间上位置的改变，没有开发容量的变化，也没有产权交易的发生。三是容积率转让，指某些需要保护、限制开发的资源用地上空的容积率转移到鼓励开发地区进行集中开发的技术。在美国，容积率转让也被称为开发权转让。四是容积率储存，即将容积率作为一种特殊的不动产，以"虚拟货币"的方式由政府建立"容积银行"或"开发权基金"进行储存，再视开发需求进行统一分配或转让。容积率储存适用于市场需求低迷，没有开发商愿意接收容积率奖励的情形。在上述的技术当中，容积率红利技术应用最为普遍，如纽约的容积率红利技术与东京的环境贡献评价制度均规定开发商如果能在高密度的商业区或居住区内提供一定比例的公共空间，可得到额外建筑面积的奖励，其中，纽约的奖励比例约为 2∶1。

在实际操作中,各城市结合四种技术的各自特点,调控手段逐步呈现综合化的趋势,如在美国马里兰州的 Charles 郡制定的容积率激励计划中,对不同性质的用地,综合采用了不同类型的容积率技术(见表 3.10)。

表 3.10　Charles 郡区划中实施的容积率激励技术

基本用地分区		基本容积率	容积率红利	容积率转让	容积率红利/转让
农田保护	传统区划	0.33	0.40	—	—
	集束分区	0.20	0.27	—	—
乡村保护	传统区划	0.33	0.40	—	—
	集束分区	0.33	0.40	—	—
乡村保护滞后		0.10	—	—	—
乡村居住	传统区划	1.00	1.22		
	集束分区	1.00	1.22		
村镇居住	传统区划	1.80	2.20		
	集束分区	1.80	2.20		
	中心区区划	3.00	3.40		
低密度郊区居住	传统区划	1.00	1.22	—	—
	集束分区	1.00	1.22	3.00	3.22
	TOD 区域区划	1.75	1.97	3.50	3.72
中密度郊区居住	传统区划	3.00	3.66		
	集束分区	3.0	3.66	4.00	4.66
	PRD 区域区划	3.00	3.66	6.00	6.66
	MX, PMH 区域	3.00	3.66	10.00	10.66
高密度居住	传统区划	5.00	6.10	—	—
	集束分区	5.00	6.10	6.00	7.10
	PRD 区域区划	5.00	6.10	12.00	13.10
	MX, PMH 区域	5.00	6.10	19.00	20.10
	PMH 区域控制	5.00	6.10	10.00	11.10
	TOD 区域控制	15.00	16.10	27.50	28.60

　　资料来源:戴铜、金广君,《美国容积率激励技术的发展分析及启示》,《哈尔滨工业大学学报(社会科学版)》第 4 期,2010 年。

专栏 3.5　美国容积率奖励机制的经验借鉴

　　美国的容积率奖励机制是在 1961 年纽约市对第一部纽约区划法进行修改时首次提出的。当时，美国各方政府普遍存在财政危机，对城市广场、公园等公共设施建设已显得力不从心，便通过允许开发商建设更高楼层、获得更多建筑面积，来鼓励其建设广场、加宽人行道、设置底层零售业等公共设施。

　　容积率奖励机制是美国政府部门鼓励开发商为市民提供更多的公共空间、公共设施的重要手段。总的来讲，美国容积率奖励对象可以分为公共设施提供、历史文物保护、自然生态资源保护等方面。

　　其中，西雅图是美国较早实行容积率奖励机制并取得成功经验的城市。早在 1960 年，西雅图市便开始运用容积率激励技术来鼓励开发商为市民提供更多的公共空间、保障性住房等，但最初由于奖励对象较为局限、奖励条目较少，其实施效果并不理想。后来在 1985 年，西雅图市逐步将奖励条目扩展到了 28 项，并针对不同项目制定了具体的奖励指标和方式，在改善城市公共空间环境、增加公共设施方面取得了较好的成果。此外，西雅图市的容积率奖励和开发权转让往往是联系在一起的，共同构成城市开发建设的激励机制。在 1980 年，西雅图市为商业建筑开发提供一个奖励方案，即开发商在能源与环境设计组织（LEED）认可的基础上还可以在基础容积率上增加一定的容积率，但必须控制在最高限定容积率之下。此外，该方案确定了容积率奖励的具体条目：公共住房、幼儿设施、开放空间、公共设施等，并针对不同条目制定了不同奖励方式和奖励指标。在 2006 年，西雅图市又将居住建筑也添加到了容积率奖励制度的范畴。开发商如果要建设超过基础容积率的住宅，可以选择建设保障性住房或者为保障性住房提供资金支持来参加奖金计划，作为获得额外容积率的代价。

　　总体来看，美国容积率奖励机制在以下几个方面尤其值得学习借鉴。一是进行密度分区，规定基础容积率与最高容积率。容积率奖励机制运行的前提就是区划法将城市用地按片区不同性质不同区位划定了密度分区，设定了片区的基础容积率与最高容积率。当建设容量不大于基础容积率时，开发商或业主可以在符合区划法的条件下自由建设。而如果开发商或业主希望建设高于基础容积率的建筑,则需要为市民提供公共空间或公共设施,从而获得容积率的奖励。但同时,奖励的容积率加上基础容积率不得大于该地块的最高容积率。最高容积率的制定,便是为了限制某些地块开发强度过高而引发城市问题。二是针对不同性质的用地,采用不同类型的容积率激励技术。针对提供开放空间、公共设施的情况,往往运用容积率奖励机制;而对于历史文化保护、耕地保护、自然资源保护等情况,则运用开发权转让机制。有时,两者也共同作用于同一用地区域。同时,对于不同性质的用地,奖励政策也不一样。三是奖励对象广,奖励条目多,奖励措施细致。容积率奖励机制只有在奖励对象广、奖励条目多的条件下,才能更好地适应城市的各种需求,才会更具吸引力。并且对于不同的项目需要制定具体的奖励措施,才会更具有操作性。四是法律与市场双重控制体系。通过法律与市场双重控制体系来保证容积率激励计划的实施管理。市场作为看不见的手引导着城市的开发建设,在城市开发和运作过程中发挥着基础资源配置作用。然而市场主体呈现多元化,每个主体都会追求自身利益的最大化,这不可避免地引发社会利益与私人利益之间的冲突,这时政府为了综合平衡各方面利益,就会对相应政策或法律法规进行调整,以取得双方利益的均衡。五是公众参与的监督机制。为了避免容积率奖励的过度使用,美国部分城市建立了较为完善的公众参与、反映市民意见的机制,以此来降低容积率奖励制度可能造成的不利影响。

美国容积率奖励机制的特征

土地所有制与开发权		容积率奖励机制的完善	
土地所有权	土地私有制	奖励区域	规定奖励区域
土地开发权	平等的发展权	奖励措施	奖励一定的建筑面积,允许开发权转让
容积率控制	基准容积率与最大容积率	奖励条件	提供公共设施、公共空间、住房基金
政府的角色	城市建设的监督者	奖励上限	不超过最大容积率

资料来源:洪霞等,《我国与美国容积率奖励制度的比较研究》,载《城市时代,协同规划——2013中国城市规划年会论文集102-城市设计与详细规划》,2013年。

3. 对重点区域实施特别容积率管理

除了密度分区管理外,一些国际大都市还针对各类有特殊需要的片区,实施了特别容积率管理制度。如纽约在规划中设立了"特别意图区",分为鼓励发展区、特色发展区、协调发展区、风貌保护区等四类。其中,前三类发展区的容积率通常可全部或部分比一般区域高,或比一般区域拥有更丰富的容积率奖励、转移或上浮政策;风貌保护区则强调保护城市肌理,对容积率、建筑高度有一定限制。东京对"都市再建特别区"实施特区式管理,区域内的建设项目可以根据建设需要实施特殊容积率标准,如在特别区的项目因环境贡献而没有用足的容积率可以在区域内部平衡,不足部分可通过区域内其他建筑提高容积率来补足。在日本的东京、近畿、中部三大都市圈由政府指定的"都市再建特别区"已有 65 个。其中,东京大丸有地区依据此制度推进再建,综合容积率由原来的 10 提高至 13,保证了区域的土地再开发,东京新厦、新丸大厦、丸之内公园大厦等设施相继建设,促进了该区域新一轮集聚与发展。

4. 实施"法律＋社会监管"双重控制体系

国际大都市均将综合规划制定的主体内容转化为标准化的开发条例,作为开发商的实施依据,并规定容积率指标的激励必须符合一定的规则。如旧金山在城市中心区规划中规定历史保护的容积率激励计划,但需要修改中心区划条例才能实现。

此外,为了避免容积率奖励的过度使用,国外部分城市建立了较为完善的公众参与、反映市民意见的机制,如西雅图通过"市民选择计划",及时了解公众对规划过程与其结果的评价,有效平衡了市民需求与开发商利益之间的关系。

3.3.2　推进城市空间功能复合化

国际大都市通过明确土地混合利用的规划指引、实施鼓励土地混合利用的政策,积极推进垂直空间开发和地下空间利用,积极推进城市空间功能复合化。

1. 明确土地混合利用的规划指引

伦敦在《大伦敦规划 2004》中明确提出"国家政策强烈支持土地混合使用开发的发展"。纽约除了开放性娱乐公园和一般服务区用地(加油站、洗车房)以外,允许其他商业用地与住宅建筑兼容,许多地区的居住面积远高于商业面积;同时为适应市内工业轻型化、创意化的特点,允许在 M1 的工业用地内部兼容商业、服务业使用功能。新加坡划定了"白色用地",允许商业、居住、旅馆业或其他无污染用途的项目在该地带内混合发展,并允许同一栋建筑内具有不同的用途。香港在保有"商业"和"工业"两类用地之外,新增"商贸"用地可容纳无污染工业、普通办公和商业功能。

表 3.11　新加坡土地利用分类(白色用地部分)

用地类型	主要用途		附属用途	
Business 1-white (一类商业白地) Business 2-white (二类商业白地)	同商业用地允许的相关用途,白色区域作为混合用途开发	附属用途类型视评估而定	最多占商业用途总建筑面积的 40%	
Business Park-white (商业园白地)	白色区域占比一般为 15%,具体视项目区位条件设置			
	高新技术产业、实验室、研发测试、产品设计、数据中心、软件开发、工业培训、配送中心、一类电子商务、出版业	最低为剩余 85% 的 60%	附属办公、休闲设施、托儿所、诊所、附属商店、安全设施、展示厅、员工餐厅、存储空间、二类电子商务、独立的媒体支持服务	最高为剩余 85% 的 40%

资料来源:上海市政府重点课题,《上海土地复合利用方式创新研究》,2015 年。

2. 实施鼓励土地混合利用的政策

对于混合开发的项目,美国可视情况给予建筑密度、建筑高度或容积率等规划条件的奖励,并采取财政手段激励开发项目复合利用,如特殊用途减免税收、特定区域减少许可费用等。新加坡"白色用地"允许开发商在符合招标技术文件规定的用地面积、用途清单、建筑面积上限、容积率上限和建筑限高等规划条件下,按照市场环境需要自由调整功能用途及其结构比例,且无需缴纳土地溢价。香港通过正面清单列举了主要用途及其适建的配套用途,对于实际用途在清单范围内调整的,无须修改法定图则,此举简化了行政审批手续,提高了开发效率。同时,对于配建综合交通、社区福利等公共设施的混合开发项目,还可视条件减免部分容积率。日本一方面通过城市中心土地项目再开发政策促进城市土地的混合利用,保障了其公共事业建设所需的土地;另一方面通过土地重整,防止土地的破碎化使用,最大程度地改善了城市的居住环境。德国涉及土地使用的法律法规主要包含《规划图例法规》和《联邦土地使用法》,其中《规划图例法规》为经营性用地赋予了较大的混合弹性,同时通过《联邦土地使用法》确定了混合导向,并从公共服务性能等层面为多种用地方案提供合理性评估。

3. 推进垂直空间和地下空间利用

随着工程技术的进步,国际大城市越来越倾向于将公共交通、公用设施、物资储备、物流运输乃至科技研发等方面的城市功能转移到地下,并利用垂直开发方式打造立体的生态和公共空间功能。

一是形成综合型的"地下城市网"。在东京,六本木地区采用垂直花园城市的规划理念,主楼六本木森大厦开发到地下 6 层,许多建筑物如影剧院和低层公寓的屋顶上都建造了水田和菜地,绿化率由此前的 14.2% 上升为 25%,通过定期举办插秧、收割、晾晒等农业活动,让城区的人能真正体验到大城市中的"小自然"。新宿地区的垃圾转运站具有综合功能,垃圾处理部分在地下一层,地面建筑用作办公和环境教育中心,顶层还有一个网球场,作为对周边居民的补偿,向公众免费开放。目前,东京的地下空间已逐渐形成一个功能齐全、设施完备的"地下城市网络",提升了城市土地资源的经济供给能力。

二是延伸城市功能,容纳新增人口。例如,美国波士顿在地下空间开办邮局广场,旧金山在地下建设莫斯康尼中心,加州将帕拉马兹酒厂设在地下;英国建设地下生态住宅;新加坡计划在肯特岗(Kent Ridge)公园附近打造一座相当于 30 层楼的地下科学城,以创造空间容纳新增人口。

三是充分利用地下空间开发储存系统。例如瑞典、挪威、芬兰等北欧国家,建造了地下石油库、天然气库、食品库。其中,瑞典斯德哥尔摩在地下岩洞中建立了 8 万平方米的国家档案馆和 3.5 万立方米的雨水储存库,用于保存中世纪以来的历史资料,以及防止暴雨时的洪水泛滥和为城市提供用水。

四是拓展城市交通网络。例如新加坡轨道交通线网总长将在 2030 年实现成倍增长,届时所有的新线路都将位于地下;又如英格兰巨石阵下部的公路隧道工程 Cross Rail 项目,对于历史文物保护、景观改良与交通综合治理都具有重大意义。

专栏 3.6　伦敦"穿心快线"铁路 Crossrail 项目经验借鉴

Crossrail 项目为贯穿伦敦市区、连接伦敦郊区与市中心的城市铁路。项目线路总运营里程为 118 公里,其中地下线路为 22 公里,隧道总开挖长度为 42 公里,共规划建设 40 个铁路站点(10 个地下站),项目总投资约 159 亿英镑(约合 1 500 亿元人民币),项目于 2009 年 5 月动工,预计于 2017 年底建成试运营。

首先,在运营效益上,Crossrail 服务沿线、伦敦郊区共计超过 150 万人口,每天的客运量约为 100 万人次。其次,其时间效益则体现在,Southall-Custom House 区间段的通行时间将从 58 分钟缩短至 36 分钟,净节省 22 分钟,能够极大地方便居民出行。最后,Crossrail 线路的贯通将对缓解交通压力产生积极影响,在高峰时段吸引 2 万居民从小汽车出行转为轨道出行,有助于减少 1.5 万的小汽车出行量,显著改善大伦敦及其周边地区不断恶化的交通状况。

Crossrail 线路除了助益城市交通发展,还对城市土地的混合产生极大启发。一是大伦敦轨道交通网的"穿心快线"具备运营速度快、时间效益高的特点,其串联大伦敦郊区新城、国际机场、火车站及其他重点发展地区,强化与中心城区的快速衔接,带动区域发展,具有重要意义。二是 Crossrail 线路虽然制式上是铁路,但是纳入大伦敦轨道交通系统网络中,服务城市内部客运,并形成公交化运营,与多条城市铁路和地铁线路形成无缝衔接换乘。三是 Crossrail 线路横穿城市中心区域,与伦敦地铁网络中的 Central Line 平行,相当于进一步加大城市中心区域轨道交通网络密度,对于分担中心区既有轨道交通客流,提高中心区轨道交通服务水平,同样具有显著作用。

资料来源:搜狐文化,2017 年 6 月 20 日,https://www.sohu.com/a/150396164_251546。

表 3.12　地下空间相对地上空间的优、缺点

	优　点	缺　点
紧凑性	● 新建设施对地面影响小； ● 用地效率高； ● 三维的规划自由度	● 必须适应当地的地质条件； ● 具有不可逆性； ● 基础、跨度和出入口有一定限制
独立性	● 可以与恶劣天气、自然灾害隔绝； ● 可以和噪音、震动、爆炸、工业事故等人为灾害隔绝； ● 提供较高的安全性	● 必须考虑防洪； ● 必须考虑消防安全
保护性	● 保护自然景观和生态； ● 隔绝灾难性材料及过程； ● 材料降解度低	● 需要精细化设计； ● 建设、使用过程中的环境退化
全生命成本	● 节约土地成本； ● 出渣可能可以出售； ● 一些设施的运营、保险和能源可以节约成本； ● 设施寿命长	● 建设成本高； ● 建设不确定性大； ● 由于出入不便，运营成本可能提高

资料来源：Raymond L.Sterling，《国际地下空间开发利用现状》，《城乡建设》2017 年第 1 期。

3.3.3　强化全过程监管和税费调节

国际大都市通过严格土地开发利用的全过程监管，强化土地开发利用中的税费调节作用，发挥政府管理对土地利用效率提升的促进作用。

1. 建立土地利用全过程监管机制

新加坡对国有土地利用采取的是从企业用地准入到退出的全程链条式监管。首先是建立了一套严格的审核制度和标准，慎重选择入驻企业，重点考察项目是否符合园区规划及企业间的关联情况。其次是加强土地利用绩效评估，对入驻工业园区的企业满三年进行一次是否符合入园承诺指标的全面评估考核，综合评价土地容积率、投资、增加值、企业运营业绩。最后是建立企业淘汰机制，对企业实行合同管理，根据土地利用绩效评估情况，达不到要求的被清退出园区。日本、中国香港均实施严格的闲置土地退出制度。日本规定土地所有者取得土地已满三年不利用的、土地利用程度低或未利用的、没有按照土地利用规划或其他相关规划合理有效利用的土地被认定为空闲地。政府有权要求空闲地的所有者在六周内提出该土

地的利用处理规划,并对其利用方式是否符合规划用途进行监督,否则就在欲购买土地的"地方公共团体"等中选择购买者,强制对该土地进行交易。中国香港的土地使用者无论以何种方式批租土地,都要与政府签订包含详细批地条款的土地租契。开发商如果没有按照批地条款使用土地首先要承担违约责任,情节严重的政府可依法收回土地。为了确保纠纷调处兼顾效率公平,香港特区政府专门成立土地审裁处,其裁决具有独立性和终局性。

2. 强化土地利用中的税费调节作用

日本主要通过空闲地税促进城市土地资源的合理利用,即对没有充分利用的土地进行罚款性征税。由于空闲地税是按土地占有量来征收的税金,土地所有者为了减少税收损失,就必须扩大土地收入,减少土地的闲置。英国注重对土地持有环节征税,一方面促进土地合理流动,刺激土地供给,另一方面也迫使业主加大生产经营,尽快产生效益。美国地方政府经常对新的区域征收开发影响费,其目的既是为了筹措开发建设资金,同时也是为了对土地利用进行调控,如果政府计划抑制该区域开发活动,则会提高征收开发影响费的数额,反之,会降低这一地区的开发影响费。新加坡对企业实行差别化的租金调整,对鼓励类产业项目收取较低的租金,通过调整租金、到期不再续租等手段,引导一些不符合当地产业政策的项目转移出去。

第4章

国内其他省市提高土地利用效率的经验

立足自身发展实际和转型导向,近年来国内有关兄弟省市探索并形成了各具特色的提高土地利用效率的经验做法,取得了较好的发展成效,对上海具有较强的借鉴意义。

4.1 江浙两省推行"亩均论英雄"改革

江浙两省均是全国的资源小省,以浙江省为例,人均水资源、能源、可利用土地拥有量分别只有全国平均水平的89.6%、0.5%和40%,自然资源丰度只有全国的11.5%,居倒数第三位。同时,江浙两省又是全国的经济大省,2017年两省创造了全国15%以上的经济总量。为破解资源瓶颈制约,最大限度地实现有限资源的集约高效利用,在全国供给侧结构性改革的背景下,江浙探索实行了以"亩均论英雄"为导向的企业土地产出效率评价体系和评估方法,通过对企业土地产出效率的评估与考核,将企业进行分类、分级,并利用差别化政策鼓励或倒逼企业提高土地产出效率。

4.1.1 发展历程

"亩产论英雄"改革发端于 2006 年的浙江省,通过不断的探索改进,江浙两省逐步形成了相对成熟的政策体系和工作举措。在改革的提法上,也逐步从单个维度向多个维度逐步完善。具体而言,改革主要经历了以下三个阶段:

1. 改革探索阶段

2006 年上半年,浙江省原绍兴县先行先试,在全国率先提出"亩产论英雄"发展新理念并进行了有效实践。以提高"亩产效益"为核心,围绕节约集约用地、节能降耗减排等重点,公布企业效益"排行榜";探索建立导向、准入、制约、激励"四大机制",同时探索试行与"亩产效益"紧密挂钩的城镇土地使用税、排污费等激励和倒逼政策,引导企业走科学发展之路,促进经济结构转型升级,为工业发展供给侧改革奠定了重要的政策和制度。

专栏 4.1　以"亩产"论英雄——浙江绍兴县节约集约用地纪实

淡黄色的六层厂房,面积达 8 万平方米。记者行走其间,仰望那高高的车间,竟有 7 米多高。齐刷刷的纺织机,一排排的卷绕机,全是日本、德国进口的。洁白的涤纶丝,这里一天就能生产 550 吨。金鑫聚酯化纤有限公司董事长对记者说:"我们为了集约用地,六层厂房总共高达 45 米。在我们这个行业里,这么高的厂房,大概全世界也不多见。我们实实在在地节约了 100 多亩地,让我们增强了'寸土寸金'的意识。从长远来讲,土地越来越少。我们办企业的,要有经济效益,更要有社会效益。"

"零增地"技改,这是庆盛集团一个漂亮的动作。这家以织造军工服装面料见长的企业,为加强技改投入,原计划申请建设用地 100 亩,后来内部挖潜,利用员工食堂和堆煤场,建成了一个 2 000 平方米的新车间;利用边角地和绿地,建成了为家纺生产配套的检验、仓库等辅房近 1 000 平方米。员工食堂搬到了车间屋

顶,充分利用了地上空间,又扩大了就餐面积。为节地,庆盛集团一改过去长方形、东西走向的厂房建筑模式,而是建造了一个梯形状、南北走向的生产车间,既不影响生产流程和作业安全,又使厂区布局更加紧凑合理。仅此一项,相对择地另建,就可节约土地50亩。

现在,集团投资5 800万元引进的40台超阔幅大提花织机和38台2.3米幅宽进口喷气织机,正满负荷生产。未占用一分土地,而完成了两次大技改,使企业成功介入家纺领域,实现了产品结构的升级。记者见到一份《绍兴县招商落户项目月报表》,2006年上半年,全县在无新增用地的情况下,新落户51家企业,总投资12.17亿元。

资料来源:人民网,记者袁亚平,2006年7月19日。

2. 试点推进阶段

浙江在实践上,选择海宁市作为试点城市,继续深化以"亩产效益"为导向的资源要素市场化配置改革,逐步在"24＋1"个试点县(市、区)中建立完善以"亩产效益"为导向,综合考虑亩均产出、亩均税收、单位能耗、单位排放等指标,分类分档、公开排序、动态管理的企业综合评价机制。同时,根据综合评价结果,完善落实差别化的用水、用地、用电、用能、排污等资源要素配置和价格政策措施,并探索区域性要素交易制度,破除要素配置中的体制性障碍,提高配置质量和效率。

3. 推广深化阶段

从2015年到2018年,浙江通过三年探索,实现从"亩产论英雄"到"亩均论英雄"的政策制度的全面深化。2015年4月,浙江省工业转型升级领导小组办公室印发《关于全面推行企业分类综合评价加快工业转型升级的指导意见(试行)》;2016年8月,印发《关于三级联动抓好企业综合评价工作的通知》,提出亩均税收、亩均工业增加值、单位能耗工业增加值、单位排放工业增加值四项指标全覆盖;2017年,颁发《关于全面深化企业综合评价工作的意见》,提出在四项指标的基础上增加研究与试验发展经费支出占主营业务收入比重、全员劳动生产率两项评价指标;2018年

1月,正式印发《浙江省人民政府关于深化"亩均论英雄"改革的指导意见》。至此,企业"亩产效益"综合评价从基层探索走向顶层设计,成为浙江加快经济转型升级的一项关键性政策举措,在全省范围内进行推行。

江苏省苏州市在浙江经验的基础上,于2016年开展建设"一个平台三项机制",通过搭建工业企业资源集约利用大数据平台,建好以亩均效益为核心的企业综合评价机制、以资源要素差别化配置为重点的激励退出机制、以大数据为支撑的预测决策机制。2017年8月,苏州市印发《苏州市工业企业资源集约利用综合评价办法(试行)》及《关于开展工业企业资源集约利用综合评价工作的意见》,提出"亩产论英雄"与"创新论英雄"相结合的发展新理念,建立以全要素生产率提高为导向的工业企业资源集约利用综合评价机制。

4.1.2 经验做法

江浙两省在不断实践探索的道路上,总结出一套体系完善的"亩均论英雄"的指标体系和机制方法,具体而言,主要包括以下几个方面:

1. 建立科学合理的评价指标体系

浙江省针对工业企业、服务业企业,按照其规模类型,设立评价指标体系。其中,规模以上工业企业综合评价以亩均税收、亩均增加值、全员劳动生产率、单位能耗增加值、单位排放增加值、R&D经费支出与主营业务收入之比六项指标为主;规下工业企业以亩均税收等指标为主;规上服务业企业以亩均税收、亩均营业收入指标为主。苏州市的指标设定基本与浙江省一致,但另设企业综合素质加分项,包括企业研发机构、品牌、质量、标准、守合同重信用、安全生产标准化、环保信用、诚信纳税、发明专利等九项。

由于指标的取数存在多个口径,浙江省各地在评价过程中,根据各地实际情况,对取数公式进行了细化和优化。比如,宁波市在省级用地面积取数公式的基础上,进一步考虑了一企多地、一地多企、改变工业用地用途、公益性企业、首次升规上企业等多种特殊情况,并设立了"新减面积"这一指标,用于统计因政府开发建设

表 4.1　苏州市工业企业资源集约利用综合评价指标体系

类　　别	评价指标	所占权重或加分值
基本评价指标	亩均税收	权重 30%
	亩均销售	权重 20%
	全员劳动生产率	权重不低于 10%
	研发经费占销售的比重	权重不低于 10%
	单位能耗增加值	权重不低于 10%
	单位主要污染物增加值	权重不低于 10%
综合素质加分项	研发机构	国家级 2 分、省级 1 分、市级 0.5 分
	品　牌	驰名商标 2 分，著名商标、江苏名牌 1 分，知名商标、苏州名牌 0.5 分
	质　量	中国质量奖 2 分、江苏省省长质量奖 1 分、苏州市市长质量奖 0.5 分
	标　准	作为第一起草人制订国际标准 2 分、国家标准 1 分、行业标准 0.5 分；参与制订国际标准 1 分、国家标准 0.5 分、行业标准 0.3 分
	守合同重信用	国家级 1 分、省级 0.5 分、市级 0.5 分
	安全生产标准化	通过一级评审 1 分、通过二级评审 0.5 分、通过三级评审 0.3 分
	环保信用	绿色企业 1 分、蓝色企业 0.5 分
	诚信纳税	A 级纳税信用 1 分
	发明专利	近三年内有发明专利授权 1 分

资料来源:《苏州市工业企业资源集约利用综合评价办法(试行)》(苏府办〔2017〕239 号)。

回收等原因导致评价对象占地面积减少的、相应核减该部分土地面积,最终形成了"用地面积＝自有土地＋租用面积＋其他各种情况形成的实际占地－出租面积－已登记入证但还处于建设保护期的面积－新减面积"这一用地面积取数公式。通过各地的实践创新,评价指标体系也在不断优化升级。

2. 建立综合评价大数据平台

一是建立可视化综合评价大数据平台。为促进数据联通汇聚,跟踪改革成果进而推进企业精准服务和合理制定政策,浙江省已依托大数据中心初步建成省、市、县、平台、企业五级"亩产效益"综合评价大数据平台,可开展分企业、分产业、分平台、分区域多层次综合评价分析,自动生成"一企一单体检报告"和各个维度的预警信息,建设可视化、便捷性、规范化的数据平台。以乐清市为例,在全省率先自行设计开发了集资源共享及数据采集、运算、公示、评价功能为一体的工业企业综合评价大数据平台,整合国税、地税、统计、供电等部门的数据,采取网上直报和表格录入两种形式导入企业数据,由大数据平台实施数据匹配和评价排序。

二是建立工业企业资源集约利用信息系统平台。苏州市依托"互联网＋"大数据思维,建立工业企业资源集约利用信息系统平台,通过数据规范建立各部门数据信息识别、修改、导入的模式,实现各地各部门动态数据和行为数据的集合,形成全市统一的数据中心。工业企业资源集约利用信息系统平台实行动态管理,定期采集数据,进行分析评价和预测决策。原则上每月进行一次税收、销售、用电数据的采集,半年调整一次企业数,其他数据年度汇总。截至 2017 年 3 月,工业企业资源集约利用大数据平台共归集 12 万余家工业企业数据 983 万多条,主要采自工商、税务、国土、环保等 13 个部门。通过大数据平台生成"体检表",对规上企业和占地 3 亩以上规下企业进行体检,与企业"点对点"核对。

3. 建立分类分档、结果公示的评价制度

浙江省着力加强统筹部署,对评价规则进行原则上指导,具体评价由县(市、区)为主体,分行业、分地区校准后给企业定级,原则上进入达产期以后的企业必须纳入企业评价体系当中,一年一评。浙江省和苏州市将参评企业分为 ABCD 四类:A 类为重点发展类,是指资源占用产出高、经营效益好、转型发展成效明显的企业;B 类为鼓励提升类,是指资源占用产出较高、经营效益较好,但转型升级发展水平有待进一步提升的企业;C 类为帮扶整治类,是指资源利用效率偏低、综合效益不佳,需要重点帮扶、重点整治的企业;D 类为淘汰关停类,是指国家、省有关产业政策明令禁止或淘汰的企业,污染物排放、安全生产、能耗限额等不达标且整改无望或整改后仍不达标的企业,以及其他依法淘汰关停的企业。原则上,A 类企业占比不超过 20％,D 类企业占比不低于 5％。根据规定,定档评价结果将通过公开媒体或政府网站适时向社会进行公示。

浙江省各地在实际操作过程中,根据不同地区发展水平、不同行业发展阶段等因素,因地制宜调整 ABCD 档的规范分类。如嘉兴市明确规上工业企业中,A 类企业占比提高到 15%,D 类企业占比适当调整;规下工业企业中,A 类企业占比降低到 5%,D 类企业占比适当提高,积极鼓励企业"小升规"发展。

4. 建立资源要素优化配置机制

一是建立资源要素差别化价格机制。根据"亩产效益"综合评价结果,浙江省、苏州市着力推动结果应用,依法依规实施用地、用电、用水、用气、排污等资源要素差别化价格政策,加大综合评价 A 档企业降成本力度,提升 D 档企业的成本,倒逼其提升资源要素利用效率。2017 年,浙江全省 89 个县(市、区)都出台了资源要素差别化配置政策文件,全年依法依规实施减免 A 档企业城镇土地使用税 28.5 亿元,征收企业差别化电价、水价和排污费 2.56 亿元,全部用于支持创新发展和转型升级。苏州市则除了在用能、用地、用水、用气、排污等方面实施差别化政策以外,对 AB 档企业在信用评级、贷款准入、贷款授信和利率优惠等方面予以重点支持;鼓励金融机构加大产品创新力度,为优质企业量身定制金融产品。

二是推进资源要素区域差别化配置。浙江省按照"利用效率高、要素供给多"的原则,构建年度用地、用能、排放等资源要素分配与市、县(市、区)"亩产效益"绩效挂钩的激励约束机制。对通过盘活存量建设用地提高亩均增加值、亩均税收的市县,按盘活三补一的原则,下达年度新增建设用地挂钩计划。对单位能耗增加值高的市县,在能源消耗总量削减上给予倾斜,对单位排放增加值高的市县,在主要污染物减排上给予倾斜。2017 年,全省共下达的挂钩计划指标占全年全市土地利用计划下达总量的 50.8%。

表 4.2　浙江省企业分类差别化政策措施

企业分类	差别化的政策措施
A 类企业	做大做强 A 类企业。加大对 A 类企业政策支持力度,优先保障用地、用电、用能、排放、融资等方面需求,优先安排申报机器换人、两化融合等试点示范项目,优先列入"浙江制造精品"目录,优先支持建成企业技术中心、重点企业研究院、工业品牌企业、"三名"企业等。支持企业实施兼并重组,发展生产性服务业,壮大总部经济。支持企业开展产业链上下游合作,发挥行业龙头作用,促进专业化配套的中小微企业"专精特新"协同制造。支持企业加快"走出去"步伐,积极开拓全球市场。支持企业上市发展,利用资本市场进一步做优做大做强。建立领导定点联系制度和企业问题协调解决机制,实施精准对接、精准服务,协调解决企业发展中的困难和问题。

(续表)

企业分类	差别化的政策措施
B类企业	提升发展B类企业。加大对B类企业的服务指导力度,根据企业发展实际和短板,帮助制定具体的提升计划,并在资金信贷、有序用电、人才引进、品牌建设、技术创新、技术改造等方面给予适当支持。鼓励企业开展节地挖潜,实施零土地技改,采用多种方式推进旧厂区、旧厂房改造,鼓励扩大生产性用房或通过新建、扩建、翻建多层标准厂房,提高亩均产出。鼓励企业建设技术中心,积极与大专院校、科研院所等开展技术合作,通过两化深度融合实现产品升级换代,通过机器换人提高生产效率。鼓励企业发展电子商务,完善销售网络,创新销售模式,提高产品市场份额。
C类企业	帮扶整治C类企业。加大对C类企业的重点调控和监管力度,指导其制定整治提升方案,加快完成整改提升。按照省政府开展资源要素市场化配置改革的有关精神,依法依规加大对企业差别化电价、差别化水价、差别化排污费、差别化城镇土地使用税等征收力度,倒逼企业淘汰低效产能,提高发展质量效益。严格控制企业新上同类产能项目,限制新增用能需求,限制新增排污总量指标。支持企业实施腾笼换鸟,利用腾退出来的土地、用能、环境等空间发展先进产能或转产转型,鼓励建设标准厂房,推进转型升级发展。
D类企业	淘汰关停D类企业。对D类企业,要严格按照环境保护、安全生产、资源节约等方面法律法规和国家、省有关产业政策,依法责令限期关停淘汰。要加大实施资源要素差别化价格政策力度,倒逼企业加快退出。对限期未关停的企业,要依法采取断电、断水等措施。加大对企业转型转产的帮扶,建立稳岗补贴,做好下岗人员社会保险关系接续转移、再培训、再就业等相关工作。

资料来源:《浙江省关于全面推行企业分类综合评价加快工作也转型升级的指导意见(试行)》(浙转升办〔2015〕13号)。

三是规范资源要素跨区域市场化交易。浙江省依托政务服务网和省公共资源交易平台实现信息和资源共享,以市、县(市、区)政府为主体,推进土地、用能、排污权等资源要素更大范围的市场化交易。

5.探索推进"标准地"制度促进产业创新升级

所谓"标准地",是指在完成区域评估基础上,带着投资、能耗、环境、建设、亩均税收等至少五项基本指标进行出让并实行对标管理的国有建设用地。"标准地"改革通过事前定标准,企业对标竞价,构建公开透明、公平公正的新型土地供应模式,以市场化手段引导企业按需拿地,实现拿地"找市场不找市长"。在有效发挥政府作用的同时,更好实现以市场化方式招引遴选高质量项目落地。企业拿地前,就明确知道出让地块的使用要求和标准,由于政府在土地出让前已对用地进行了能评、环评等工作,企业无须再重复进行,节省了成本和时间。企业竞拍获得"标准地"后,需同步签订出让合同和投资使用协议,经发改委"一窗受理","最多跑一次"即可以直接开工建设。同时,政府组织专业队伍提供从前期项目咨询、指导把关到项目签约落地、竣工验收、达产复核等全流程服务。建成投产后,再由相关部门按照投资使用协议,根据"建设期+投产期+剩余年限使用期"的土地分阶段权证管理制度进行验收,对未达到协议规定的,严格采取相应制约措施,通过达产复核后,"标准地"项目进入正常运营阶段,转为按亩均效益综合评价管理,相关评价指标有机衔接,实现项目全生命周期闭环监管。

专栏 4.2 "标准地"出让四个环节

1. 事先做评价

在符合土地利用总体规划、城乡规划前提下,在省级以上经济技术开发区(园区)、省级以上高新技术产业开发区(园区)、省级产业集聚区、省级特色小镇等重点区域,全面完成区域能评、区域规划环评、区域防洪影响评价、区域水土保持方案报告书编制、区域水资源论证、区域压覆重要矿产资源评估和区域地质灾害危险性评估等。完善项目准入要求,并向社会公布负面清单;严格执行"净地"出让规定,确保具备项目开工必需的通水、通电、通路等基本条件,为"标准地"落地提供坚实基础。

2. 事前定标准

按照高质量发展导向要求,结合产业准入、功能区划和相关区域评估要求,强化总量控制、合理提高标准、细化行业分类,与亩均效益相关评价指标有机衔接,逐步建立"标准地"的投资、能耗、环境、建设、亩均税收等控制性指标标准,完善项目准入条件,并实行动态调整。

3. 事中作承诺

制订完善项目竣工验收、达产复核及不动产登记办理等具体办法。用地企业取得"标准地"后,要同时与有关部门签订国有建设用地使用权出让合同和"标准地"投资建设协议,明确用地标准、履约标准等。用地企业承诺按约定兑现指标,并明确违约应担负的责任。

4. 事后强监管

有关部门按照一般企业投资项目开工前审批最多100天的要求,全面压缩全流程审批时间。根据谁主管、谁负责的原则,建立覆盖项目建设、竣工验收、达产复核、股权变更等环节监测核查机制,实施协同监管,按约定予以奖惩。项目正常运营后,转为按亩均效益综合评价管理。开展"标准地"企业投资项目信用监管试点,探索建立"标准地"项目全过程信用档案,将企业落实承诺行为信息记入信用档案并依法公开,作为企业享受差别化优惠政策的重要参考。

资料来源:浙江省发展和改革委员会网站。

目前,德清县已先行进行了试点,截至2018年6月底,德清县在省级以上经济技术开发区(园区)、高新技术产业开发区(园区)、产业集聚区、特色小镇等重点区域累计出让17宗"标准地",总面积约962亩。通过"标准地"改革,企业从拿地到开工平均用时2个多月,环评、能评、水土保持方案编制等三项制度性交易成本合计降低95%。浙江省发改委正在制定分行业的指导值,根据省政府的要求,2018年全省新增30%的工业用地项目将按照标准地出让。根据有关测算,2018年除烟草以外的30个制造业行业新增项目产出效益预计提升20%以上。

4.2 广东省全面推进"三旧改造"

作为全国节约集约利用用地试点示范省,广东省一直高度重视土地改革创新和制度建设工作,坚持需求导向和发展引领,坚持节约集约和可持续发展,在实施土地供给侧结构性改革方面作出了一系列创新探索。特别是面对部分城市开发强度过高、存量用地较多、"工改居"预期强烈、"工改工"积极性不强的情况,推出了在工业保护线划定的基础上考核倒逼、市场参与、供地方式创新等组合拳,"自下而上"和"自下而上"相结合,有效加快了低效用地盘活的节奏。2016 年,包括深圳市罗湖区、珠海市金湾区在内的广东省 11 个县(市区)被评为"国土资源节约集约模范县(市区)",珠海市同时被评为国土部通报表扬的地级市;2017 年,东莞市由于土地集约节约利用成效较好获得了国家 5 000 亩用地指标奖励。

4.2.1　发展历程

改革开放 30 多年,广东省一直走外延扩张的城市化发展道路,城市粗放扩张难以为继、产业结构层次偏低、城乡环境品质恶化等问题突出。此外,珠三角区域人多地少,开发密度高,耕地资源及后备建设用地极为紧张,且处于后工业化城镇集群的膨胀阶段,建设用地供需矛盾尖锐。为此,国家针对广东省 30 多年高速发展所带来的一系列问题,特别予以广东省对存量土地进行改造的政策尝试,即"三旧"改造,以通过制度创新和政策完善来促进存量开发、拓展建设空间、保障发展用地,力争在节约集约用地方面为全国探索出一条新路径。

表 4.3　广东省外延扩张的传统发展路径带来的问题

问题	主要特征	具体表现
城市粗放扩张难以为继	"拼土地、拼资源、拼成本"	环境承载:人均耕地相当于全国平均数的 1/3,远低于联合国划定的警戒线;土地空间:东莞 30 年用掉 70% 的土地,香港 100 年才用掉 30% 的土地;资源产出:2008 年佛山地均 GDP 产值仅 1.12 亿元/平方公里,仅为 2004 年日本的 9.4%、美国的 8.0%、新加坡的 6.8%
产业亟待优化升级	以劳动密集型为主的产业结构	产值:2010 年,全省电器机械及专用设备、纺织服装、食品饮料、建筑材料、木材加工及造纸、汽车及摩托车等劳动密集型产业创造产值占全省工业总产值的 69.6%;劳动生产率:2010 年,全省劳动力年创造财富 8 万元人民币,合 1.26 万美元,而 2006 年美国的劳动生产力高达 6.385 5 万美元,爱尔兰为 5.598 6 万美元,法国为 5.460 9 万美元
城乡环境有待改善	城乡混杂,"城不像城、村不像村"	旧城镇:2010 年全省城镇生活污水处理率仅 73.12%,生活垃圾无害化处理率仅 72.12%,城镇环境有待改善;旧厂房:广州旧厂房的平均毛容积率为 0.44,佛山工业厂房平均容积率为 0.61,容积率低且建筑密度大;旧村庄:珠三角城中村建筑密度经常高达 90%,容积率高至 6,住宅通风、采光条件差

资料来源:卢丹梅,《规划:走向存量改造与旧区更新——"三旧"改造规划思路探索》,《城市发展研究》2013 年第 6 期。

1. 改革探索阶段

作为试点示范省,广东先行先试的"三旧"改造工作肩负着为全国节约集约用地作出示范参考的重任。广东省人民政府 2009 年出台了《关于推进"三旧"改造促进节约集约用地的若干意见》(以下简称《若干意见》),明确"三旧"改造的总体要求和基本原则,主张政府引导、市场运作、统筹规划、节约集约、尊重历史,并对如何合理确定"三旧"改造范围、因地制宜采取改造方式、完善各类历史用地手续以及如何进行用地供应作出重要安排。该文件中正式提出了"三旧"改造的概念,是指旧城镇、旧厂房和旧村庄的统称。《若干意见》成为广东省全面铺开"三旧"改造工程的工作指引,广东省"三旧"改造的大幕由此拉开,广州、深圳、东莞、中山、珠海、惠州等城市纷纷响应,成为全国土地集约利用的探索先锋。

表 4.4 "三旧"改造的具体内涵和内容

三 旧	具体内涵	具体内容
旧城镇	各区、镇(街道)城区内国有土地的旧民居、旧商铺、旧厂房等的改造	城市市区"退二进三"产业用地、城乡规划确定不再作为工业用途的厂房(厂区)用地、国家产业政策规定的禁止类和淘汰类产业的原厂房用地、不符合安全生产和环保要求的厂房用地、规划确定改造的城镇和村庄、列入"万村土地整治"示范工程的村庄等六类
旧厂房	镇(街道)、村和工业园区内的旧厂房,包括严重影响城市观瞻的临时建筑等的改造	
旧村庄	城市规划控制区范围内的城中村,大量用地被城市工业区、物流园等产业园区占据的园中村,以及不再适宜生活居住、村民须逐步迁出或整体搬迁形成的"空心村"等的改造	

资料来源:根据互联网资料整理。

2. 体系建立阶段

随着"三旧"改造工作的深入推进,逐渐出现了一些新情况、新问题,尤其是近年来国家对于加强节约集约用地工作、盘活利用存量土地提出了新的更高要求,为此,2016 年 9 月 14 日,广东省政府印发《关于提升"三旧"改造水平促进节约集约用地的通知》。该通知明确要求加强规划管控引导,完善收益分配机制,积极推进连片成片改造,充分调动土地权利人和市场主体参与改造的积极性,加快完善历史用地手续,改进报批方式,完善部门配套政策,建立健全监管机制,优化"工改商"政策,等等。

"三旧"改造工作已经从"摸着石头过河"推进到逐步建章立制、形成体系。

专栏 4.3　广东省国土资源厅解读新"三旧"政策

【解读一】可以自行申请旧改了

"96 号文"(即《广东省人民政府关于提升"三旧"改造水平促进节约集约用地的通知》)主要从土地利用总体规划和城乡规划两个方面提出了支持性措施。一是为了鼓励连片开发低效用地,对于连片改造项目中不符合土地利用总体规划的零星土地,允许修改土地利用总体规划后一并实施改造。

二是为了解决"三旧"地块缺少控规覆盖或控规调整耗时过长的问题,允许编制"三旧"改造单元规划,确定改造地块的规划条件。

【解读二】出让收益返还政策可适用于所有权利人

一是明确土地收益补偿对象。现行政策虽明确了"三旧"改造中可以返还一定比例的土地出让纯收益的原则,但实际操作中,返还对象以国有企业和村集体为主,对收回个人、私营企业、外资企业、混合所有制企业等拥有的建设用地是否适用收益返还政策需进一步明确。为了尊重各类市场主体的平等地位,"96 号文"明确,"三旧"改造中利用土地出让收入补偿原权利人的政策,可以无差别适用所有权利人。

二是为了保证出让地价的合理性,按照国家有关要求,"96 号文"对定价程序作出规定,但鉴于"三旧"用地的特殊性,允许在定价过程中综合考虑拆迁地块的补偿成本和原用途使用价值等因素。

三是为了平衡市场利益和公共利益,要求自行改造的"工改商"项目需提供一定比例的公益性用地,具体比例由当地规划主管部门依照控制性详细规划或单元规划核定。

【解读三】自己开发,必须回馈社会

"96 号文"明确,对于纳入成片改造范围的"三旧"用地,原土地权利人可以优

先收购归宗后实施改造;原土地权利人无法实行收购归宗的,当地政府可以统一收购储备和组织改造,并通过招标、拍卖或者挂牌等公开交易方式确定项目改造主体。明确规定了原土地权利人的优先权利,这意味着,旧厂老东家的优势就体现出来了。据了解,2016 年广州纳入传统"三旧"改造的项目多达 14 个,包含 7 个旧村、6 个旧场和 1 个旧城,其中包含了有名的广钢新城鹤洞村等。

【解读四】鼓励农村土地转国有建设用地

"96 号文"还明确,鼓励和引导农村集体经济组织自愿申请办理土地征收手续将集体建设用地转为国有建设用地,自行实施改造或合作改造;也可依法开展旧村土地整理,以入股、联营等合法方式使用集体建设用地,但不得用于商品住宅开发。当地政府征收农村集体土地的,可因地制宜采取货币补偿与实物补偿相结合的方式安置失地农民,充分保障农民利益。

【解读五】改进了报批方式

一是为了提升用地审批效率,"96 号文"下放了部分审批权限,除办理土地征收手续需报请省政府审批外,完善集体建设用地手续、改造方案的审批权均下放至地方政府。省国土资源厅将尽快制定配套文件,明确权力下放后的具体操作办法。

二是为了解决标图建库制约报批的问题,"96 号文"允许同步办理入库与报批手续,但主要适用于已具备改造条件、亟待改造重大改造项目,特别是涉及民生工程的公益类改造项目。

资料来源:金羊网新闻,2016 年 10 月 18 日。

"三旧"改造经过广东省上下的努力探索,已积累了一套行之有效的经验做法,形成了基本的政策框架和工作机制,广州、深圳等地更是相继成立了城市更新局,着力打造城市发展的 2.0 版本。截至 2016 年 9 月,广东省已实施"三旧"改造面积 53.82 万亩,其中完成改造面积 28.63 万亩,累计投入改造资金 10 212 亿元,约占同期全省固定资产投资的 6%,实现节约土地约 13.6 万亩,节地率达到 47.49%。2016

年,广东省共完成改造项目 512 个、面积 4.69 万亩,实现节约土地 1.66 万亩,节地率35.32%。

3. 推广深化阶段

2016 年 11 月 11 日,在总结广东省"三旧"改造工作的经验基础上,原国土资源部印发了《关于深入推进城镇低效用地再开发的指导意见(试行)》。该指导意见提出,要坚持最严格的耕地保护制度和最严格的节约用地制度,鼓励土地权利人自主改造开发,鼓励社会资本积极进入,规范推进城镇低效用地再开发,促进城镇更新改造和产业转型升级,优化土地利用结构,引导城中村集体建设用地改造开发,明确开发范围,推进调查摸底和标图建库,强化规划统筹和方案实施。该指导意见将广东省"三旧"改造工作经验提炼上升为国家政策,在全国予以复制推广。

为贯彻落实党的十九大精神,促进土地资源全面节约和循环利用,2018 年 4 月4 日,广东省国土资源厅印发了《关于深入推进"三旧"改造工作实施意见》。该实施意见共六个部分,20 个条文,对"三旧"改造地块标图建库、规划统筹、申请条件、用地审批及供应、实施监管等方面作了详细的规定,还进一步明确旧村庄改造争议解决的原则及处理方式。该实施意见系统而全面的政策规定,标志着广东省"三旧"改造工作已进入一个多措并举、蓄势待发的全新阶段。

4.2.2 经验做法

1. 制定分层分类的规划体系和控制指标

为推进"三旧"改造工作的统筹规划、有序推进,广州、佛山、深圳等地开展改造规划编制工作。广州结合正在编制的总体规划、土地利用总体规划等,根据全市"三旧"资源量大面广、分布零散的情况,采取分阶段分层次、循序渐进开展的思路,建立了"1+3+N"的规划编制体系,通过自上而下的体系,引导旧城、旧厂、旧村各自采用不同的政策。

佛山作为"三旧"改造第一个试点示范市,最早编制"三旧"改造规划,通过制定一整套内容体系和技术方法,指导和控制改造工作的进行。规划中确定科学评估、分层控制的原则,通过宏观模拟、中观分配、微观落实等多种手段,分层面确定了"三旧"改造用地强度,以避免对城市环境品质与房地产市场的影响。在宏观层面,通过现状开发容量评估、区域房地产市场供需平衡分析、用地内生需求模拟等方法,测算了未来"三旧"改造用地开发总面积,并进行低、中、高方案三维模拟和极值预景,综合确定效益最优的改造总量与整体强度。在中观层面,运用多因子模型、可视性分析等方法,进一步划定了全市"三旧"改造用地的容积率管制分区、建筑高度分区、空地率分区和建筑密度分区。在微观层面,具体提出了不同地块的控制性指标和开发条件。

为推进土地立体开发利用,深圳在全国最早开展了城市地下空间规划编制工作,划定地下空间管制分区,提出地下空间建设指引策略;并针对重点地区陆续开展地下空间详细规划,有效指导城市地下空间的合理利用。同时,深圳采用自下而上的方式,政府从相关领域选择性地"退出"以及市场化改革。在应对市场和规划实施的要求时,深圳市政府选择"积极不干预"的原则,仅充当规划引导、规划审批和政策支持等角色,以鼓励和吸引私人投资,如所有城市更新单元规划的编制,均由申报主体自行委托,由城市规划委员会予以审批。

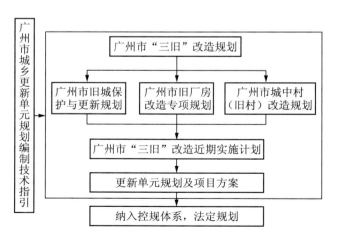

图 4.1 广州市"1＋3＋N"三旧改造规划体系

资料来源:田莉等,《基于产权重构的土地再开发——新型城镇化背景下的地方实践与启示》,《城市规划》2015 年第 1 期。

2. 提高容积率上限促进"工业上楼"

广东省鼓励产业用地提高容积率,2017 年发布的《关于完善工业用地供应制度促进供给侧结构性改革的指导意见(试行)》中规定,符合省确定优先发展的产业、容积率和建筑系数超过国家规定标准 40%、投资强度增加 10% 以上的用地出让可享受 7 折的优惠地价。城市工业用地容积率上限均在 3.0 以上,部分城市新型产业用地的容积率高达 6.0。如深圳在其 2017 年底颁布的《深圳市城市规划标准与准则》中普遍对各类产业用地容积率进行了加密,商服用地不设限,普通工业用地(M1)容积率可达 4.0。此外,还创新推出了 M0 用地(新型产业用地/研发用地),在城市用地分类"工业用地(M)"大类下增设"新型产业用地(M0)"中类,融合研发、创意、设计、中试、无污染生产等新型产业功能以及相关配套服务功能。探索新型产业用地(M0)与商服用地(C)、居住用地(R)、绿地(G)、道路用地(R23)等混合使用,共享城市生产和生活服务设施,推动产城人融合,容积率上限可达 6.0。东莞目前正在制定 M0 用地的政策,但在实践操作中,容积率已按照 4.0—6.0 的标准来推进。特别是在其"松山智谷"产业园中,通过引入专业化开发主体推出了高达 10 层的"工业大厦""摩天工厂"。其中,除了较大的楼层、电梯承重核定之外,大型吊臂、设在每幢"大厦"的智能化物流系统以及可直达不同楼层所需企业的专门 AGV 牵引车是其得以成功的关键。

专栏 4.4　新型产业用地容积率上限可达 6.0,工业楼宇可分割转让

为推动工业区升级改造,目前深圳市、龙岗区均出台了系列工业区改造升级政策。龙岗区相关负责人在推介会现场表示,拆除重建类"工改工"的主要政策包括四个方面:合法用地比例要求降低,由原来的 70% 下降至 60%;开发强度提高,新型产业用地容积率上限可达 6.0,物流用地容积率上限可达 4.0;配套设施比例提高,普通工业用地和新型产业用地的配套设施建筑面积可达总建筑面积的 30%,仓储用地的配套设施建筑面积可达总建筑面积的 15%,物流用地的配套设施建筑面积可达总建筑面积的40％;工业楼宇可分割转让,改造后形成的工业楼宇和工业配套设施的配套办公、配套单身宿舍以及小型商业服务设施均可分割转让。

综合整治类的主要政策包括两个方面:改造方式多种组合、灵活多变,可采用加建、改建、扩建、局部拆建、功能改变五种方式,此外还可增加不超过现状建筑面积15％的电梯、连廊、楼梯等辅助性公用设施;地价政策优惠,新建的辅助性公用设施可免收地价,普通工业厂房按照相应公告基准地价的10％计收地价,新型产业用房或产业配套设施按照相应公告基准地价标准的50％计收地价。

龙岗区还出台相关扶持政策,充分调动社区股份公司和开发运营主体参与工业区改造升级的积极性。如对单独或联合改造、开发建设工业园区、高科技产业园、特色工业园、产业孵化器、加速器、文化创意产业园等的社区股份合作公司,按其贷款的一定比例给予利息补贴;对参与工业园区基础设施、配套设施建设或改造的社区股份合作公司,按投资额的一定比例给予补贴;对将旧村屋、旧工业区、旧商住区改造为高科技产业园、创新产业园、文化产业园、特色产业园及其他优质产业园的社区股份合作公司,按其租金损失的一定比例给予补贴。

资料来源:中国日报网,http://www.chinadaily.com.cn/micro-reading/interface_toutiao/2015-01-14/13041566.html。

3. 优化土地调整改造流程以激发市场主体的积极性

一是优化利益分配机制。为鼓励用地单位提高工业用地和仓储用地的使用效率,近年来,广东省全面执行国家有关"对工业用地在符合规划、不改变用途的前提下,不征收提高容积率、建筑密度土地价款差额"的规定。此外,深圳、东莞、珠海三地还创新通过土地作价入股、引入开发商与村集体联合开发等模式,激发社区资本、集体经济组织等原土地权利人参与土地盘活的积极性,缓解了政府的财政压力。

专栏 4.5　东莞土地集约利用案例:灵狮小镇

　　投资方深圳市灵狮文化产业集团是一家文化创意产业园区专业化运营服务商,在全国拥有 11 个产业园区,管理和服务 1 200 多家国内外知名创意文化企业,年产值超 100 亿元。2015 年 10 月 28 日,灵狮集团与黄江镇在深圳签署了战略合作框架协议。项目位于黄江镇裕元工业园,总建筑面积 14.59 万平方米,预计总投资额 6.059 0 亿元,年创造税收 5 000 多万元。

　　项目采取不拆除重建的方式,盘活固定资产,提升土地附加值,对裕元高科技园原有 17 栋旧宿舍楼进行室内拆除装修、外立面翻新及室外景观改造,建设成以高新技术、智能制造、文化创意、金融科技、电子商务、特色教育等企业办公及基础设施配套为主,具有良好的产业生态环境和丰富的人性化交流空间的高品质创新型示范镇,打造粤港澳"智能制造"创新服务中心和"4.0"现代服务业小镇。

　　项目前期已完成 11 栋宿舍楼的不动产权过户(不改变土地用途,以"工改工"方式,由房产部门办理不动产权过户)并同期进行改造,用地面积为 44 524.8 平方米,建筑面积为 92 629.63 平方米。主要改造建设成集智能制造、文化创意、互联网科技、物联网应用为一体的产业综合集聚协同发展的特色小镇。项目正在对其余 6 栋宿舍进行过户准备,用地面积为 22 397.72 平方米,建筑面积 53 252.92 平方米。主要建设集金融、咨询服务和其他服务为一体的生态服务创新型智慧园区。项目全部建成后,将集聚科技、文化领域和产业链上下游企业 200—300 家,同时提供超过 4 000—5 000 个就业岗位。

　　资料来源:上海市发展研究中心赴东莞调研资料。

　　二是允许工业楼宇分割转让。为促进产业空间资源有序流转,广东省允许制造业企业的工业物业产权按幢、层等固定界限进行基本单元分割,用于引进产业链合作伙伴的相关产业项目,各地结合实际具体推进实施。其中,深圳规定单一企业应在投资建设的工业楼宇满足 50% 的最小自用比例后才可分割转让;同时,建立了产业用地用房的供需平台,推行"土地出让合同"与"产业监管协议"分开签订的方式,为楼宇分割的具体实施提供了便利。东莞、珠海则分别对工业楼宇投资建设企业实施两年观察期、达到产出承诺后办理房地产权证的制度,以及产业用地分阶段权证管理的制度,明确了产权分割的前提条件,防止企业主体分割炒作。

土地权属	改造模式	改造模式图示

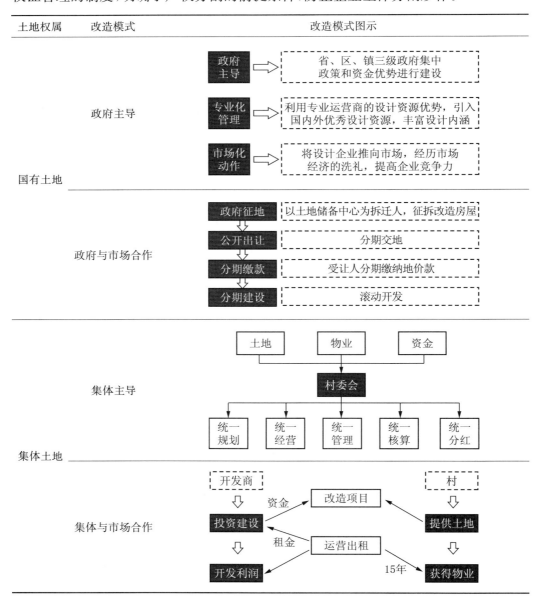

图 4.2   广东省佛山市基于开发主体所有权变化的改造模式

资料来源:卢丹梅,《规划:走向存量改造与旧区更新——"三旧"改造规划思路探索》,《城市发展研究》2013 年第 6 期。

三是简化调整手续。2017 年广东省推出《降低制造业企业成本支持实体经济发展的若干政策措施》，支持试点城市解决重点制造业企业用地历史遗留问题，历史已建成工业项目可按协议方式灵活补办供地手续，所需用地指标在试点城市土地利用年度计划指标中优先安排，所在地不动产登记机构要开辟绿色通道。此外，深圳城市更新项目的审批权限已全部下放到各辖区，东莞、珠海对产业用地调整容积率推出分类处理简化审批程序，并设立了制造型企业"绿色通道"窗口，有效促进了城市更新的步伐。

4. 通过严格的考核机制和土地增减倒逼机制促动低效土地盘活

当前，广东省正在推出新修订的《广东省土地利用年度计划管理办法》，该办法调整了计划指标供应方式，自 2018 年起，除基础设施和民生项目外，不再向珠三角地区直接下达新增建设用地计划指标。各地新增建设用地计划指标要靠盘活存量建设用地，推进"三旧"改造来获取。同时，新颁布的《关于深入推进"三旧"改造工作的实施意见》规定了年度考核办法，即从各地"三旧"改造年度改造计划完成情况、节约集约用地情况等方面选取多项考核指标，合理确定各指标权重值，形成考核指标体系，综合考评各地"三旧"改造工作情况，考核结果作为土地利用计划指标分配及其他相关奖惩措施的依据。根据东莞市有关人员透露，存量盘活与计划指标比例原则为 1∶1，考核任务一年内必须完成。此外，部分城市还将"三旧"改造工作列入干部工作考核。

5. 创新构建差别化的土地供应管理体系

结合不同区域定位、综合规划目标和产业发展需求，深圳市实施了差别化的土地供应管理体系。对于一般区域、一般产业项目，主要实施"以供房为主、房地并举"的空间保障策略，并积极探索产业用地租让结合、作价入股等供地方式，着力解决产业落地难、用地贵问题。对于前海等重点区域、重点产业项目，优先保障该类项目的供应，实施以"供地为主"的空间保障策略，同时严格执行合同管理。即企业同时签订土地出让合同和产业发展协议，土地出让合同中规定开发时序，产业发展协议中规定纳税承诺等。如前海规定自取得用地的下一个自然年度起，5 年内（含）累计在前海缴纳的税收总额（不含代扣代缴个人所得税）6 万平方米建筑面积税收不少于 2.5 亿元,10 万平方米建筑面积不少于 5 亿元。如果未达到合同或协议承诺,政府可按合同执行反向制约,直接将企业账款划走或按等价值把物业收回。此外,对于最核心的地块,前海探索推出了 1.5 级土地开发建设模式,即政府进行土地租赁,利用装配建筑技术,推进过渡期建筑建设,一般租期为 10 年,在短期内形成产业聚集、吸引人气,也为租约到期后的二级开发做好充分预热准备,拉动区域土地价值,实现政府、社会和企业的多方共赢。

6. 推进土地功能复合混合和公共设施配套

一是推进土地功能复合。为缓解空间资源紧缺的局面,深圳市逐步加快土地立体空间开发利用,目前前海引入了三维地籍理念和技术,地下空间部分已开发至六层。深圳市探索将公共设施相对集中混合设置,除了将变电站、水厂等公共设施建在地下,地上是生态景观绿地外,还在"春茧"体育场项目上打破传统体育中心设计模式,采用"三位一体"结构,将体育场、体育馆、游泳馆连接在网状钢结构下,同时综合利用室外道路、室内连廊等,使得在"一场二馆"建筑连接体中有效地增加了各类公共空间和商业空间。工业用地方面,为适应新产业、新业态研发、制造、服务配套融合度高,功能密不可分的特点,深圳、东莞均用足国家 7% 用地可做配套的政策,换算为建筑面积的 30%,配套建设 1 000 平方米以下的小型商业、人才公寓等。

二是强化公共设施配套。广东省佛山市为保证"三旧"改造整体目标的实现,提出了交通、绿化、公共设施、人文景观等相关配套设施的建设要求,强化"三旧"改造的民生导向。通过在经营性用地上做减法,在公园绿地与公益性设施等方面做加法,指标以镇街为单位进行平衡,最终腾挪出不少于 10% 的生态绿地与公园广场。集中配套建设保障性住房,并要求全部改造项目需按不少于 15% 的用地配套建设公益性设施,对于规模太小的零星改造地块可按比例缴纳异地建设费用。

7. 多措并举减弱房地产炒作预期

一是保障工业用地规模。为了防止"工改居""工改商"以及 M0 用地对普通工业用地的蚕食,深圳市在城市更新"十三五"规划中明确了新型产业用地 M0 的最高比例,同时对 M1 改 M0 进行了较为严格的限制。东莞市则推进工业保护线划定,通过红线(长久保护线)和蓝线(近期管控线),保障工业用地规模。

专栏 4.6　严控"工改商""工改居"

　　除了城中村和旧住宅区,旧工业区的改造也是城市更新的重点。规划期内,深圳将力争完成 100 个旧工业区复合式更新(指以综合整治为主,融合功能改变、加建扩建、局部拆建等方式的城市更新),工业区块线内的旧工业区更新方向原则上应为工业用地功能,严格控制"工改商""工改居",保证 2020 年全市工业用地比重不低于 30%。为产业一体化发展和创新驱动发展腾挪空间,带动产业结构调整升级。

　　其中位于城市主中心区、副中心区和组团中心区与轨道站点 500 米范围内的旧工业区,以拆除重建为主,兼顾综合整治和功能改变,可发展成为企业总部、文化服务、商贸会展等第三产业。位于市高新区或工业区块控制线内优势区位(轨道站点 500 米范围内)的旧工业区,可适当开展拆除重建,发展科技研发中试检测。位于工业区块控制线内一般区位(轨道站点 500 米范围以外),鼓励复合式更新,发展战略性新兴产业、先进装备制造业及优势传统产业。其他区位的旧工业区,在规划指引下尊重市场意愿开展更新,发展居住、商业以及科教培训、保税服务、旅游、物流会展、文化创意等特色产业,促进城市功能多元发展。

　　资料来源:《旧改以综合整治为主、拆除重建为辅》,《南方都市报》2016 年 11 月。

　　二是对重点功能区设定物业自持年限和最小分割比例。如深圳前海规定对设定产业条件的金融、现代物流、信息服务、科技服务和其他专业服务等产业项目用地和专门面向香港企业出让的用地办公限全部自用,自用期限不少于项目用地竣工之日起 10 年,自用期满限整栋销售;不设定产业发展要求的用地,根据区位、规模、功能、结构等情况,设定建成后的办公、商业物业整栋销售、整层销售、最小销售单位不得少于 500 平方米等的规模或比例。租售对象仅限注册在前海合作区的有实际经营活动的企业法人或其他组织。

三是政府发挥平抑调节作用。通过对深圳、珠海的调研，政府在土地出让公告时均会要求企业将已建好的一部分办公或商业物业按平均成本价或免费回售给政府。政府则通过筹措利用这部分物业或孵化新的企业，特别是有前景的独角兽企业，或发挥市场调节功能，平抑地价和租金。

4.3　北京与其他省市的经验

在国土资源部《关于推进土地节约集约利用的指导意见》的指导下，北京、湖北、山东、厦门等省市也纷纷出台了相关政策，促进土地利用效率。

4.3.1　北京经验

同上海一样，北京已经步入了现代化国际大都市的行列。一些深层次的问题逐步出现，人口资源环境的矛盾日益凸显，"大城市病"问题突出，需要从城市总体规划的战略性、全局性角度，寻求综合解决方略。在北京新一轮总体规划的批复中明确提出，要坚定不移疏解非首都功能，严格控制城市规模，切实减重、减负、减量发展，划定并严守人口总量上限、生态控制线、城市开发边界三条红线。此外，北京市政府发布的《北京市"十三五"时期土地资源整合利用规划》提出，到 2020 年，北京市建设用地总规模控制在 3 720 平方公里以内，比现行土地利用总体规划确定的规划目标减少 97 平方公里。上述战略、政策的出台标志着北京已从聚集增量要素求发展转变为减量集约高质量的发展阶段。

1. 服务首都城市战略定位，优化土地利用结构

一是疏解非首都功能，为提升首都功能和发展水平腾出空间。《北京城市总体规划（2016—2035 年）》明确提出，要疏解腾退区域性商品交易市场，对疏解腾退空间进行改造提升、业态转型和城市修补，补足为本地居民服务的菜市场、社区便民服务等设施。严禁在核心区新设综合性医疗机构和增加床位数量。引导鼓励大型医院在外围地区建设新院区，压缩核心区内门诊量与床位数。对于传统商业区进行优化升级，

不再新增商业功能。推动传统平房区保护更新,按照整体保护、人口减量、密度降低的要求,推进历史文化街区、风貌协调区及其他成片传统平房区的保护和有机更新。

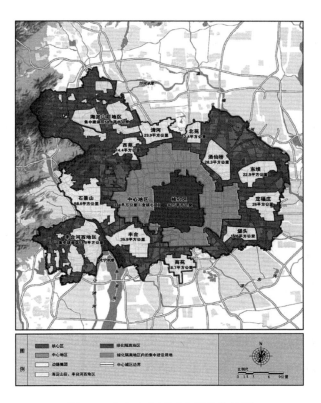

图 4.3　北京中心城区空间结构规划

资料来源:《北京城市总体规划(2016—2035 年)》。

二是优化土地利用结构,为优化城市功能奠定基础。统筹生产、生活、生态空间,《北京城市总体规划(2016—2035 年)》明确提出,压缩中心城区产业用地,严格执行新增产业禁止和限制目录;适度增加居住及配套服务设施用地,优化居住与就业关系,形成生活用地和办公用地的合理比例,推进职住平衡;同时,增加绿地、公共服务设施和交通市政基础设施用地。到 2020 年城乡居住用地占城乡建设用地比重由现状 36% 提高到 37% 以上,到 2035 年提高到 39%—40%。到 2020 年全市城乡职住用地比例由现状 1∶1.3 调整为 1∶1.5 以上,到 2035 年调整为 1∶2 以上。

专栏 4.7　北京市健全和优化住房供应体系

1. 完善住房供应体系

建立包括商品住房、共有产权住房、棚改安置房、租赁住房等多种类型，一二三级市场联动的住房供应体系。扩大商品住房市场有效供应，增强政府市场调控能力。增加共有产权住房与中小套型普通商品住房供应，满足居民自住需求。加强保障性住房建设，提升基本居住需求保障水平。研究扩大租赁住房赋权，公共租赁住房向非京籍人口放开。

未来 5 年新供应住房中，产权类住房约占 70%，租赁类住房约占 30%。产权类住房中，商品住房约占 70%，保障性住房约占 30%。商品住房中，共有产权住房、中小套型普通商品住房约占 70%。共有产权住房中，70% 面向本市户籍人口，30% 面向非京籍人口。

2. 扩大居住用地与住房供应

健全政策机制，增加中心城区和新城居住用地供应。创新集体建设用地政策，探索多种建设模式。到 2035 年规划城乡居住用地约 1 100 平方公里，其中城镇居住用地约 600 平方公里，位于农村集体土地上的居住用地（含宅基地）约 500 平方公里。加强土地储备工作，合理安排城镇居住用地和集体建设用地供应时序，加强住房建设计划管理。未来 5 年新供应各类住房 150 万套以上。

3. 合理布局居住用地

中心城区适度增加居住用地，增加租赁住房，调控房地产市场。中心城区以外地区加大居住用地与住房供应力度，重点保障共有产权住房与租赁住房的用地供应。统筹考虑新型城镇化与保障性住房选址建设，培育就业功能，提高教育、医疗服务水平，增强吸引力，为中心城区疏解人口在外围地区生活就业创造良好条件。居住用地优先在轨道车站、大容量公共交通廊道节点周边布局。新建居住区推广街区制，建设小街区、开敞式、有活力的社区。

资料来源：《北京城市总体规划（2016—2035 年）》。

　　三是促进地下空间资源综合开发利用。为了构建多维、安全、高效、便捷、可持续发展的立体式宜居城市,《北京城市总体规划(2016—2035 年)》提出,以中心城区和北京城市副中心为重点,以轨道交通线网为骨架,统筹浅层、次浅层、次深层、深层 4 个深度,加强以城市重点功能区为节点的地下空间开发利用。同时,建设舒适便捷的地下公共活动空间,促进地面设施地下化,鼓励变电站、换热站、污水处理厂、再生水厂、垃圾处理等市政设施合理利用地下空间,依托地下空间设置大型储水设施。建立以轨道交通线网为骨架,包括地下停车、地下步行和地下道路的城市地下交通系统。

专栏 4.8　北京市规划国土委:北京将实现减量集约高质量发展

　　[新华社 2018 年 1 月 24 日报道]　北京市规划国土委主任张维日前表示,北京将进入减量集约高质量发展时期,通过全面落实新版城市总体规划,让城市更加和谐宜居,让市民有更多获得感。如何把握北京新规划的重点?张维表示,要坚持"四个中心"的首都城市战略定位,把握好"四个关系",切实履行"四个服务"职能,建设国际一流的和谐宜居之都。突出底线约束,构建"一核一主一副、两轴多点一区"的城市空间布局,优化提升首都功能。

　　减量是为了实现集约高质量发展

　　张维表示,新规划与以往最大的不同就在于从聚集增量要素求发展转变为减量集约高质量的发展。但减量发展并不是不发展,也不是不供地了,而是坚决拆除违法建设、减去侵占生态空间的建设和低效粗放的建设,利用减量释放出的空间实现更高效率、更高质量的发展。

　　2017 年,北京市住宅用地计划安排 1 200 公顷,实际完成 1 290 公顷。其中商品住宅和共有产权住宅用地供应 721 公顷,是 2016 年的 7 倍;保障性安居工程用地落实 366 公顷;同时还创新供应了 203 公顷的集体土地用于建设集体租赁住房。

　　张维表示,2017 年,北京市住宅用地供应从总量到结构都完成了年度任务;

2018年,将继续保持合理的规模和结构;到2021年,5年时间将累计新供应住宅用地6 000公顷,住房150万套。

"减量的关键是用地结构调整,未来将减量集约生产空间、适度提高居住和配套用地比重、大幅度提高生态用地规模。对于与民生直接相关的居住用地,不仅不会减少,还会适度扩大供应并优化结构。"张维说。

加强老城的整体保护

老城内的历史文化街区史家胡同正在尝试通过多方参与,推动平房院落居住环境改善,进行老城有机更新。在规划师的指导下,居民自主协商、共同设计,自发拆除院内违建,改善基础设施,修缮院落风貌,合理利用公共空间,实现街区环境品质与居民自治水平的共同提升。

张维表示,北京将更加重视老城整体保护与复兴,落实"老城不能再拆",通过腾退、恢复性修建,做到应保尽保。当前在积极探索老城改造模式,主要采取小规模、渐进式的方式,进行城市修补,注重调动各方共同参与的积极性。

城市副中心规划建设注重居民获得感

张维介绍,目前城市副中心的规划建设正在稳步推进中,已经编制完成了副中心的街区层面控制性详细规划以及街道空间、滨水空间等23个规划设计导则;在副中心综合交通枢纽、城市绿心等重点区域,正在通过国际方案征集等方式深化规划设计工作;行政办公区、环球影城等重大新建项目快速推进。

在通州老城区,以新促老,做好城市修补。将通过打通断头路、拆除违法建设、增补小微绿地等方式,推动老城区有机更新。通过家园中心建设、背街小巷环境整治,改善邻里交往环境,推动老城区活力复兴。在新建方面,着力建设六环公园、城市绿心大尺度开放空间,此外,还将建设17个面积在10万平方米以上的城市公园,打造全面覆盖的小微绿地网络。生态化、人性化的滨水空间将占城区面积的近四分之一。

资料来源:《北京市规划国土委:北京将实现减量集约高质量发展》,新华社,2018年1月24日。

2. 坚持生产空间集约高效,构建高精尖经济结构

2018 年 1 月,北京市出台《关于加快科技创新构建高精尖经济结构用地政策的意见(试行)》,从明确产业类型、投资强度、产出效率(含地均产出)、创新能力、节能环保等方面,设置企业入园的准入条件,通过产业高质量发展来促进土地利用效率提升。

一是构建高精尖产业结构。聚焦价值链高端环节,优化提升现代服务业。促进金融、科技、文化创意、信息、商务服务等现代服务业创新发展和高端发展,优化提升流通服务业,培育发展新兴业态。培育壮大与首都战略定位相匹配的总部经济,支持引导在京创新型总部企业发展。推进腾笼换鸟,推动传统产业转型升级。全市严禁发展一般性制造业的生产加工环节,坚决退出一般性制造业,就地淘汰污染较大、耗能耗水较高的行业和生产工艺,关闭金属非金属矿山,有序退出高风险的危险化学品生产和经营企业。促进区域性物流基地、区域性专业市场等有序疏解。对集中建设区外零散分布、效益低的工业用地坚决实施减量腾退,退出后重点实施生态环境建设。集中建设区内的工业用地重点实施更新改造、转型升级,鼓励既有产业园区存量更新,利用腾退空间建设产业协同创新平台,吸引和配置高精尖产业项目。重点实施新能源智能汽车、集成电路、智能制造系统和服务、自主可控信息系统、云计算与大数据、新一代移动互联网、新一代健康诊疗与服务、通用航空与卫星应用等新产业,全力打造北京创造品牌。

二是明确准入条件并加强产业用地保障。北京市通过制定产业规划和产业准入清单,来确定入园企业的准入条件,并将产业类型、投资强度、产出效率(含地均产出)、创新能力、节能环保等要求,作为土地供应的前置条件。各区政府提前确定产业用地年度实施计划,并列入全市年度土地供应计划,坚持规划确定用途、产业方向确定供应条件、市场确定供应价格、用地主体一视同仁的原则,依法供应园区产业用地。同时做好统筹规划,产业园区可安排建筑规模不超过地上总建筑规模15％的配套设施,实现职住平衡、产城融合。

三是创新产业用地利用方式。在依法合规前提下,综合采用园区规划范围内

统筹平衡开发成本、出让土地和出租房屋并举等方式,控制和降低土地使用成本,为高精尖产业发展提供有力保障。入园企业通过租赁方式取得园区产业用地,土地租赁最长期限不超过 15 年;入园企业申请以出让方式取得园区产业用地,实行弹性年期出让,出让年限最长为 20 年。同时明确土地使用的退出机制,比如土地使用期限届满,入园企业需继续使用土地的,可申请续期,对于未申请续期企业,应依法办理退出手续,由政府收回建设用地使用权或承租土地。

四是提高产业用地利用效率。推行入园企业投资项目承诺制,政府与入园企业签订承诺书,作为用地合同的附件。履约监管协议书包括约定退出条款,明确入园企业运营后未达到准入条件的监管处理措施,以及企业自身原因无法开发建设或运营的退出方式。同时,禁止入园企业随意改变土地用途、变相进行房地产开发、闲置土地等。

五是采取黑名单制度加强对企业信用的管理。政府定期对产业项目准入、运营等情况进行监测评估,公开执行情况,接受社会监督;将违反合同的失信企业列入黑名单,限制其取得政府供应的土地。

3. 落实多规合一,完善节约集约用地管理数据平台

北京市按照中央关于推进"多规合一"工作部署要求,以多规融合为契机,以地理空间信息平台为载体,在区域经济社会发展需求、资源环境承载力、生态环境保护压力等基础上,开展空间规划和土地规划调整完善工作,实现"一本规划、一张蓝图"。以土地利用总体规划为底盘,以资源环境承载力、建设用地总量和强度双控、三条红线为基本约束,完善土地节约集约用地管理平台,实现"一张图"管到底。北京市丰台区国土资源局,利用地理空间信息平台,梳理了全区建设用地空间分布情况,制定了五年内规划可新增与规划需腾退建设用地,实现新增建设用地的精细化管理。

4. 腾笼换鸟,盘活存量低效建设用地

一是推进集体建设用地腾退减量。2013 年末,北京市集体建设用地总规模1 536 平方公里,其中宅基地 565 平方公里,集体产业用地 488 平方公里,公共服务

设施用地 158 平方公里,特殊交通水利设施等用地 325 平方公里。以宅基地和集体产业用地减量为重点,集中建设区内 505 平方公里原则上全部实现城市化改造;集中建设区外 1 031 平方公里到 2030 年应逐步减至 580—680 平方公里,远期还要进一步集约减量。以中心城区绿化隔离带地区为重点区域,优先腾退与地区功能定位不符、低效利用的集体产业用地。按照集中建设区全部城市化、六环内限建区减量 50%、六环外限建区减量 30%、生态红线区减量 26% 的原则,到 2030 年全市集体产业用地面积较现状减量 50%—60%,到 2050 年实现减量 70%—75%。

二是盘活存量低效建设用地。研究制定促进征而未供、供而未用土地有效利用政策,严格执行依法收回闲置土地或征收土地闲置费的规定,不断加大闲置土地的认定、公示和处置力度。制定完善土地节约集约利用配套法规和规范。积极稳妥推进大兴区农村集体经营性建设用地入市试点,及时总结经验、不断完善,形成可复制、可推广的改革成果。创新集体土地利用方式,保障农村基础设施用地需求。在满足公共利益需要和符合规划的前提下,按照"平等协商、市场取向、利益共享、多方共赢"的原则,积极探索促进低效用地再开发政策,积极推进国有企业低效用地盘活利用,实现存量和增量建设用地的差别化管理,在促进低效用地盘活利用的同时,切实加大符合首都功能用地有效供应。

三是加强腾退空间管控。统筹规划使用非首都功能疏解腾退空间,主要用于优化提升首都核心功能、改善民生条件、完善历史文化名城保护建设、加强生态保护、增加公共服务设施。研究提出疏解腾退空间的管理和使用方案,确保"人随功能走,人随产业走",坚决防止腾退空间非首都功能和人员再聚集。

专栏 4.9　向旧城要效益

旧城改造是盘活城区低效用地,优化土地利用结构、改善旧城环境的有效途径,对于提升旧城整体功能,改善居民生活条件,打造宜居生活环境具有积极的促进作用。

　　东城区区委区政府按照北京市总体规划及北京市历史文化名城保护规划等相关规定,制定了详细合理的玉河项目规划和实施方案。由区政府牵头,多次组织专家和各界代表对玉河文保试点项目规划方案进行论证,历经两年之久,最终确定项目规划方案。按照规划,玉河项目总用地14.08公顷,其中通过搬迁整理出建设用地约11.39公顷,包括河道市政建设用地约3.84公顷,文保建设用地约7.55公顷,其他为现状保留用地和代征道路用地。文保建设工程规划建筑面积约9.9万平方米,其中地上建筑面积约4.31万平方米,地下建筑面积约5.68万平方米。

　　玉河项目是皇城保护的重要组成部分,修复玉河北段河道及文化街区的历史风貌,不仅使北京皇城的历史文脉得以传承,而且与什刹海、钟鼓楼、景山、皇城遗址公园一起,形成系统展示皇城东北部历史文化的完整链条,对皇城整体风貌的保护具有极其重要的意义。玉河修建特别注重园林绿化景观的设置,玉河整体绿化栽种花卉及地被45种,约1.1万平方米,为市民创建一个良好的休闲生活环境。通过搬迁,实现居民居住条件的改善和生活质量的提高,达到了疏散城区人口、保护历史风貌、提高宜居水平的目标。

　　根据名城保护规划要求,结合玉河地区区域环境特点,东城区正着力建设玉河国际企业总部基地,以玉河河道为核心,周边梳理、建设23处特色四合院,建成后将引入世界500强企业、国内500强企业、国际组织驻京机构及具有发展潜力的文化创意企业。为推动东城区建设"首都文化中心区,世界城市窗口区"注入强大的动力。

　　作为国际化大都市北京的中心城区,东城区地理位置得天独厚,土地开发利用价值高。因此,充分利用这里寸土寸金的土地资源优势,转变发展方式,引导新型高端产业聚集,是保证东城区实现全面协调可持续发展的必然选择。

　　在东城区采访,记者看到,小到一个胡同、一个小院,大到一个交通枢纽、一个商业街区,都在城市土地规划引导下,往深挖、往高端做,方寸之地也要用得淋漓尽致。这种高处着眼、细节着手的管地用地方式,正在一步步释放出惊人潜能。这也是东城区节地经验最具启示意义的所在:我们不缺土地,缺的只是节约集约用地的眼光和魄力。

资料来源:《方寸之地写神奇——北京市东城区节约集约用地记略》,《中国国土资源报》2013年 10 月。

5. 实行动态监管,形成节约集约利用绩效评估机制

在区县层面,做好年度规划实施评价、模范县年度复核等。在功能区层面,做好开发区集约用地评价、城市建设用地节约集约利用评价、集体建设用地利用情况评价等工作。通过评价,及时发现土地集约管理中的问题,明确管理的薄弱环节,提出相关改进措施,形成评估、完善的良性机制。此外,加强各用地环节的管控。预审环节,加强对土地规划、产业准入、节约集约水平等方面的审核;土地供应环节,针对不同用途、重点区域、重点项目类型,对用地主体、产业定位、制定不同的上市条件;持有环节,定期考察用地单位对取得土地所附加的投入、产出等条件的实现情况,促进用地单位节约集约用地。

4.3.2　其他省市经验

1. 山东省

山东省近年来以提高土地利用质量效益为中心,积极探索"零增地"发展模式,有力地推动了存量用地盘活挖潜、新增用地提质增效,先后创建为山东省国土资源节约集约模范市和全国国土资源节约集约模范县(市),被列为全国首批国土资源"节约集约"四个创新示范点。通过不断探索,山东省土地集约利用取得显著成效,2015 年以来,节约规划空间、新增指标和占补平衡 3 700 余亩;单位建设用地 GDP由每亩 19.92 万元,提高到 2017 年的 21.48 万元;投资强度由每亩不足 100 万元,提高到 260 万元。具体而言,有以下几方面的经验做法:

一是推进传统产业、高新产业以及低效产能的"零增地"技改。针对汽车、食

品、服装纺织等传统产业占比大、用地相对低效这一现状,创新设立节约集约用地专项奖补资金,鼓励引导企业整合现有土地、厂房等存量资源实施技改升级,实现增资扩产。针对高新技术企业膨胀快、用地需求大的实际,引导其整合现有土地、厂房、设备等资产,建设多层厂房,实现增资扩产。同时,加大"腾笼换鸟"力度,建立政府协调机制,通过出租、转让、主动腾退等方式流转低效用地,支持优势企业通过兼并、重组等方式,盘活落后淘汰企业资产。

二是健全约束机制倒逼"零增地"发展。健全考核倒逼机制,把节约集约用地纳入镇街园区科学发展考核体系,每年年初将盘活挖潜任务分解到各镇街园区,对前三名的给予考核加分,使节约集约用地变成全市上下的自觉行动。制定建设用地指标配比管理办法,建立节约集约用地履约保证金制度,项目按约定建成达效的履约保证金予以返还,因违约扣减的履约保证金划转为节约集约用地专项奖补资金。此外,健全执法倒逼机制,坚持政府主导、部门联动、属地监管,落实国土资源执法监管联席会议制度,深入推进违法用地巡查整改。推行网格化管理模式,依托农村社区服务管理平台,构建市、镇、社区、自然村四级监管网络。推行耕地和永久基本农田保护"田长制",将国土执法、耕地保护与永久基本农田划定工作相融合,实现村庄、保护区、保护片块全覆盖。

2. 湖北省

近年来,湖北省土地集约利用工作取得了很多成功经验。在基本农田保护、工矿废弃地复垦利用、低丘缓坡土地综合开发利用等方面都有很多创新做法,得到广泛推广。2015年湖北省成为全国第一家创建国土资源节约集约示范省,其经验做法主要有以下几个方面:

一是将单位 GDP 地耗下降率纳入考评体系。湖北省在全国率先开展国土资源节约集约示范省创建工作,将示范省创建工作纳入各级党委、政府重点工作大力推进,实施土地节约集约利用"三个攻坚战",将单位 GDP 地耗下降率纳入县域经济考核和市州党政领导班子考核,2015 年单位 GDP 地耗水平(1 195 亩/亿元)较2010 年下降 34%,超额完成国家下达任务。

表 4.5　湖北省国土资源"十三五"规划主要土地评价指标

土地指标	2015 年	2020 年	属性
（1）耕地保有量(万亩)	7 882.5	7 288	约束性
（2）基本农田保护面积(万亩)	5 970	5 883	约束性
（3）高标准农田建设面积(万亩)	[2 241]	[3 570]	约束性
（4）建设用地总规模(万亩)	2 544	2 666	约束性
（5）新增建设用地总量(万亩)	[218]	[228]	约束性
（6）单位 GDP 建设用地使用面积降低比率(%)	[34]	[22]	约束性
（7）新增建设占用耕地规模(万亩)	[132]	[138]	预期性
（8）整理复垦开发补充耕地义务量(万亩)	[132]	[138]	预期性
（9）历史遗留矿山地质环境治理恢复面积(平方公里)	—	[40.49]	预期性
（10）历史遗留矿山复绿面积(平方公里)	—	[30.48]	预期性
（11）历史遗留损毁土地复垦面积(平方公里)	—	[75]	预期性

注：①[ ]内为 5 年累计数。②约束性指标，是指须严格管控，确保实现的指标；预期性指标，是指通过规范引导，力争实现的指标。

资料来源：《湖北省国土资源"十三五"规划》。

二是因地制宜创新土地集约利用新模式。湖北省根据省内的不同区域、不同地形，采取灵活的政策手段，因地制宜开展土地集约利用。探索以"工业梯田""人造平原"为代表的山区节地模式，十堰市根据山区城市"山多地少"的实际，按照"三少一无"（耕地少、林地少、拆迁少、无基本农田）的要求，大规模开展山地整理，依山就势打造"工业梯田"和"人造平原"，既缓解了用地瓶颈，又有效地保护了耕地。探索以"迁村腾地""增减挂钩"为代表的农村节地模式。钟祥市彭敦村以"企业＋农户"的模式，实施"迁村腾地"新建农民别墅 184 栋，通过旧宅基地复垦整理，净增耕地面积 1 400 多亩，户均占地由原来的 8 亩多下降到 180 平方米，不仅节约了土地资源，还利用新增地建立起 200 亩精品蔬菜大棚和年产 50 万只的肉鸭基地，增加了农民收入。

三是加强地下空间综合开发利用，做好与地面功能的衔接。明确建设项目人防、地下空间开发利用指标，利用地下空间安排市政配套设施，补充城市发展空间不足；鼓励大型绿地、体育、文化、休闲等设施根据城市规划综合增设地下商业、娱乐、民防、物资存储、停车场等功能。目前湖北省武汉市已完成多例地下空间有偿使用,并成功实现了地下空间用地挂牌出让。以武汉中央商务区"地上地下一体化开发利用"为例,该区域是全市规划建设的现代服务业中心,中央商务区"向上"精心打造"百米高楼密集区",已建成华中第一高楼武汉中心(438米),在建的100米以上高楼就有54座;"向下"采取整体开发的节地模式,挖掘城市深度。武汉中央商务区核心区262万平方米地下空间开发是全球中央商务区之最。整个核心区地下空间总体分为四层,各层分别布置商业设施、地铁中心站站厅、地下环路、地下街、地铁3号线站台、地铁7号线站台和停车场等,大大提高了土地使用效率,扩大了城市空间容量。同时,综合利用地下设施,将给水、雨水、污水、再生水、天然气、热力、电力通信等7类城市工程管线纳入综合管廊中,提高地下空间基础设施用地利用效率。

四是以产业集聚提高土地投入产出效率,探索"零地招商""非生产性设施共享"产业园区节地模式。武汉经济技术开发区积极推进"零地招商",对亩均投资强度低于500万元的工业项目不予供地;对投资总额低于1.5亿元、用地规模低于30亩的一般工业项目不单独供地,一律利用存量土地或进多层标准厂房生产。推进"企业非生产性设施共享",按照"布局集中、土地集约、功能集聚"要求,将绿地、配套设施等作为公共产品予以规划建设,明确公共绿地率不得低于10%。在园区内分区集中建设集"倒班楼、食堂、娱乐中心、百货超市"为一体的园区综合服务中心4个,节约土地400余亩,解决了100多家企业近万人的餐饮、住宿难题,实现了企业配套设施的共享,避免企业分散自建产生"大企业小社会"浪费土地资源。武汉市东西湖区为例,整合成立了食品产业功能区、台商机电产业功能区、保税物流产业功能区、海峡科技产业功能区和临空港产业功能区5个特色功能区。整合后,各功能区管理效能大幅提升,产业特色更加凸显,形成强大的产业集聚循环链。

3. 厦门市

伴随着跨岛发展和厦漳泉同城化发展进程的加快,厦门可用新增建设用地规模已日益趋紧。厦门市始终坚持以加快转变土地利用方式促进经济发展的质量和效益的提升,在节约集约用地内涵挖潜上下功夫,不断创新土地利用模式和机制,积极探索土地深度开发和利用。在福建省 2011 年度设区(市)集约用地考核中,厦门市位列全省第一。其创新用地模式主要有以下几方面举措:

一是综合开发利用,提高用地效率。厦门市大力提高建设用地综合利用效率,及时推出城市综合体为土地减负,将商业、办公、酒店、住宅等多项功能综合进行开发。2012 年,共推出 11 宗综合体用地,用地面积 80.47 公顷,总建筑面积达到 232 万平方米,综合容积率为 3.05,且大大缩短城市各功能空间之间的距离,减少功能链接的土地需求,使土地能够得到统一的规划和开发利用。采取多样化措施,促进土地的综合开发利用,结合汽车站、公交场站(枢纽站)建设保障性住房、商品房;多家电信运营商共建交换机房;在工业集中区、机场、码头等区域,集中建设服务该区域的集体宿舍;充分利用桥梁下方空地建设停车场;开发城市地下空间,地下停车库、地下交通和公共设施、地下商城等项目逐渐增多,充分利用有限的土地空间。

二是实施差异供地,完善市场配置。实行不同用途用地差异化供地方式,坚持和完善区别对待、有保有压的差别化供地政策。对商业、娱乐、普通住宅按"价高者得"原则,主要采取拍卖方式供地;新增会展业、物流、软件及信息服务业、养老设施用地、文化产业用地,实行"一地一策"确定招拍挂起始价。对于旅游景区开发、游艇基地等市场竞争性不强、产业带动作用明显的项目用地,实行挂牌(预申请)出让。

三是细化指标管理,优化资源配置。通过建立和完善土地利用年度计划的精细化管理制度,按照"总量控制、市区统筹、年初摸底、中期调剂、年底考核"的方式,把年度土地利用计划和招商引资相结合,创新和规范土地利用计划指标管理和监督制度,加强项目用地效益考核和指标调剂,促进土地节约集约利用。探索对经营性基础设施和社会事业用地逐步实行有偿使用,在坚持"公开、公平、公正"的原则下,探索多样化的国有土地使用权公开出让方式,创新和完善土地资源市场配置机制,以资源的有偿使用和市场化配置促进节约集约利用。

四是统筹城乡用地,提高综合效益。在与城市发展建设和产业升级相衔接的过程中,厦门市充分利用空闲、废弃、闲置用地和低效利用的土地,按照"退一、优二、进三"的原则,推进"三旧"改造,鼓励原有土地"二次"开发利用。城市规划区内的旧村,按照"土地统一征收,村民统一安置,农村集体发展用地统一预留"的"三统一"方式,逐步进行改造;城市规划区外的"空心村",通过"拆旧拆违、撤并自然村",引导农村住宅按规划向中心村集中,腾地发展农村集体经济,提高土地综合利用效益。

4.4 国内其他省市提高土地利用效率的启示

尽管路径不同,但国内各兄弟省市均实现了产业结构调整与土地集约利用的良性循环、互相触动的多元化目标。从经验来看,新技术、新商业模式不仅使企业生产流程、厂房结构需求、配套环境要求发生了变化,也为创新土地利用方式提供了手段和可能。为此,上海可立足自身的发展实际,借鉴兄弟省市的先进做法,创新土地利用理念和方式。

4.4.1 充分运用经济杠杆

借鉴广东经验,强调紧凑布局、集约高效发展,在保障工业用地一定规模总量的情况下,坚持底线管控、市场决定的原则,放开商服用地开发强度限制,允许工业用地容积率上限调整至4.0,研发用地的容积率提升至6.0或更高。通过允许工业企业提高容积率免缴土地价款差额、支持工业楼宇分割转让、允许原土地权利人用土地作价入股,深化产业项目规划用地审批改革等,激发市场主体参与低效用地盘活的积极性。鼓励专业开发主体试点系统化、智能化地推进建设"工业大厦"。

4.4.2 建立土地利用综合评价体系

借鉴江浙经验,建立土地利用综合绩效评价体系。依托大数据中心,建立统一的数据平台,科学建立综合评价指标体系,以及土地利用综合绩效评价办法、奖惩办法。在对企业进行分类定档的基础上,对企业实施差别化的要素价格配置办法。根据"利用效率高、要素供给多"的原则,结合各区、镇低效用地退出情况,以及"亩产效益"完成情况建立资源要素激励约束机制。

4.4.3　建立差别化的土地供应体系

借鉴广东经验,对于一般区域、一般项目,采用"以供房为主、房地并举"的空间保障策略,对一般工业楼宇分割转让规定最小分割单元,简化转让手续。对于重点功能区、工业楼宇及优质产业项目,综合采用"带项目出让"、"标准地"、1.5 级开发等多种土地供应方式,强化合同履约管理,并严格规定自用年限、最小自持比例和转让对象,防止恶性竞争导致高地价、高楼价。在土地出让的过程中,适度通过统建、配建等方式,筹措产业用房和人才公寓,用于支持中小型企业孵化、完善区域配套环境,发挥调控平抑市场的作用。

4.4.4　完善土地全生命周期管理制度

一是强化土地全生命周期管理合同中的土地开发利用约束条件。借鉴广东经验实行分阶段权证管理,按照合同中约定的开发进度完成情况给予相应的土地供给。同时加强对企业产出履约承诺的事中事后监管。借鉴北京经验,履约监管协议书作为用地合同的附件,其中包括约定退出条款、入园企业运营后未达到准入条件的监管处理措施,以及企业自身原因无法开发建设或经营的退出方式等。二是健全执法倒逼机制,推进违法用地巡查整改。借鉴山东经验,健全执法倒逼机制,推行网格化管理模式,深入推进违法用地巡查整改。依托社区服务管理平台,构建分级监管网络。推行耕地和永久基本农田保护"田长制",将国土执法、耕地保护与永久基本农田划定工作相融合,实现村庄、保护区、保护片块全覆盖。

4.4.5　推进土地复合混合利用

一是倡导土地混合开发。灵活运用工业用地 7% 可做配建的政策,借鉴深圳、东莞模式折算为建筑面积的 30% 建设配套小型商业、员工宿舍,探索"制造＋研发＋商业＋宿舍"等交叉使用的多层工业楼宇模式。引入三维地籍等新技术,推进空间设施集中设置、立体混合开发,倡导"居住平衡"的工作和生活娱乐方式。借鉴厦门经验,推出城市综合体,将商业、办公、酒店、住宅等多项功能综合进行开发,将土地进行统一规划和开发利用;同时采取多样化措施,促进城市市政公共设施区域共享共建。二是鼓励地下空间的开发利用。借鉴北京、武汉经验,制定地下空间土地利用激励政策,支持地下交通、综合管廊、人防设施、地下商业服务业等多种方式综合利用地下空间。制定城市地质调查标准和规范,推进地下空间开发利用地质调查研究。探索建立地下空间使用基准地价和宗地评估制度体系,规范地下空间确权登记工作。研究制定激励配套政策,加大地上地下空间立体开发、复合利用节地技术和模式创新示范力度。

4.4.6　建立分级分类的技术指标体系

为了推进土地整治规划进程,上海构建了由"市级土地整治规划→区县土地整治规划→郊野单元规划(镇乡土地整治规划)→土地整治项目可研"组成的四级土地整治规划体系。以郊野单元规划为载体,上海对郊野地区开展全覆盖单元网格化管理。上海应当在土地整治规划的基础上,借鉴广东经验,加强土地的用途管制和使用规划,明晰土地开发强度控制标准,当事人应严格以规划确定的用途使用土地,杜绝乱建乱占,避免土地闲置,协调土地用途、建筑高度及开发强度之间关系,建立适宜的土地开发强度控制标准。同时,充分发挥市场力量,将自上而下的规划与自下而上的规划相结合,通过制定政府、土地原业主和市场主体的利益分配机制,使得规划能够适应和指导土地再开发。

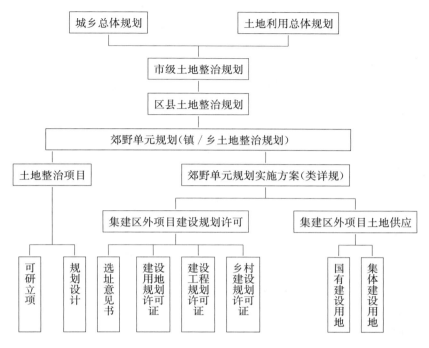

图 4.4　上海土地整治规划体系

资料来源：田莉、姚之浩、郭旭、殷玮，《基于产权重构的土地再开发——新型城镇化背景下的地方实践与启示》，《城市规划》2015 年第 1 期。

专栏 4.10　强化规划统筹管控作用

土地供需矛盾日益加剧和由此驱动的管理创新活动十分活跃，构成近年来我国土地管理引人注目的两大图景。

计划指标缺口不断加大是当前困扰各级国土资源主管部门的最大难题。但从另一方面看，全国尚有大量批而未用土地；目前人均城镇建设用地和人均农村居民点用地均远超国标，说明节约集约用地空间很大。不断扩大的用地需求和生动丰富的创新实践，呼唤全方位推进土地资源节约集约利用。

推进节约集约用地必须有新观念、新思路、新办法。第一，必须树立"大局观"，促进经济社会全面协调可持续发展。第二，必须树立"过程观"，符合经济发展阶段特征和客观实际。第三,必须树立"整体观",全方位、多渠道推动土地节约、合理和高效利用。

　　土地规划在推动节约集约用地中发挥着日益重要的作用,创新土地规划制度、强化规划统筹管控势在必行。充分发挥规划的统筹和管控作用,必须做到以下几点:第一,推进科学规划。要通过理性的决策过程,将各种用地需要以适宜的用途、适宜的规模匹配到适宜的空间位置,全面提高规划的科学水平。第二,推进依法规划。既要强化规划权威,维护公共利益和规划严肃性问题,又要妥善处理土地权利干预的正当性问题。第三,推进民主规划。要形成制度化、规范化、程序化的公众参与机制;要高度重视规划信息化建设,如土地规划数据库和监管系统建设等。

　　资料来源:董祚继(国土资源部规划司司长),《国土资源节约集约论坛之挑战与选择》,http://www.sddlr.gov.cn/zt/jyjy/lt/ztlt/201405/t20140530_37134.html。

4.4.7　推动产业高质量发展

　　借鉴北京经验,结合上海实际,对照全球城市建设目标,以全球城市核心功能建设为基准,以满足特大城市市民基本生活为底线,从不同空间尺度实施非核心功能疏解策略,为核心功能的提升腾挪空间。同时,突出效益、效率、增长性、研发强度、资源环境等质量指标,在认真梳理重点领域的产业链、创新链、人才链、政策链、资金链,进一步明确自身定位的基础上,提高产业聚集度,打造符合上海定位的"高精尖"产业生态。

第 5 章

上海推动土地高质量利用的总体思路

对标建设卓越全球城市的战略目标,按照上海新一轮城市总体规划,立足现有发展基础和瓶颈问题,上海亟待通过思路转变,聚焦重点潜力领域,促进土地高质量利用。

5.1 上海土地资源利用的潜力分析

土地资源潜力既是一个自然资源概念,也是一个技术经济概念。土地利用效率的提高与土地资源利用潜力存在着天然而紧密的联系,两者互为关联,相互影响。其中,土地资源利用潜力是土地利用效率提高的基础和作用对象,土地利用效率提高是土地资源利用潜力释放的手段和目的之一。上海要提高土地利用效率就必须掌握和分析土地资源利用潜力的现状特点。

5.1.1 土地资源利用潜力的内涵与分类

1. 土地资源利用潜力的概念

土地潜力(land capability),也被称作"土地利用能力",是指土地用于农林牧业生产或其他利用方面的潜在能力。一般认为,城市土地利用潜力是指目前土地利用状况与在特定发展时期可能达到的最佳土地利用状况之间的差距,其中综合考虑了自然因素、经济发展状况、城市规划以及城市未来发展愿景等限制条件。城市土地利用潜力是一个动态的概念,反映了伴随自然条件变化和社会、经济的发展,以土地为载体的各种经济活动、社会活动的发展变化及其同环境生态的协调状态。这种土地利用潜力的内涵,就是可持续的土地管理和利用。

2. 土地资源利用潜力的分类

一般而言,土地资源利用中的城市土地资源利用潜力包括显性潜力和隐性潜力,这两方面也可称为规模数量潜力和质量效益潜力。

(1) 规模数量潜力。

城市的规模数量潜力是指一个城市通过开发各类后备土地资源及进行土地利用结构调整后的土地利用状况与在特定时期可能达到的最佳土地利用状况之间的差距。提高城市土地资源规模数量潜力的主要手段包括直接增加土地的绝对数量和调整土地利用结构。其中直接增加土地绝对数量的手段包括通过行政区划调整、围海造田、滩涂成陆等,使某一类型用地或总用地的绝对面积增加,这是一种土地承载空间物理量的扩张。另一种是通过调整土地利用结构,使不同类型土地的相对数量和比例有所变化,以此来改善土地利用情况,即激发土地利用结构潜力。这种手段主要是通过扩充建设用地容积率、加强地下空间开发利用等方式,提高土地利用强度而增加的产业空间等的供给,达到集约的土地利用状态。

(2) 质量效益潜力。

质量效益潜力是指一个城市通过土地利用质量效益的提升,使土地利用状况与在特定时期可能达到的最佳土地利用状况之间的差距。质量效益潜力可分为四种类型:土地利用强度潜力、土地质量潜力、土地利用经济效益潜力和土地利用的综合效益潜力。第一,土地利用强度潜力是土地利用强度现状与理想状态之间所存在的可供开发的潜力。它通常是借由土地的建筑容积率衡量,通过提高建筑密度或增加楼层来达到提高空间利用的集约程度的目的,以最大强度释放土地的利用潜力。第二,土地质量潜力是指土地现状级别与规划中土地级别或者达到社会适宜状态的土地级别之间的差距,这一潜力反映了土地利用带来的社会效益的高低。第三,土地利用经济效益潜力概念指出,土地会由于利用强度和质量的差别对国民经济系统运转造成一定影响,使得未来土地的经济效益与现状产生差异,该指标可以利用地均产值和总产值来衡量。第四,土地利用的综合效益潜力是在土地利用强度潜力、土地质量潜力和土地利用经济潜力的基础上将环境因素纳入考量,以整体或区域协调发展为目标挖掘更大的土地利用潜力,是有约束的土地利用,符合城市建设的可持续发展的理念。

提高城市土地资源隐性潜力的主要手段,是通过优化产业结构、提升企业创新创意能力、提高投入产出效益等方式,提升单位土地的利用绩效,在分母不变的情况下通过做大分子来释放单位存量土地的产出潜力,是一种使用效益质量的提高。由此,土地资源的显性潜力、隐性潜力相互依存和相互转化,有时还会产生一加一大于二的效果。比如通过土地的立体开发和多功能复合利用,在提高土地集约利用水平的同时,借助于产业集聚、产业生态营造带来的产业链、价值链衔接和产城融合效应,使得单位土地的综合产出效益大幅提高。目前我国正处于工业化、城镇化发展的关键发展阶段,城市土地资源潜力尤其是建设用地增长潜力,成为城市产业转型和经济增长的关注焦点。

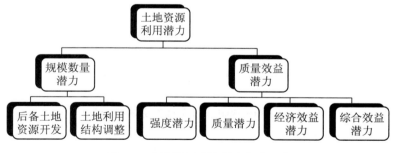

图 5.1　土地资源利用潜力分类示意

5.1.2　上海土地利用规模数量潜力有限

1. 滩涂面积形成将逐步减少

由行政区划和国土资源现实情况所限,上海基本没有可能增加新的土地面积,全市陆域土地资源几乎已被全部利用。对沿海、沿江滩涂等土地的围垦开发受自然地理条件、湿地保护等因素影响,可挖潜的土地资源也十分有限。加之长江中、下游流域水库的大量建设,尤其是2003年6月三峡大坝合龙以来,河流入海泥沙量,特别是长江来沙量显著减少,结合海平面上升速率,在不受工程干扰的前提下,上海滩涂面积将逐年减少。根据《上海市土地利用总体规划(2006—2020)》中的土地整理复垦开发补充耕地专题研究,上海现有土地面积的64.5%是近两千多年来不断圈围形成的,特别是1949年至2005年,全市共圈围滩涂近1 081平方公里(约162万亩),现在拥有的滩涂资源主要集中在长江口地区(约占99%),主要分为崇明岛、长兴岛、横沙岛、长江口江心沙洲、长江口南沿边滩、杭州湾北沿边滩等六大区域,其中仅崇明东滩鸟类自然保护区、九段沙湿地自然保护区和长江口中华鲟自然保护区等自然保护区地区的滩涂就约占上海中高滩资源的一半,而这些区域的滩涂资源无法圈围开垦,形成新增土地供上海开发建设使用。因此扣除已经定向圈围成建设用地的滩涂资源以及自然保护区的滩涂资源之后,上海未来可开发的滩涂资源已为数不多。

表5.1 2000—2015年上海促淤圈围工程实施情况

时　期	促淤面积(万亩)	圈围面积(万亩)
2000—2005年	55.96	25.89
2006—2010年	18.15	19.11
2011—2015年	25.85	10.75
合　计	99.96	55.75

资料来源:李国林等,《上海市滩涂资源开发利用与保护设想》,《水利规划与设计》2018年4月。

表5.2 2000—2015年上海滩涂资源变化统计

年份	3 m线以上	2 m线以上	0 m线以上	−2 m线以上	−5 m线以上
2000	—	—	100	—	350
2005	19.95	32.84	80.82	182.93	354.18
2012	19.57	30.39	97.9	186.60	346.05
2013	22.81	33.04	107.28	190.62	336.51
2014	22.30	34.29	112.74	190.62	334.84
2015	23.85	43.03	117.16	194.65	342.10

资料来源:李国林等,《上海市滩涂资源开发利用与保护设想》,《水利规划与设计》2018年4月。

专栏 5.1　滩涂开发的创新途径

1. 立体开发利用

滩涂立体开发可以加强不同开发模式之间某开发模式内部的相互关联,全方位提高生产力和滩涂资源利用率,逐步形成多元产业结构。沿海滩涂作为一个立体的地域空间单元,由海至陆,依次是潮下带、潮间带、潮上带。各种动物、植物和微生物生存在大气、地表、地下、水体等不同空间位置,呈立体配置状态。滩涂资源开发过程中要充分考虑到滩涂空间高度和水体深度等立体要素,合理把握相互之间的生态链关系。按照食物链(网)关系合理配置系统不同空间位置的生物种类和数量,充分利用水分、土地、光能、矿物质和热量等各种自然资源。

2. 综合开发利用

针对不同类型滩涂资源实施限制性因素调查和开发适宜性评价,最大限度地发挥土地的生产潜力,加快构建现代高效生态产业体系。根据当地滩涂资源特点进行统一规划,以取得最大经济效益为目的,适当调整生产结构和布局,以适宜当地的开发模式进行综合开发。例如,根据因地制宜的原则,发展农业、林业、牧业、渔业等,同时大力发展农产品深加工、精细加工,延伸上下游产业链;滩涂土地开发与海洋产业开发并举;城镇、港口、产业联动发展,建设滩涂区域特色产业基地,形成沿海地区新的经济增长点。

3. 生态优先开发利用

沿海滩涂生态开发强调合理的生物链结构,同时也强调物质、能量的扩大循环与再利用。以生态经济学观点为指导的沿海滩涂生态开发必须遵循自然规律,依靠科学技术,因时因地制宜。当前,环境污染和生态破坏日益严重,人们针对此种情况提出了生态优先的发展模式,即在经济发展和生态建设对资源和环境的需求与竞争过程中,一种以扩大的人文关怀和天人合一为核心思想的发展模式。作为一种人与滩涂和谐相处的滩涂开发行动准则,其主要途径有以下 5 个重要方面:开展环境保护教育,强化生态优先意识;合理利用市场机制,发挥政府相关职能;加强生态规划,大力推广生态新技术;建立沿海滩涂生态环境预警系统;建立滩涂综合生态环境—经济核算体系。

4. 适度开发利用

沿海滩涂开发投资大、周期长、影响因素复杂、涉及行业多样,是一项全方位、多学科交叉的综合性开发活动。在滩涂资源的利用中,必须考虑资源的恢复能力,保护生物资源的多样性。沿海滩涂开发要以更好地利用沿海滩涂资源,获取最大的综合开发效益为目标。沿海滩涂开发利用过程中必须坚持科学论证、适度开发的原则,保证滩涂原有的自我更新和恢复速度,保持滩涂资源总量平衡,使对滩涂环境的破坏降到最低。因此,开发活动的强度应综合考虑滩涂自然环境承载力和恢复性,保持适宜的开发速度,保证滩涂资源的需求不超过滩涂生态系统的承载量;同时,结合环保措施,使滩涂资源的保护性开发和可持续性利用相统一。开发利用滩涂资源,须立足于当地的自然条件和宏观的社会经济条件,以经济、社会与生态环境相统一为原则,通过科学论证,坚持开发中保护,保护中开发,统筹规划、科学开发,否则有可能造成滩涂资源退化的严重后果。

5. 高效开发利用

以市场化运作为导向,开发与保护同步。引入市场竞争机制,打破垄断,提高效率。根据市场经济原则,把沿海滩涂开发利用当作一种商业投资行为,以获得高额经济效益为目标,在政府调控下吸引民间资本。根据市场需求,及时调整产业结构和开发模式,实现社会效益、经济效益与环境效益同步发展。

6. 可持续开发利用

宝贵的可再生滩涂资源如果利用不当、利用强度过大,超过环境所承载的极限则会导致资源衰竭,甚至是资源永久性破坏。因此,滩涂资源可持续开发利用要以经济、社会、环境效益高度协调为基本方针,根据区域现有经济、技术、资源等环境条件,科学论证、统一规划、统一管理,同时在沿海滩涂开发利用中树立强烈的自然生态环境保护意识。滩涂资源的可持续开发利用要做到因地制宜、全面开发、集约利用,同时要讲究综合效益、统筹兼顾、保证重点。通过滩涂资源的合理开发利用,促进社会的稳定与发展,改善、提高生态环境,促进经济高效、集约发展,确保沿海滩涂地区社会经济与生态环境的发展协调一致。

资料来源:张勇等,《沿海滩涂开发利用模式与创新途径》,《江苏农业科学》2018 年第 46 卷第 12 期。

2. 建设用地规模将实现负增长

2008 年 10 月 6 日,《全国土地利用总体规划纲要(2006—2020 年)》(以下简称《全国纲要》)发布,以 2005 年土地年度变更调查数据为规划基数,当中分解给上海至 2020 年建设用地总规模为 2981 平方公里,并作为约束性指标,要求各级政府应"严格落实,不得突破"。而后,上海市区(县)、镇(乡)级土地利用总体规划(2010—2020 年)编制时,以 2009 年的二调数据为规划基数(现状建设用地 2 830 平方公里),按照原国土资源部规划司与二调衔接的口径,保证建设用地净增规模不变,确定上海至 2020 年规划建设用地总规模 3 226 平方公里,比国家下达的建设用地总规模增加 245 平方公里。2014 年全市启动"上海 2035"总规编制工作,贯彻落实市委、市政府在"第六次规划土地工作会议"上提出的规划建设用地"负增长"要求,提出未来将严格控制城市规模,坚持规划建设用地总规模负增长,牢牢守住人口规模、建设用地、生态环境、城市安全四条底线,着力治理"大城市病",积极探索超大城市发展模式的转型途径。到 2035 年,上海常住人口控制在 2 500 万左右,建设用地总规模不超过 3 200 平方公里。

3. 土地利用结构调整潜力仍存

"十二五"期末,上海建设用地总规模已达到陆域面积的 45%,逼近现有资源环境承载能力极限。远高于伦敦、巴黎、东京等国际大都市 20%—30%的水平。首先,工矿仓储用地约 840 平方公里,占比达 27%,远高于同类国际大都市,是东京、纽约等城市的 2—3 倍,生活用地结构有待优化。其次,居住用地方面,据初步预测,目前上海居住用地相对建设用地的占比还可提高 40%—50%,具有很大的提升潜力。同时,上海农村居民居住用地面积过大,潜力有待挖掘。再次,上海市工商业用地占建设用地比例远超国际都市城市工商业用地占建设用地比例,若将工商业土地调整成其他类型用地以达到最高效的工商业土地利用状态,有助于发掘结构转换潜力。最后,生态和开放空间用地方面,上海的绿地、广场还有较大的开发空间。生态用地中包括农田、水体、草地、林地、城市绿地、未利用地六种类型,上海的城市绿地仅占生态用地的 4%,占全市面积的 3.21%,表明上海中心城区的公园数量和景观面积少之又少。这与国际都市比较还有一定的差距,生态和开放空间用地有较大调整潜力。

由此可见,到 2035 年前后,上海通过新增或扩张方式提高土地利用规模数量潜力的空间非常有限。

5.1.3 上海土地利用质量效益潜力巨大

未来上海土地资源利用的潜力主要来源于提升存量土地利用的质量效益,以及进行空间优化开发等,走质量和效益提升的新路。

1. 土地利用强度潜力

一方面,由于历史局限性,上海在相当一段时期内土地开发利用方式较为粗放,导致了城市密度整体偏低,土地资源利用不经济的现状。从总体容积率来看,上海现状密度约为 0.87,低于东京 0.99、纽约 1.23 的水平。从产业用地容积率来看,全市"104"产业区块的现状综合容积率约只有 0.6—0.8,大幅低于东京工业用地容积率平均为 1.2 的水平。导致这一现状的主要原因是在以规模扩张为主的粗放发展阶段,片面强调通过土地要素投入来追求经济总量的快速增长,致使商务集聚区的综合容积率缺乏有效规划,轨道交通站点周边地区的开发强度缺少统筹考虑,而且大量工业用地以低容积标准和要求被快速推向市场。其中,郊区非农用地容积率过低造成建设用地规划面积较大,大量占用耕地。宅基地方面,据统计,2015年,全市宅基地共约 70 多万个,约占集体建设用地面积总量的 51%,总体布局较为零散。此外,宅基地的空置率较高,"一户多宅""居而不住"现象突出,部分区空置率约 35%—40%,部分村庄完全自住比例不足 10%,特别是靠近产业园区的村庄,房屋出租比例极高。另一方面,目前上海已经开发利用的地下空间面积和上海市中心城区面积相比,占比还很低。《上海市城市总体规划(2017—2035 年)》提出,至 2035 年,上海主城区与新城新建轨道交通、市政设施(含变电站、排水泵站、垃圾中转站等)地下化比例达到 100%,并逐步推进现有市政基础设施的地下化建设和已建地下空间的优化改造。因此上海地下空间资源开发潜力巨大。

专栏 5.2　加强乡村振兴用地保障

完善农村土地利用管理政策体系,盘活存量,用好流量,辅以增量,激活农村土地资源资产,保障乡村振兴用地需求。

健全农村土地管理制度

总结农村土地征收、集体经营性建设用地入市、宅基地制度改革试点经验,逐步扩大试点,加快土地管理法修改。探索具体用地项目公共利益认定机制,完善征地补偿标准,建立被征地农民长远生计的多元保障机制。建立健全依法公平取得、节约集约使用、自愿有偿退出的宅基地管理制度。在符合规划和用途管制前提下,赋予农村集体经营性建设用地出让、租赁、入股权能,明确入市范围和途径。建立集体经营性建设用地增值收益分配机制。

完善农村新增用地保障机制

统筹农业农村各项土地利用活动,乡镇土地利用总体规划可以预留一定比例的规划建设用地指标,用于农业农村发展。根据规划确定的用地结构和布局,年度土地利用计划分配中可安排一定比例新增建设用地指标专项支持农业农村发展。对于农业生产过程中所需各类生产设施和附属设施用地,以及由于农业规模经营必须兴建的配套设施,在不占用永久基本农田的前提下,纳入设施农用地管理,实行县级备案。鼓励农业生产与村庄建设用地复合利用,发展农村新产业新业态,拓展土地使用功能。

盘活农村存量建设用地

完善农民闲置宅基地和闲置农房政策,探索宅基地所有权、资格权、使用权"三权分置",落实宅基地集体所有权,保障宅基地农户资格权和农民房屋财产权,适度放活宅基地和农民房屋使用权,不得违规违法买卖宅基地,严格实行土地用途管制,严格禁止下乡利用农村宅基地建设别墅大院和私人会馆。在符合土地利用总体规划前提下,允许县级政府通过村土地利用规划调整优化村庄用地布局,有效利用农村零星分散的存量建设用地。对利用收储农村闲置建设用地发展农村新产业新业态的,给予新增建设用地指标奖励。

资料来源:中共中央、国务院,《乡村振兴战略规划(2018—2022年)》。

2. 土地利用质量潜力

一方面,上海现存低效利用的工业用地是拓展上海土地资源利用质量潜力的最大来源。当前,低层次的产业占据了大量资源,绩效区域差异明显。其中,上海工业用地绩效区域差异尤为明显。2015年,全市单位建设地GDP为7.9亿元/平方公里,但城郊发展不均衡,中心城区、浦东新区、近郊区、远郊区单位建设用地GDP相对比例为11.6∶3.2∶1.7∶1。漕河泾等国家级园区单位面积土地绩效超过一般乡镇级园区的20倍以上。规模以上工业企业占全市工业用地比例不到40%,却贡献了约95%的工业产值,其余占地超过60%的工业企业仅贡献约5%的工业产值。开发边界外低效工业用地地均工业产值不到全市平均水平的30%。造成这一现状的原因,首先是不少早期投资者并不是以投资生产为目的,而将圈地等待土地升值作为获利目的,导致了土地资源的严重浪费。特别是郊区工业用地集聚度不高、选址随意、建设分散,引致建筑容积率和建筑密度较低。其次,利用粗放、闲置、低效,致使地均产出率和投资强度偏低,工业项目、仓储用地比例偏高,造成建筑容积率低,利用效益低。最后,由于用地不符合土地利用规划,又碍于土地指标的限制不能平移,不少厂房、场地空置长期闲置。

另一方面,农村建设土地集约节约利用也蕴含着较大资源潜力。目前,上海农村居民点用地粗放,人均面积超国家标准。特别是,本地农村居住人口减少,居住用地未能同幅减少。随着城市化水平的不断提高,城镇建设用地面积大幅度增加,农村人口相应减少。农村宅基地分布仍然零散,村庄规模仍然不大。此外,集体建设用地利用粗放,闲置、低效、浪费大情况屡见不鲜。

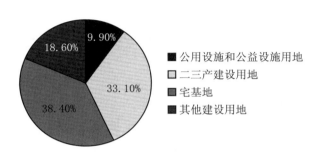

图 5.2　郊区镇村各类集体建设用地所占比例

资料来源:上海市人民政府发表研究中心,《2016/2017 上海发展报告》。

3. 土地利用经济效益潜力

推动经济高质量发展是提升上海土地使用效益的主要途径。提升产业创新能力,实现高质量,提升单位土地产出效益,是突破土地潜力瓶颈的积极举措。而产业创新能力不强、高质量发展不够,会从根本上造成单位土地产出效益增长的瓶颈,难以发挥土地资源的效益潜力。但从当前来看,与中央对上海提出的加快创新转型,推进城市高质量发展要求相比,上海经济规模质量的基础支撑能力还有待提升。与国际著名全球城市相比,功能方面,上海"五个中心"建设在综合经济实力、国际化服务功能和市场化资源配置能力等方面尚存在差距:在国际金融中心建设方面,人民币国际化程度不高,金融市场对外开放不足,金融机构全球服务能力不强,"新金融"发展程度不足;在国际航运中心建设方面,亟待加快由货物集散型航运功能向全球综合资源配置型航运功能跨越,由硬件为主的口岸服务功能向以软实力为主的航运服务功能跨越;在国际贸易中心建设方面,大当量平台经济市场尚未充分挖掘,未形成如阿里巴巴那样具有卓越影响力的网络平台,国际性贸易机构较少,新兴贸易业态发展有待进一步提升。产出方面,上海经济效益无论是总量还是单位产出都存在差距。2017 年上海 6 340 平方公里土地产出约 3 万亿元人民币 GDP,与日本东京都 2 189 平方公里土地产出相当于大约 6.51 万亿元人民币 GDP 相比差距明显,总量更只有纽约的 1/4。2017 年上海建设用地地均 GDP 为 9.51 亿元人民币/平方公里,低于深圳市(22.35 亿元)的单位土地产出水平。在此背景下,推进城市全面创新转型和经济高质量发展,将大幅提升上海土地资源的经济效益潜力。

4. 土地利用综合效益潜力

土地利用特色是一个城市的魅力所在,一个城市有宜商的环境、特有的历史文化底蕴,才会使人、企业、资本等要素对其更有兴趣,对各类要素的集聚力和吸引力才会增强,从而提升土地利用的综合效益潜力。当前,上海在政策体系、体制机制和营商环境等方面还存在较多优化空间,并在一定程度上制约了土地利用强度、质量和经济效益潜力所叠加产生综合效益的发挥。

5.2　制约上海土地高质量利用瓶颈分析

由上海土地资源利用的潜力分析可以看到,未来上海提高土地利用效率的关键在于释放土地规模数量潜力当中的利用结构潜力和土地利用质量效益潜力。但由于种种原因,目前仍存在着一些瓶颈制约。

5.2.1　土地规划管控弹性不足

上海的土地规划管控仍偏严格且僵化,土地开发与产业发展难以应对快速变化的市场环境,土地开发供应的周期偏长、不确定性高,导致存量土地开发对社会资本的吸引力不足,市场主体提高土地利用效率的积极性不高。

1. 密度分区不够细化,基准密度上限偏低

尽管近年来上海对规划技术准则进行了修正,但相比香港(对居住用地分为 3 大类 11 小类、工业用地分为 2 大类 7 小类)、纽约(将居住用地分为 10 类,工业区分类 3 大类 12 小类,并设立鼓励发展区等"特别意图区")的细化式分区管理方式仍较粗放,分类较为原则化。同时,密度高限仍明显偏低,一般工业用地高限为 2.0,且有建筑高度 30 米的上限控制要求,研发用地高限为 4.0,不仅远低于香港、纽约工业用地容积率高限 9.5、10.0 的标准,而且低于国内兄弟城市水平[例如,珠海工业用地容积率上限为 3.0,深圳普通工业用地(M1)容积率可达 4.0,新型产业用地/研发用地(M0)容积率上限可达 6.0],与现有工业,特别是轻型化的高端制造业发展的要求不相匹配。

2. 提升容积率成本较高,且调整流程繁杂

以工业用地提高容积率为例,目前,上海工业用地提高容积率需经过"开展规划调整—签订土地合同—按市场评估价补缴地价"等数个审批环节,周期较长,成本较高。而广东省根据国家有关规定,结合省情,采取了"在符合规划、不改变用途的前提下,不征收工业用地提高容积率、建筑密度土地价款差额"的政策,并通过给予地价优惠等方式,鼓励各市提高工业用地容积率;东莞市、珠海市对产业用地调整容积率进行分类处理,并简化审批程序,降低了企业调整成本,提升了调整效率。

3. 用途管控偏严格,土地混合利用仍存瓶颈

广义的土地复合利用是指将区域所需的各类功能在同一空间内系统性地结合,侧重于宏观层面的混合开发战略。狭义的土地复合利用指的是具有两类或两类以上使用性质的单一宗地,包括了土地混合利用和建筑复合使用,侧重于微观层面对于平面和立体的开发、建设和使用。相对于功能单一、机械和缺乏活力的用地方式,土地复合利用是一种紧凑高效、多样丰富、整体有序的用地方式,具有节能环保、节约资源、宜居宜业、提质增效等特征。当前,上海土地混合利用和功能复合开发具有广泛的现实诉求,但由于土地用途管控过于严格,土地混合利用进展缓慢,土地利用绩效偏低。目前,土地用途管控仍延续着早期开发区土地管理所采取的

单一功能规划思维,产业类工业用地配套服务设施比例结构偏低(上海规定配套服务设施的建筑面积占项目总建筑面积的比例不得超过15%,而深圳的这一比例为30%),致使一些园区产城融合度不高、公共服务薄弱、职住不平衡等现象突出,特别是交通优势不明显的乡镇工业园区、外围地区商务区。此外,农业用地方面,现行管理政策对农产品的存储、分拣包装等仓库用地,作为设施农用地管理,而将农产品的工厂化加工用地、中高档展销作为建设用地管理,这与实际生产、产业融合发展背景下的农产品交易、物流等在一个项目区域内连续完成的需求不相匹配。这在一定程度上制约了产业发展,产业集聚与功能提升步伐缓慢,进而制约了土地利用效率的提升。

4. 市场作用未充分发挥,空间资源流转不畅

首先,有效的容积率转移机制尚未建立,而这在美国等西方国家是一种较为成熟的规划调节手段。其次,结余工业厂房分割转让受到制约。根据现行政策,在土地出让合同规定厂房不得分割出让的条件下,土地使用权人需将结余厂房转为标准厂房后才可出租,租金与调整成本大体相抵,这使得土地使用权人盘活存量的积极性不高。再次,农村宅基地退出机制缺失。现行宅基地管理制度中对于宅基地退出,除了几条原则性规定外,几乎缺失引导农民主动退出宅基地的有效机制,使得即使已经在城市定居或移居他乡的农民,依然不能将自己合法拥有的宅基地使用权转让出去,而因为没有补偿,农民们也不愿意主动放弃宅基地使用权。这不仅使得农民宅基地的财产权难以实现,也使得宅基地处于长期空置状态,造成宅基地的闲置浪费,限制了宅基地的合理流转。因此,对农村废弃、闲置、出租和一户一宅以外的宅基地依法收回和自愿有偿退出,以及零星分散农村居民点的归并等,应当作为上海土地利用效率提升研究当中关注的重点问题。

5.2.2 政策体系和机制有待完善

提升土地利用效率是一项系统工程,涉及多个环节,多个部门,需要协同推进与监管。但从实践来看,上海协同推进和监管机制及相关政策仍待优化。

1. 事中事后监管手段不足

目前,浙江、江苏均探索实行了以"亩均论英雄"为导向的土地产出效率评价体系和评估方法,建立了科技、财政、土地、环保等多部门分工明确、密切协作的工作机制,并建立与之配套的差别化要素供给机制。与之相比较,上海土地管理各自为政的现象依然存在,管理较为分散,各部门的政策、数据信息等尚未实现共享,符合上海实际的、覆盖城乡和各类产(行)业的建设用地土地绩效评价体系尚未建立,事中事后监管多以传统的行政手段为主,差别化要素供给机制尚未形成,难以发挥市场调节作用。

2. 政策体系尚待健全

一方面,部分领域仍存在政策空白。如低效工业用地的认定和处置缺乏必要的政策标准;对过渡性开发项目在出让方式、定价、二次动迁费用等缺少原则性的政策指导;对"198"区域内大量行政划拨的国有土地,缺乏相应的盘活政策等。另一方面,部分已有政策的精准度有待提高。如城市更新、土地混合利用技术标准方面缺乏细则;减量化政策和项目转型方案缺乏联动;"198"区域政策存在"一刀切"的情况,对于该区域内高质量工业项目缺乏相应的政策支持。

3. 利益协调机制有待优化

一是工业用地权属复杂。在工业用地权属上存在国有用地及集体用地;国有用地存在划拨方式获得及市场方式获得;同时对于以上两种方式也存在土地产权人使用及二次租赁方式;集体用地上的工业用地多数属于 20 世纪末期城镇集体经济发展时期的遗存。城市用地的"产权束"可以包含所有权、开发权、使用权、支配权等。"产权束"中的各项权利既可以为一个主体所有,也可以分属不同的主体。不同的用地权属,政策引导方向也应分类区别。目前,在对工业用地进行转型政策制定时,用地权属过于混乱模糊,且早期土地出让合同也不尽完善,造成了现在操作难,工业用地"不好管、收不回"的问题。二是工业用地收储地价(市场价)与出让地价(扶持价)倒挂严重。近年来,上海存量工业用地盘活基本以土地收储再出让为主,工业用地收储成本一般为 300—400 万元/亩,但再出让的地价仅为 100 万元,区镇政府、园区面临较大资金缺口压力。三是提升土地利用效率的奖惩机制不完善,力度不够。相对兄弟省市,上海的土地增减挂钩奖惩机制仍较宽松,区镇盘活存量工业用地的约束力不强。调研发现,广东规定自2018年起,除基础设施和民生项目外,不再向各地市直接下达新增建设用地计划指标,各地"三旧"改造工作的考核结果将作为土地利用计划指标分配及其他相关奖惩措施的依据,部分城市还将"三旧"改造工作列入干部工作考核范畴。

4. 减量化工作机制有待完善

建设用地减量化是上海推动建设用地集约利用的重要措施之一。但在具体执行过程中,基层操作层面碰到一些瓶颈问题。一是农民经济收入下降明显。一方面,部分农民面临失业、再就业的问题,且对于那些年龄偏大、文化程度偏低和技能单一的农民再就业难度较大。另一方面,由于一些企业搬离及外来人员撤走,部分农民租金收入下降。二是村级集体经济损失较大。一方面村级集体租金和返税收入大量减少,原来向企业收取1.2—1.5万元/亩的土地租金,现在镇农投公司按1 200—1 500元/亩进行补贴,收入落差很大。另一方面厂房、土地等实物资产逐年增值的因素不再存在,资产变资金后由镇集体资产管理公司代管,按年利率4.5%至6.5%拨付给村级集体,前后落差也较大。三是部分镇反映申办手续和土壤检测方面问题。在申办手续方面,由于建设用地减量化工作涉及多个部门,有关工作内容、操作方案、任务要求不一致,在申办手续时常发生多头跑、多次跑现象,特别是权证灭失补办及其确认流程更是复杂难办,又缺少专业性业务指导,造成申办手续效率低下。四是部分企业存在不当逐利行为。对减量化及其补偿先松后紧,与"五违"整治模糊混淆,存在搭车减量化现象。有的企业主突击追加资产,评估公司到来之前,厂房内加层,车间里增添设备,使评估价一路飙升。有的企业主存在毁约阻碍推进工作现象,有的签了减量化意向协议,又认为吃亏而悔约,造成减量化工作停滞。

5.2.3　产业发展能级有待提升

当前,上海已初步构建起了以现代服务业为主、战略性新兴产业为引领、先进制造业为支撑的现代产业体系框架,但与中央对上海提出的加快创新转型,推进城市高质量发展要求相比,上海产业能级还有待提升,土地利用的经济效益潜力还有待释放。

专栏5.3　"十三五"上海产业结构调整升级面临的环境

1. 面临国际更大竞争压力

一方面,在发达国家"再工业化"过程中,高端产业大规模转移的步伐将趋缓,全球围绕市场、资源、技术、人才等生产要素方面的竞争将更趋激烈,上海的产业升级将面临更大的外部压力。另一方面,在全球经济重心向东移的过程中,具有更廉价要素成本的发展中国家将成为承接国际产业转移的主战场,这将使上海前一轮承接国际转移的产业面临再次外移的挑战。综合而言,面对国际生产力布局的新调整,上海产业发展将面临"高端技不如人、低端又被转移出去"的挑战。

2. 传统产业改造步伐加快

一方面,产业技术和生产方式将加速创新,传统产业将加快向智能化和网络化方向发展,工业互联网将成为未来工业发展的重要趋势,服务业发展将进入大数据时代;传统人工参与的生产方式日益转向高度自动化的新型生产方式。另一方面,基于新技术应用和消费者个性化需求的产业融合将孕育出一批新技术、新模式、新业态和新产业,形成生产成本更低、生产效率更高的生产范式和互动、开放、协同的发展模式,成为驱动全球经济发展的新增长点。在此背景下,上海要顺应新技术革命的要求,大力促进产业组织结构的进一步优化,加快传统产业的改造提升,大力促进"四新"经济发展。

3. 产能过剩压力增长

一方面,传统产业产能过剩问题难以短期内有效缓解。另一方面,在产业结构升级过程中,一些新兴产业或高端环节产能过剩的问题也逐步显现。近年来,针对产能过剩行业,不少省市纷纷加大了产业结构升级的步伐,致使升级后的高端产业或环节也呈现产能过剩。在此背景下,上海产业结构调整将面临更大压力,急需以市场需求为导向,进一步明确产业结构调整的方向,深化结构调整力度。同时,也要求创新产业结构调整的方式,避免在结构调整中陷入新的产能过剩困境。

4. 产业政策面临重大调整

一方面,产业政策制定的理念将更趋于引导、监管而不是规划,产业政策的着力点或将聚焦于环保、节能降耗、劳工权益保护、市场公平竞争等领域,产业发展规模、技术、产量等方面的确定将进一步发挥市场主导性和灵活性。另一方面,产业政策将更加注重制度环境的构建,将进一步放宽对产业投资的管制,推广实行负面清单,产业投资准入和退出的便利化程度或将进一步提升。

5. 加强产业跨区域合作

"一带一路""长三角城市群"等国家建设的深化推进,将要求上海通过加快产业结构调整升级,加强产业跨区域合作,增强对周边地区乃至全国的辐射带动作用。在此背景下,上海产业一方面要在加快结构调整中进一步发挥在长三角地区合作和交流中的辐射带动作用,促进长三角地区率先发展、一体化发展;另一方面要积极参与丝绸之路经济带和海上丝绸之路建设、长江经济带建设,上海将成为消费创新类产业的发展基地,对跨区域产业发展发挥更大拉动作用。

6. 服务业面临大发展

随着内需结构的逐步转变,国内产业结构将实现深度调整升级,服务业将面临大发展的新契机,这将进一步强化上海服务经济为主产业结构的引领示范作用。受此影响,上海的工业将面临结构升级,传统产业将经历艰难的产能调整、市场出清转型,新型工业将面临快速发展新机遇;与此同时,上海服务业将获得发展新空间,上海服务业率先发展所形成的制度创新和突破,将会对全国的服务经济发展发挥更大的引领示范功能。

7. 构建与城市新目标定位相适应的产业结构

"十三五"之后,上海城市发展将进入新的历史阶段,目前正在围绕打造具有全球资源配置功能和全球竞争力的全球城市,以及具有全球影响力的科技创新中心,谋划中长期发展规划。城市发展的向导和目标将对城市产业发展提出新的要求。在此背景下,上海的产业结构应该是领先的综合集成服务、低碳环保智能化的定制化生产,以及平台与集成为核心的产业组织体系,为具有全球城市、具有全球影响力的科技创新中心等提供支撑。

资料来源:徐诤等,《"十三五"上海产业结构调整升级基本思路研究》,《科学发展》2015年第5期。

1. 产业创新引领力不强

一直以来,上海产业创新能力的提升主要得益于外部技术引进、消化和再创新,尽管部分领域实现了国际突破,但过分偏重渐进性、改良式创新,具有引领性、颠覆性的原创较少。2016年基础研究支出占 R&D 经费比重仅为 7.4%。上海制造业知识产权人均拥有量仅为深圳的四成;科技服务类企业知识产权的人均拥有量为北京的一半。此外,上海大量产业核心技术依然受制于人,产业创新能力提升路径尚未实现"外向输入型"向"内生创造型"过渡。现代产业所需的关键材料和核心部件的储备不足。同时,上海还缺少具有较强国际竞争力的研发载体,开展前瞻性技术研究的企业研发机构比例较低。

2. 产业层次仍旧偏低

上海仍然缺乏具有高增长性、高附加值和具有全球影响力的产业,满足更高层次需求的中高端产品和服务供给不足。制造业方面,对传统主导产业的依赖仍然较大,战略性新兴产业规模较小,工业产品附加值率低于全球平均水平。至2017年底,上海六大重点行业总产值占全市工业总产值比重为 64.85%,而战略性新兴产业的比重仅为 36.71%。高技术产业的总体毛盈利率仅为 3.06%。服务业方面,传统服务业仍占较大比重,信息、会展、科技、中介等现代高端服务业发展并没有明显改观。其中,法律服务业相当于伦敦和纽约一半;信息技术服务业仅为伦敦和纽约的六成。且高端生产性、生活性服务业发展滞后,旅游、产权使用等服务贸易严重逆差,井喷式的境外游和海外购导致消费能力大量外流。

3. 产城发展融合度不够

主要表现在工业园区等的生活空间发展落后于生产空间发展,城市功能建设滞后于产业功能发展,社会事业发展滞后于经济发展。一方面导致长距离通勤、城市功能与空间断裂、产业用地僵化、居住和配套服务设施缺乏;另一方面造成潮汐式交通和夜间空域,缺乏必要的绿化系统,极易产生环境污染。产业园区的整体规划缺乏对人的关怀,同时也缺乏富有特点的景观设计和具有识别性、标志性的节点地区,很难吸引人流,更难吸引人才集聚,且中高端人才与中高端产业无法匹配。这种重产业轻城市的发展模式已难以为继。

5.2.4 城镇发展仍不平衡

近年来,上海城市和农村居民在发展权利平等、发展成果共享方面的差距逐步缩小,但应当看到,上海城乡之间的经济、社会差距并未得到彻底消除,城乡资源要素双向合理流动的格局尚未形成,建设及投入标准仍存在"城高郊低"状况,公共服务"硬"一体化水平高于"软"一体化水平,农村地区内生发展动力依旧不足。由此使得郊区,特别是农村地区对高端发展要素的吸引力仍旧有限,土地利用效率偏低。

1. 城乡资源配置仍不协调

主要表现在上海市域范围,中心城区与郊区、纯农地区与非纯农地区之间发展不均衡的现象仍然突出。一是城乡之间基本公共服务供给存在明显差距,经济薄弱村已成为消除城乡二元结构的最大短板。如青浦区的青西纯农地区过去五年的一般公共预算收入平均增速低于全区和全市水平。二是区域间公共服务设施的结构性差距明显。中心城区与郊区、郊区内中心街镇与农村地区在教育、卫生、文化资源供给上的优质性、可及性和便利性仍存在一定的差距。三是上海郊区内外部交通联系仍存在短板。郊区与中心城区交通联系还不紧密,快速的交通通道还没有建立起来。郊区内部交通建设仍有待加强,区域内交通出行方式较为单一,单纯依靠地面交通出行,区域内道路通行压力极大。农村基础设施和管理基础薄弱,特别是承担着基本农田保护任务的农村地区,普遍存在村级道路建设和养护资金投入不足,乡村公路、农村道路级别标准低,难以满足现代出行需求,农村"最后一公里"问题还未彻底解决。

表 5.3　郊区基础设施的主要短板领域

领　域	主　要　问　题
道路建设	● 道路品质较差,部分路面破损严重(镇管道路相对较好,村管道路相对较差) ● 轨道交通对郊区发展的引领作用仍显薄弱 ● 道路养护标准不到位(标准较低、资金欠缺) ● 路面宽度不够,亟待加宽 ● 缺乏停车空间 ● 道路绿化较差
河道治理	● 水质状况没有得到根本改善 ● 河道两侧"脏乱差现象"仍较为严重 ● 生活污水直排河道问题仍然突出 ● "断头河"问题依然存在
垃圾处置	● 垃圾分类的源头管理仍需加强 ● 垃圾分类和处置设施较为短缺 ● 垃圾收储力量和资金支持仍显不足

资料来源:上海发展战略研究所,《上海郊区基础设施补短板路径研究》,2018 年 11 月。

专栏5.4　城乡一体化的基本内涵

城乡一体化是指城市与乡村两个不同特质的经济社会单元和人类聚落空间,通过消除二元经济社会结构,在一个相互依存的区域范围内谋求城乡的融合发展、协调共生,建立起地位平等、开放互通、互补互促、共同进步的城乡社会经济发展新格局。其核心在于,农村和城市之间通过高强度、高密度的相互作用形成一种新的空间体系。在该体系中,城与乡作为两种不同经济社会空间形态,具有不同的自然属性、人口分布和社会功能区划,但承载着同等重要的价值,相互补

充而融合一体,城乡差距趋于缩小乃至消除。其基本内涵主要包括:

1. 要素配置合理化

一是城乡资源要素双向流动。城乡一体化进程是城乡资源要素集聚与扩散的统一、交替运动过程。城乡要素资源动态、均衡、双向的互动是城乡一体化发展的核心要义。要通过打破城乡市场和空间的体制分治和要素分割的制度障碍,变土地、资金、劳动力等资源要素在城乡之间单向流动为双向自由流动。

二是城乡资源要素平等交换。城乡要素交换不平等,是制约我国城乡发展一体化的重要障碍。要真正发挥市场在城乡资源要素优化配置中的决定性作用,赋予农民更大的支配生产要素的自由权利,通过建立平等互通的城乡开放式网络体系,实现要素的平等交换,进一步促进资源的优化配置。

2. 发展成果共享化

十八届三中全会《决定》指出:"让广大农民平等参与现代化进程、共同分享现代化成果。"城乡一体化要实现城市与乡村、市民与农民的发展权利平等化,构建和谐和融合的城乡关系,促进发展成果的城乡共享,最终实现城乡一体化发展。

一是城乡规划一体化。城乡一体化进程是城乡功能一体化与空间一体化耦合发展的过程,统筹城乡发展规划和布局是形成城乡经济社会发展一体化新格局的前提。要打破城乡界限,把农村和城市作为一个有机整体,在统一规划的基础上,明确分区定位,使城乡形成各自功能及空间形态,实现功能互补、互动。

二是产业布局一体化。这是城乡发展一体化的基础与重点。它要求加速区域经济的协调发展,使各产业突破行政区划,在城乡之间进行广泛渗透融合,城乡经济相互促进相互依赖,为城乡一体化发展提供坚强的物质基础,最终实现共同繁荣。

三是公共服务一体化。促进社会服务资源向郊区倾斜,缩小城乡之间公共服务差距,是扭转城乡发展差距扩大趋势的基础。为了促进城乡协调发展,必须按照有利于逐步实现基本公共服务均等化的要求,建立城乡共享均等的公共服务体系,逐步完善覆盖城乡的社会保障体系、医疗服务体系等。

四是基础设施一体化。要在推进城乡基础设施统一考虑、统一布局、统一推进的基础上,加大对农村基础设施的投入,尽快改变过去基础设施建设只重城市,不重乡村的情况,把新增投资的重点转向农村,提高农村基础设施的质量和服务功能,缩小城乡基础设施差距,实现城乡共建、城乡联网、城乡共享。

五是城乡信息一体化。要充分利用互联网、物联网、移动互联、云计算等现代信息技术手段,搭建城乡信息一体化平台,消除城乡信息的不对称和缩小城乡之间的数据鸿沟。其中,重点要促进城乡信息资源的整合与利用,实现城乡之间的信息关联和资源共享,增强信息服务功能,达到促进现代农业发展、培育城乡一体的劳动力市场以及提升农村服务水平等目的。

六是社会管理一体化。要建立有利于统筹城乡经济社会发展的社会管理体系,以户籍制度改革为主线,充分发挥政府在协调城乡一体化发展和建立相关制度方面的作用,进一步促进社会管理创新,形成城乡一体化社会管理的新格局。

资料来源:上海市人民政府发展研究中心课题组,《推进本市城乡一体化发展》,2014 年 5 月。

2. 合理的城镇体系待形成

一方面,中心城区的向心力作用过强,中心城以全市 42% 的住宅用地资源承载了近 50% 的人口。另一方面,郊区要素呈现过于分散的不经济的局面。目前,上海的各个新城总人口约 230 万人,人口密度远低于中心城和周边地区,仅约 5 000 人/平方公里。未能充分体现"紧凑型城市"理念。不少新城在近年来的规划修编中将本区原有的工业区、产业园区"扩编"进入新城规划范围,极力增强产业功能。但这些原有的工业区或是自成体系,或是和新城的城市功能定位不相契合,与新城缺乏实质性的联动,没有很好地实现"产城融合"。新市镇方面,差异化特色发展不突出。在既有的各类规划中,政策的设计和规划的导向更加强调整体步调的一致与规范化的统筹协调,往往忽略了各新市镇因区位、资源等要素影响而呈现出的差异化特征,导致新市镇统筹城乡的枢纽平台作用尚未充分发挥。

表 5.4　上海市域不同区域人口分布情况

片　区	面　积 （平方公里）	六　　普			
		常住人口 （万人）	常住外来人口 （万人）	常住人口密度 （万人/平方公里）	常住外来人口密度 （万人/平方公里）
中心城区	663	1 132	326	1.71	0.49
新　城	858	232	98	0.27	0.11
周边地区	883	443	244	0.50	0.28
其　他	4 383	496	230	0.11	0.05
全市总计	6 787	2 303	898	0.34	0.13

资料来源：上海市城市规划设计研究院，《资源紧约束背景下城市更新和城市土地使用方式研究》，2014 年。

3. 农村经济发展动力不足

农业方面，农业发展对区域经济的带动力不足，农业的发展，很大程度上得益于政府的高补贴与高投入，农业生产功能相对集中后，尚未处理好个别农户增收与面上的农民就业、农民增收贡献的关系，农业劳动生产率、农业规模化、组织化和品牌化程度需要进一步提高。集体经济发展基础极为薄弱。各村镇集体资产保值、增值缺乏有效路径和手段，绝大多数村镇集体经济的收入来自经营性物业。随着土地减量化过程中部分集体经济组织的经营性资产被拆除，集体经济基础进一步削弱。在这一背景下，多数区集体经济资产的物权形式以货币为主，由于缺乏产业基础、发展经验以及专业人才，面临"有钱无投向"的局面。此外，农村三次产业联动发展所涉及的农产品加工和销售、休闲农业和乡村旅游等均需要建设用地，由于缺少新的增收途径和渠道，随之引发集体经济收入增长乏力而刚性支出不断增加的突出矛盾。

5.2.5　城市软环境有待优化

总体来看，上海在城市软环境方面的优势主要表现在综合实力雄厚、对外合作优势显著、商业活力突出、信息平台发达、文化开放包容、重视生态宜居建设、智力基础较好以及营商环境国际化、市场化、法治化程度较高等方面。但也应看到，在决定全球城市吸引力的一些重要因素方面,上海仍存在突出短板,制约了土地利用综合效益潜力的释放。

1. 营商便利度有待优化

从世界银行《2019 年营商环境报告》看,在世界银行选取的全球 190 个经济体中,中国(北京权重占 45%,上海权重占 55%)排名第 46 位,处于中游偏上水平,而新加坡、中国香港、美国(纽约)、日本(东京)等地区则位居前列,存在明显差距。其中,政务服务方面,开办企业的便利程度存在提升空间,建设项目投资审批和管理效率仍需提升,企业纳税的负担相对较重,电子政务发展与国际先进水平相比差距明显。投资贸易方面,目前的制度创新仍然集中在"国境上",许多国际最高标准提及的方面未能实质性触及,全流程再造尚未真正实现。市场法治方面,市场竞争的一致性和公平性仍待进一步改善,市场监管制度规范性及稳定性有待进一步加强,部分领域地方性法规立法的精细度有待增强,商事纠纷化解及行政执法裁量制度仍需完善,市场诚信体系建设及知识产权保护仍需强化。此外,高企的商务成本、城市拥堵等因人口集聚、城市规模增加所带来的问题,在一定程度上会削弱城市的吸引力。

2. 高端要素集聚度不够

从人力资源看,尽管上海近年来加大了人才引进力度,人才数量明显增加,但总体集聚度和竞争力仍有较大提升空间。据 2016 年全国人口普查显示,上海大专以上人员占所有从业人员的比重为 13.2%,而北京为 21.8%。上海高端人才和人口的比例仅为 0.51%,远低于美国的 1.64%,日本的 4.97%,新加坡的 1.56%。特别是上海外籍人才的比重很低,导致许多跨国公司很难在上海本地找到优秀的国际化管理人才,这对于上海吸引跨国公司集聚、发展总部型经济带来不利影响。从金融要素看,尽管上海金融业的增加值占 GDP 的比重(18%左右)已近达到了纽约、伦敦、东京等全球城市水平,但是在上海金融业发展主要依托银行、企业的融资渠道中 68.3%来自银行贷款。而其他的金融资源仍相对不足,在投行业务、股票、固定收益等多个资本市场的要素子市场还非常落,债券市场总体上仍是一个相对封闭的体系,国外投资者参与很少,国际化程度较低。

3. 平台服务功能待提升

随着市场化改革的深入推进,工业区面临从"政策特区"向"服务高地"的功能定位转变,园区建设从通路、通气、通水等"九通一平"为内容的基础设施建设模式,逐渐过渡到围绕信息、金融、服务等资源打造软环境基础设施的新经济建设模式。产业跨界融合发展则对研发创新、商业商务、社会服务等综合配套服务功能提出了更高要求。服务业集聚区也从以楼宇租赁为主的传统服务模式,逐步过渡到集孵化、专业服务、社会服务于一体的新型服务模式。但从目前来看,部分产业园区的软环境支撑仍然不够,配套服务功能较弱,缺乏与产业发展配套的专业化招商、园区运营管理等机构队伍,缺乏与产业集群配套的共性技术、公共服务等协同创新平台,缺乏与人才队伍配套的商业居住、文化教育等生活休闲设施,产业综合竞争力和持续发展能力不足。

专栏 5.5　"十三五"时期上海环境保护工作面临的挑战

近年来,在上海环保工作取得显著成效的同时,环保工作依然存在诸多瓶颈制约和短板。一是环境质量总体与国家标准和市民需求仍有较大差距。以细颗粒物(PM2.5)、臭氧为代表的复合型大气污染问题突出,主要水体氮、磷普遍超标,部分郊区中小河道污染严重,城乡环境差异明显,城市生态功能不足,与现代化国际大都市的定位和市民日益提高的环境要求存在较大差距。二是污染物排放总量大、强度高,污染预防和治理能力仍显不足。2015 年,上海常住人口为2 415 万人,能源消费总量达 1.14 亿吨标准煤,煤炭消费约 4 850 万吨,污染物排放总量仍处于较高水平。尽管通过五轮环保三年行动计划的大规模投入,上海环境治理能力和水平已上了很大台阶,但仍不足以完全消化人口经济快速发展带来的增量。三是环境质量持续改善的难度增大,更加取决于转方式、调结构。

"十三五"期间,上海通过末端治理的难度越来越大,减排空间也更加有限。同时,能源结构以煤为主、产业结构较重、养殖总量和种植强度较大、建设用地比例过高等结构性问题短期内难以根本解决,除继续加大污染治理力度外,必须在调结构、转方式等源头防控上下大决心、花大力气、下狠功夫,加快产业升级和发展动力转换。四是环境保护体制机制瓶颈约束亟待破解,生态文明体制改革还须加快推进。新形势下,环保要求不断提高与环境治理能力相对不足之间的矛盾愈加凸现,重点要进一步提升环境监测、监管和执法能力,完善基层环保责任体系、环保考核奖惩机制、生态损害追究赔偿制度、市场化的环境治理机制,加快推进环境治理体系和治理能力现代化。

资料来源:《上海市人民政府关于印发〈上海市环境保护和生态建设"十三五"规划〉的通知》。

5.3　上海推动土地高质量利用的思路与策略

针对上述瓶颈制约,上海要实现土地更集约、更高效、更可持续、更高质量的利用,进一步释放上海土地资源利用潜力,关键是要以习近平新时代中国特色社会主义思想为指导,全面贯彻落实党的十九大精神,牢固树立创新、协调、绿色、开放、共享的发展理念,加快土地利用方面的质量变革、效率变革、动力变革,实现高质量的供给、高质量的需求、高质量的配置、高质量的投入产出。

5.3.1　主要思路

1. 由土地利用的增量规模扩张向质量效益提升转变

土地是上海最稀缺的资源。从土地资源的潜力分析中可以看到,未来上海建设用地的规模数量潜力已接近极限,而利用结构调整潜力仍存空间,质量效益潜力巨大。为此,上海提高土地利用效率迫切需要转变以往以增量规模扩张为主的土地利用方式,全面落实节约优先战略,牢固树立节约集约循环利用资源观,突出广域、立体、复合、有机的土地利用新理念,准确把握和正确处理好资源保障与保护关系,合理确定资源开发利用和保护的规模、结构、布局和时序,加强资源节约全过程管理,降低资源消耗强度,提高资源利用质量和效益,在资源环境紧约束的背景下寻求未来上海实现开放式、包容性、多维度、弹性发展的路径和方式。

2. 由土地使用的单一功能向多功能混合型转变

长期以来,由于区域规划是对单一用地性质进行编制,涉及混合用地的以"土地使用兼容性控制表"加以引导,致使功能相对分散独立,空间布局相对单一,并由此衍生了因跨区域工作、居住、文化娱乐、休闲而产生的高流量、高耗时、高排放的交通压力,降低了城市的宜居性,还被动地增加了各类交通设施、公共服务设施的用地需求,进一步加剧了"三生"(生产、生活、生态)用地对资源承载力的巨大挑战。与此同时,城市因经济转型升级所引发的"产城融合、功能提升"发展需求和导向,要求城市空间能够承载日益剧增的、多元化的新产业、新业态、新技术和新模式,以产业为保障,驱动城市空间形态和功能的可持续改善,形成"产、城、人"紧密结合的多样化城市空间,同时也对土地多功能复合利用提出了新的要求。为此,上海亟待顺应产业融合发展和土地混合利用的新趋势,注重多功能组合、产城融合和产业链、创新链、服务链衔接,增强城市的吸引力和竞争力,实现空间供给复合化和产业空间品质最优化。

专栏 5.6　土地用途管制制度

1. 土地用途管制的内涵

土地按用途可分为农用地、建设用地和未利用地。农用地是指直接用于农业生产的土地,括耕地、林地、草地、农田水利用地、养殖水面等;建设用地是指建造建筑物、构筑物的土地,包括城乡住宅和公共设施用地、工矿用地、交通水利设施用地、旅游用地、军事设施用地等;未利用地是指农用地和建设用地以外的土地。

1998年修订的《土地管理法》首次明确提出"实行土地用途管制制度",确立以土地用途管制为核心的新型土地管理制度。土地用途管制是指"国家为严格保护耕地资源,实现土地资源的合理利用和最优配置,促进经济、社会和环境的协调和可持续发展,通过编制实施土地利用规划和计划,依法划定土地用途分区、确定土地使用限制条件,实行用途变更许可的一项强制性管理制度"。实行土地用途管制的主体是中央和地方各级政府;土地用途管制的客体或对象是依土地利用规划已明确用途、数量、质量和位置的土地。土地用途管制制度不是单指某项具体的土地管理制度,是对一整套严格管控土地用途的制度和措施办法的总称。

2. 土地用途管制制度体系的主要内容

(1) 土地调查及确权登记发证是土地用途管制的基础。土地调查及确权登记发证是整个土地管理工作的基础与核心,实践表明,清晰的农村土地产权将有利于土地用途管制目标的实现。国土资源部联合财政部、农业部加快推进工作,集体土地确权登记发证工作取得积极进展;截至2013年第一季度末,我国农村集体土地所有权发证率达到73%,集体设用地使用权发证率达到84%,住宅基地使用权发证率达到80%。

(2) 编制实施土地利用规划和年度计划是土地用途管制的重要依据。1998年新修订的《土地管理法》中,第一次将土地利用总体规划列为专章,土地利用总体规划在土地管理工作中的基础性、先导性和综合性作用日益显现。按照有关规定,新增建设用地计划指标实行指令性管理,不得突破;没有新增建设用地计划指标擅自批准用地的,或者没有新增建设占用农用地计划指标擅自批准农用地转用的,按非法批准用地追究法律责任。

(3) 农用地转为建设用地审批是土地用途管制的关键和核心。《土地管理法》明确规定,"建设占用土地,涉及农用地转为建设用地的,应当办理农用地转用审批手续"。耕地保护目标责任制的建立,加强了对地方政府农用地转用审批的监管,有利于土地用途管制真正落实到位。各省(区、市)人民政府应对《全国土地利用总体规划纲要》确定的本行政区域内的耕地保有量和基本农田保护面积负责,中央对省级政府耕地保护目标责任履行情况进行考核。

(4)实施耕地占补平衡是实现土地用途管制目标的有效补充途径。目前我国已经初步建立起一套较为完整的非农业建设占用耕地和补充耕地的制度体系,包括以土地整理复垦开发项目形式实施、占用耕地的建设项目与补充耕地的土地整理复垦开发项目挂钩、在建设审批环节把关、所有补充耕地指标按照台账管理、储备库与先补后占、补充耕地备案与占补平衡全程监管、占补平衡年度考核等。

(5)强化土地执法监察是土地用途管制制度实施的重要保障。违法用地案件查处是保障土地用途管制目标实现的十分重要的土地管理手段之一,目前已经形成了违法用地案件的立案、查处和结案统计定期报告制度。案件查处能充分发挥对违法用地单位和个人的震慑和警示作用。

资料来源:孟祥舟等,《对完善我国土地用途管制制度的思考》,《中国人口·资源与环境》2015年第 25 卷第 5 期。

3. 由松散型城市建设向紧凑型城市建设转变

随着上海经济社会的快速发展,环境污染、交通拥挤、住房紧张和人口密集等城市问题进一步放大,激化了城市居民对城市居住生活环境现状的不满,城市发展的可持续性与公平性受到了高度关注。而基于对土地的混合使用和密集开发,用足城市存量空间,减少盲目扩张,使人们居住得更靠近工作地点和日常生活所必需的服务设施,在紧凑布局之中实现经济、人居、生态等城市功能的复合,紧凑城市理念为解决城市问题提供了一个崭新的方向。为此,上海亟待转变以往功能配套较为松散、容积率较低的布局模式,转向适应生产生活的要求,按最严格的节约集约用地要求,优化超大型城市用地标准,强化生态保护红线、永久基本农田保护红线、城市开发边界、文化保护控制线"四线"管控,引导各类建设用地紧凑布局。

4. 由土地利用平面化拓展向立体化开发利用转变

长期以来,由于地下空间权属尚未明确、用地性质受限、工业厂房使用权利人对工业楼宇接受度较低等原因,上海土地立体化开发仅主要停留在商业商务楼宇及交通综合体等领域,以"平面化拓展"为主的城市建设模式致使城市不断扩张,土地资源供需矛盾突出。但随着经济、科技的日益发达,土地资源等紧约束的日趋凸显,城市土地由平面资源利用向空间资源三维配置渐成趋势,并涌现出工业大厦、立体绿化、立体市政等多种新型模式。上海亟待适应从土地开发利用平面化拓展向立体化开发利用转变,注重垂直开发、重点区域容积率提升和地下空间开发利用,优化容积率管理,放宽工业用地容积率上限,有序提升地下空间开发利用水平,在有限的土地上提供更多生产、生活和生态空间。

5. 由禁止性规划管控向弹性规划管控转变

当前,城市规划部门对土地管控的作用主要表现在技术和管理两个方面。一方面,城市规划部门通过编制各种城市规划,尤其是总体规划、分区规划和控制性详细规划,对城市未来土地使用作出预期的安排,并以此作为土地开发建设项目的管理依据。但这个过程中存在不少问题。比如,城市总体规划或控制性详细规划在编制过程中对实际用地现状的使用节奏掌握不足,往往出现规划过于理想,但是实际用地实施推进困难的情况;还有,由于土地使用尤其是土地供应受市场和当时发展条件背景的影响,在经济利益等其他作用的推动下,控制性详细规划调整性比较大,规划妥协于短期利益;此外,实际土地供应过程中,规划部门的介入往往依据的是已批控规,即使预想每年通过编制土地供应年度计划来加强对城市土地供应的调控,但受限于市场条件,往往采用一地一议的方式进行。这些问题都导致了城市土地供应局限于短期土地价值的利用,脱离城市规划的远期目标,并且造成了更大层面的城市发展问题。因此,为缓解总体规划的长期目标与用地开发短期利益的博弈矛盾,应当在土地出让环节,赋予城市规划更多的弹性。上海未来也应由禁止性为主的土地规划管控向禁止与鼓励相结合的弹性管控转变,注重在满足城市安全底线的基础上强化规划管控与产业发展的匹配性和联动性,进一步激发市场活力。通过构建土地利用综合评价体系,实施差别化的要素配置机制,强化土地全生命周期监管,实现土地管理的科学化、精准化。

6. 由强调部门单一管控向多主体协同治理转变

每一个城市的高效发展历程都是将产业结构和土地合理利用相结合的过程,产业比重由第一产业向第二产业转变,又从第二产业转变成第三产业,同时又是土地资源的作用在第二、第三产业之间不断变化的过程,这样才能够实现二者相互协调、良性互动,才能够促进区域经济的协调发展。土地作为一种特殊的经济要素,土地利用效率的高低、合理、有序都将会影响到产业结构调整的合理性,同时,优化产业结构,提升产业的质量效益,又是提升土地利用效率的根本举措,两者相辅相成,相互制约又相互促进,不可偏废。由此,土地利用效率的提升也不仅仅是土地管理单个部门的工作。上海要提高土地资源利用效率,除了要创新土地利用模式和优化土地管理方式,提升土地资源集约节约利用水平,还要从根本上推动上海高质量发展,围绕重点领域和关键环节,强化与产业管理主体的协同配合,激发市场主体、园区自主提高产出的积极性,以供给侧结构性改革为主线,深入实施创新驱动发展战略。

5.3.2 基本策略

1. 贯彻落实新一轮总体规划,强化战略引领和刚性管控

要坚持总量锁定。严格按照城乡总体规划和土地利用总体规划编制,划定永久基本农田保护红线、生态保护红线和城市开发边界,以规划线刚性控制,锁定建设用地总规模。到 2035 年,建设用地总规模不超过 3 200 平方公里。要巩固生态用地底线。继续坚持最严格的耕地保护制度,保护好永久基本农田,严格控制新增建设用地,加强郊野公园、水环境综合整治等重点领域的生态建设和修复,强化农地复合利用,完善田、林、水协调建设政策,锚固城市生态基底,优化土地利用空间结构,保障生态文明。

专栏 5.7　"上海 2035"总规的七个特点

1. 体现全球发展趋势与上海实际相结合,国家战略与公众意愿相统一。按照"目标(指标)—策略—机制"的逻辑框架,建立起与发展目标、市民愿景相对应的发展策略,有效保障城市总体规划的实施和发展战略目标的实现。

2. 突出以人民为中心的本质要求,贯穿于总规编制的各个方面。在目标定位上,更加关注"人"的需求,将在上海生活、工作、学习、旅游等不同人群对于城市发展的愿景,真正反映和具体落实到规划中。在实施策略上,积极适应未来生活方式转变趋势,更加强调"社区"这一城市基本空间单元的建设,以15分钟社区生活圈组织紧凑复合的社区网络,促进生活、就业、休闲相互融合,提升市民的幸福感。

3. 构建更加开放协调的发展格局,呈现"全球互联、区域协同"的规划视野。从更开阔的视野、更高的定位去研究上海未来城市发展的战略框架,形成"网络化、多中心、组团式、集约型"的空间体系。

4. 坚持"底线约束、内涵发展、弹性适应",探索高密度超大城市可持续发展的新模式。由愿景式终极目标思维转变为底线型过程控制思维,牢牢守住常住人口规模、规划建设用地总量、生态环境和城市安全四条底线,合理分配各类城市发展战略资源。发展模式由外延增长型转变为内生发展型,土地利用方式由增量规模扩张向存量效益提升转变,在资源环境紧约束的背景下寻求未来上海实现开放式、包容性、多维度、弹性发展的路径和方式。

5. 发挥上海市规划和土地管理机构合一的体制优势,率先落实"两规融合、多规合一"。以主体功能区规划为基础,以城市总体规划和土地利用总体规划为主体,整合各类专项规划中涉及空间安排的要素以及相关政策,优化空间规划体系。

6. 适应后工业化时代的发展趋势,实现规划理念、体系和方法上的转变。充分考虑以互联网为代表的新一代信息技术对城市生活、生产、治理方式产生的深刻影响,在空间和功能布局上予以积极应对。同时,建立城市空间基础信息平台和城市发展战略数据库(SDD),既作为城市总体规划动态监测、评估、维护的重要依据,也为"智慧城市"建设与运行打好基础。

7. 突出规划的公共政策属性,体现其战略引领、结构控制和实施管控的法定特征。在成果体系及形式上进行创新,既落实国家要求、强化规划引领,也对应政府事权、强化规划实施。成果内容由规定性技术文件转变为战略性空间政策,强化规划的实施政策和实施机制,使城市总体规划成为更可操作、可执行的空间管理政策。

资料来源:《上海市城市总体规划(2017—2035年)》报告。

2. 聚焦重点领域,因地制宜推进释放土地资源利用潜力

上海土地利用效率偏低的主要问题在于以工业用地、集体建设用地为主的存量建设用地利用不经济,以及中心城区的城区品质和经济效益有待提升,而上述领域也正是上海未来的发展潜力所在。为此,上海未来应以满足经济社会发展需要为出发点和落脚点,坚持目标导向和问题导向,聚焦工业用地、集体建设用地、重点区域,从重计划配置、项目安排向尊重市场决定、注重制度设计转变,努力营造适应创新驱动发展要求的,激发土地利用效率提升活力的制度环境,充分释放上海土地资源利用的结构潜力、强度潜力、质量潜力、经济效益潜力和综合效益潜力。

3. 实施以减定增,增强城市可持续发展的资源保障能力

在大力推进建设用地减量化,实施新增建设用地计划实行稳中有降、逐年递减的同时,优化新增建设用地计划管理机制,促进建设用地流量增效。切实转变土地利用方式,通过加大存量用地挖潜力度,探索存量建设用地盘活政策,有效促进存量建设用地调整升级与更新,合理开发利用城市地下空间资源,完善用地市场,保障土地市场供给效率,完善用地指标管理,加强土地战略储备等,主要依靠减量化和低效盘活产生的建设用地流量来有效保障发展。新增建设用地着力保障基础设

施用地和民生、公益类项目用地,重点加强优化存量建设用地的布局、结构和功能,并适度向新城、核心镇、中心镇及重点地区倾斜。

专栏 5.8　上海低效建设用地减量化透视

"减量化"路线既定,但从何减起?

在经过一番摸排调查后,上海初步锁定了"减量化"的目标:不符合土地利用总体规划要求且社会经济或环境效益较差的现状建设用地,包括规划建设区外低效工业用地(2012 年调查显示,该类工业用地约 198 平方公里,简称"198"区域)和零散宅基地等,其中减量化的重点是"198"区域。

"198"区域主要是一些镇、村集体或私营企业,历史上也曾是上海经济的重要组成部分,为上海的发展作出过重要贡献。但随着时代变迁、产业升级,这些企业大多已不适应经济新形势,企业竞争力、经营效益下降,能耗、污染、安全等社会问题比较突出。

减量化是否取得了预期的效果呢?

上海的答案是肯定的。

减量化土地已经复垦为农用地或转为生态用地,腾挪出高效发展空间。减量化腾挪的土地指标用于符合规划要求的地区,实现建设用地总量不增加、土地集约、布局优化、功能提升、产业升级的目标。清退区域内的"198"企业后,消除了农村地区的主要污染源,大幅改善乡村环境质量。异地置换"造血机制"具有可复制性、可推广性,成功应用到一批经济欠发达街镇,保障了农民长效收益。与减量化行动同步建设的 7 个郊野公园,以发展都市现代农业为重点,并与农业园区、农业综合体、微农业等新型农业项目深度融合,为提振乡村经济,促进乡村振兴注入了新的活力。

总的来说,上海第一轮减量化三年行动取得了令人瞩目的成绩,以低效建设用地减量,倒逼区域转型发展,堪称对传统增量扩张模式的一场变革。但这并不

意味着减量化工作完美无缺，可以一成不变地照搬下去，或者干脆不用再做减量
化了。需要认清的是，上海土地资源供需矛盾依然突出，规划建设用地净增空间
已经极为有限，但每年各类建设项目新增用地需求十分旺盛。至2017年底，"198
区域"工业用地总面积剩余156平方公里，减量化任务依然繁重。

2018年4月，上海市长应勇在上海市规土局调研时提出，面对建设用地"天
花板"硬约束，要加大"腾笼换鸟"和区域转型力度，推进低效建设用地减量化，走
出土地高质量利用的新路。未来，上海要建设卓越的全球城市，必需"守底线、保
发展"，这就对低效建设用地减量化工作不断提出新的要求。

资料来源：《中国自然资源报》，2018年10月16日。

4. 实施绩效导向，树立"绩效论英雄"的土地利用理念

坚持安全第一、绩效优先，把深化"绩效论英雄"改革作为转变土地利用方式、
优化经济结构、转换增长动力的有力抓手，促进"有为政府"和"有效市场"更好统
一，深入推进资源要素市场化配置改革，激发各类市场主体创新活力，不断提高全
要素生产率，加快推动经济发展质量变革、效率变革、动力变革，为推进上海高质量
发展奠定坚实基础。把握存量开发的特征，充分注重各方利益主体诉求，综合考虑
利益平衡和引导，围绕规划落地实施，创新土地收储、土地出让等各个环节的利益
平衡政策机制，强化市场决定性作用和政策调控保障作用。在具体政策设计上，实
施资源利用效率评价，以评促转，以评促优，强调土地利用绩效提升和利益共享，建
立起兼顾国家、集体、个人的土地增值收益分配机制。

5. 注重功能提升，提升土地的综合承载力和城市品质

以提高城市活力和品质、实现全球城市发展为目标，积极探索科学的、可持续
的土地利用模式，重点以存量用地的更新利用来满足城市未来发展的空间需求。
同时做好城市文化的保护与传承，倒逼土地利用方式由外延粗放式扩张向内涵式
效益提升转变，促进空间利用向集约紧凑、功能复合、低碳高效转变。聚焦结构优
化，按照扩大生态用地、优化生活用地、控制生产用地的要求，优化"三生"用地结

构,保障生产空间集约高效、生活空间宜居适度、生态空间水绿交融目标实现。以提高市民的幸福感为出发点,创造多元包容和富有亲和力的城市公共空间,组织紧凑的社区生活网络和休闲空间,营造人与自然和谐共处、历史底蕴和现代气息兼容并蓄、城市乡村各具特色的空间风貌。

第6章

上海推动土地高质量利用的主要举措

进入新时代、面对新要求、对标新定位,上海亟待全面推进土地高质量利用,在坚持发挥市场配置资源决定性作用的同时,完善政府引导机制,综合利用市场、财税、行政和技术等手段,促进全社会提高土地节约集约用地水平,不断提升土地利用质量,进一步提升土地承载力和城市能级。

6.1　以产业转型促进效率提升

产业能级是决定土地利用效率的根本因素,也是决定土地空间开发强度的根本因素和前提基础。要把握全球产业布局调整机遇,顺应产业服务化、融合化的发展趋势,利用科技、人才、市场化、开放等红利释放效应,以不断优化发展环境提升城市吸引力,以品牌提升产业发展竞争力,促进城市产业向高端化、高新化、集聚化发展,打造"人无我有,人有我优,人优我特"的核心竞争力,通过全面提升产业发展质量促进用地效率提升。

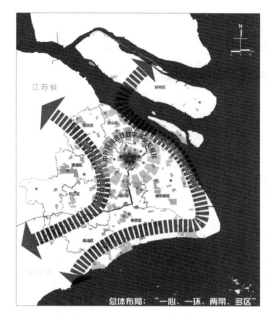

图 6.1　上海市产业总体布局

资料来源:《上海市产业地图》,2018 年 11 月。

6.1.1　以产业结构优化提高产出质量

从本质上来讲,土地利用方式的改变,是产业结构改变的必然体现,而产业结构的高端化发展,是土地利用效率提升的必然需求。上海应以产业结构的高端化、产业产品的品牌化来提升产出附加值水平,推动土地高质量利用。

1. 提升现代服务业能级水平

深化中心城市核心服务功能,围绕全球资源配置能力的要求,发挥外滩—陆家嘴金融集聚优势,构建"一城多点"布局,着力发展金融业。聚焦吴淞口国际邮轮港区、外高桥地区、北外滩、陆家嘴—洋泾、虹桥临空经济示范区和浦东机场等七大功能区,发展航运服务业。围绕生产性服务业,着力构建"一心一环多点"的布局体系,加快推动生产性服务业向专业化和高端化拓展。全面优化软件和信息服务业、文化创意产业、现代物流业、检验检测服务业、会展服务业、人力资源服务业布局。

聚焦创造高品质生活,加快推动生活性服务业向精细化和高品质提升。加强资源整合、功能重置和联动发展,完善交通、文化、医疗、教育、娱乐、餐饮等综合服务功能,进一步集聚和鼓励现有服务机构向地区总部、采购中心、管理中心等高端功能延伸。

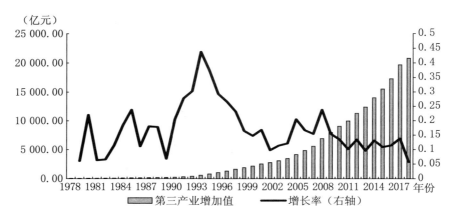

图 6.2　上海第三产业增加值变化情况

资料来源:上海市统计局。

专栏 6.1　上海全力打响上海"四大品牌"的总体目标

经过全社会共同努力,上海"四大品牌"的认知度、美誉度、影响力显著提升,服务国家战略的辐射带动能力显著增强,彰显高质量发展和高品质生活的标杆引领效应显著扩大,经济发展新增长点、新动能加快培育壮大,形成一批具有国际影响力的名企、名家、名师、名校、名医、名院、名胜、名品、名园、名店、名街、名展、名赛、名节、名会等,在全面服务国家战略中,加快构筑新时代上海发展战略优势。

打响"上海服务"品牌。在持续扩大上海优质服务供给规模的基础上,城市综合服务功能全面增强,全球资源配置能力明显提升,基本确立全球性人民币产品创新、交易、定价和清算中心地位,基本建成全球贸易投资网络的枢纽服务城市,基本确立航运服务全球枢纽节点地位,基本建成全球创新网络的重要枢纽。到 2020 年,服务经济占全市生产总值比重保持在 70％左右,建设形成 10 个左右服务经济创新发展示范区,服务领域涌现出一批具有国际影响力的品牌企业,"上海服务＝优质服务"的感受度和认知度全面加强。

打响"上海制造"品牌。制造业自主创新能力显著提升,互联网、大数据、人工智能与实体经济深度融合,产业集群发展格局基本形成,基本建成国际高端智造中心,加快迈向全球卓越制造基地。到 2020 年,战略性新兴产业增加值占全市生产总值比重达到 20％以上,战略性新兴产业制造业产值占全市制造业总产值比重达到 1/3 左右,打造 2 个、培育 4 个世界级产业集群,品牌经济贡献率明显提高,打造一批具有核心竞争力的制造领域名品、名企、名家、名园。

打响"上海购物"品牌。建设面向全球的消费市场,不断扩大国内外消费吸引力,消费新业态、新模式加快涌现,品牌集聚度、时尚引领度、消费创新度全面提升,消费者体验度、获得感、满意度明显增强,基本建成具有全球影响力的国际消费城市。到 2020 年,消费对经济增长年均贡献率保持在 60％以上,打造 2 条世界级商街、10 个国内一流商圈、20 个特色商业街区,打响 50 个具有鲜明上海特色的新品牌和 50 个老字号。

打响"上海文化"品牌。大力发展社会主义先进文化,积极培育和践行社会主义核心价值观,上海红色文化品牌、海派文化品牌、江南文化品牌全面打响,城市文化软实力显著增强,城市文化特质更加彰显,文创产业更加发达,文化事业更加繁荣,文化交流更加频繁,文化人才更加集聚。到 2020 年,文创产业增加值占全市生产总值比重达到 13％以上,打造 2 个以上平台级新媒体、2 家以上国内领先的新型主流媒体集团。

　　资料来源:中共上海市委上海市人民政府《关于全力打响上海"四大品牌"率先推动高质量发展的若干意见》,2018 年 4 月。

2. 积极促进制造业转型升级

积极发展先进制造业和智能制造业,引领制造业创新发展。充分发挥张江、紫竹、杨浦、嘉定、漕河泾、临港等科技创新中心重要承载区的作用,集聚创新要素,加强在智能制造、数字服务、生命健康等一系列前沿领域的布局。重点推动人工智能、工业机器人、工业软件、云计算、超大规模集成电路芯片设计和制造、抗体药和创新药物、中高端医疗器械设计和制造等辐射能力强、辐射面宽的产业发展。加快推进绿色能源装备、新能源汽车、下一代网络、卫星导航、抗体药、高端医疗器械等重点行业的倍增计划。实施工业强基工程,依托沿江临海先进制造业集聚发展带、嘉青松闵制造业转型升级示范带以及制造业特色产业集群,着力夯实制造业基础,全面提升上海极限制造、精密制造、成套制造能力。顺应全球产业发展在技术利用、模式创新等方面演进态势,推动传统产业升级改造。积极应用先进制造技术、信息技术改进优势传统产业生产组织方式和商业模式,提高产品价值含量。围绕两化融合、节能降耗、质量提升、安全生产等领域,推动制造业运用现代设计理念和先进设计手段,推广应用新技术、新工艺、新装备、新材料,实施新一轮企业技术改造,提高企业生产技术水平和效率,增强优质产品供给能力。为产业发展注入品牌内涵。振兴经典品牌,培育和引进一批适应和引领需求的新锐品牌,推动优质品牌高端化提升,不断增强上海制造业的公信度、知名度和美誉度。动态调整产业结构调整负面清单,坚定不移加大劣势产业和落后产能淘汰力度。

表 6.1　2017 年上海六个重点行业工业总产值及其增长速度

指　　标	绝对值(亿元)	比上年增长(%)
六个重点行业工业总产值	23 405.5	9.0
电子信息产品制造业	6 505.04	7.6
汽车制造业	6 774.33	19.1
石油化工及精细化工制造业	3 798.68	1.8
精品钢材制造业	1 281.40	2.0
成套设备制造业	3 978.73	4.2
生物医药制造业	1 067.32	6.9

资料来源:《2017 年上海市国民经济和社会发展统计公报》。

表 6.2　2017 年上海主要工业产品产量及其增长速度

产品名称	单　位	产　量	比上年增长(%)
原油加工量	万吨	2 489.49	0.8
钢　材	万吨	2 056.04	−1.1
汽　车	万辆	291.32	11.2
新能源汽车	万辆	8.90	43.8
3D 打印设备	台	514	54.8
工业机器人	万套	5.88	89.7
电力电缆	万千米	153.99	−5.1
智能手机	万台	4 508.20	2.1
集成电路	亿块	233.19	2.4
发电机组(发电设备)	万千瓦	3 458.46	35.0

资料来源:《2017 年上海市国民经济和社会发展统计公报》。

表 6.3　上海传统制造业重点产业集群主要园区布局表

行　业	主要园区载体
汽　车	安亭产业基地、金桥经济技术开发区、临港产业园区等
钢　铁	宝山钢铁基地
化　工	上海化工区、上海石化基地
船　舶	长兴岛船舶制造基地(东块、西块)及长兴岛船舶制造配套基地、临港海洋工程装备配套园区等
机械装备制造业	金桥经济技术开发区、漕河泾新兴技术开发区、闵行装备基地、临港产业园区等

资料来源:《上海市工业区转型升级"十三五"规划》。

专栏 6.2　以"负面清单"模式进行产业结构调整

2014 年 6 月 14 日,《上海产业结构调整负面清单及能效指南(2014 版)》发布,这标志着上海率先实施的"负面清单"管理模式对高载能行业由"限制发展"升级到"限制生存",将大大加速上海的产业结构调整。

《上海产业结构调整负面清单及能效指南(2014 版)》是国内推动产业结构调整领域第一本"负面清单",对以往产业结构调整的难点问题进行了突破。通过"负面清单"和"能效指南"的有机结合,形成了产业结构调整的"组合拳"。"负面清单"重点指向"压和减",具有约束性、强制性,旨在推进产业转型调整、拓展产业升级新空间;"能效指南"重点指向"新和增",具有较强指导性和前瞻性,旨在推动提升产业能级、培育新的经济增长点。2014版的上海产业结构调整"负面清单"针对12个重点行业,覆盖40中类行业。"能效指南"汇总梳理了石化、化工、钢铁、电力、建材等14个工业重点行业的产品能效标杆值、平均值和新建准入值,以及35个大类行业、155个中类行业的产值能效平均值,为更好指导产业节能减排、结构调整工作提供了有力的数据基础。

2016年,上海扩充修编了《上海产业结构调整负面清单(2016版)》,综合"产业发展、环境保护、安全生产、能效提升、资源利用、土地产出"等要素,新增了限制类、淘汰类条目107项。为此,2016版的《负面清单》中共涉及电力、化工、电子、钢铁、有色、建材、医药、机械、轻工、纺织、印刷、船舶、电信等15个行业,共488项内容(淘汰类316项、限制类172项,其中包括产品能效限定值类28项、环境污染类17项、高耗水工艺类13项)。具体的整改措施为:(1)属于限制类、淘汰类的企业、工艺、装备、产品等以及环境污染违法情况的,按规定实施差别电价政策;(2)对《负面清单》中所列淘汰类的落后生产工艺、装备、产品,应按规定期限淘汰,届时一律不得生产、销售、使用和转移。如企业未按规定实施整改,相关信息将记入该企业信用档案,提供给上海市公共信用信息服务平台。

据统计,2016年完成7家企业实施差别电价、12家企业退出实施差别电价。

资料来源:新华社,《上海:以"负面清单"模式进行产业结构调整》,2014年6月14日。

3. 加快农业结构调整步伐

着力推动农业由增产导向转向提质导向,提高农业供给体系的整体质量和效率。转变农业发展方式,提升农业科技和信息化水平,建成国家现代农业示范区。以崇明、浦东、奉贤、金山、松江、青浦、嘉定、闵行、宝山等九个区的涉农区域为重点,加快发展体现上海全球城市特色的现代都市农业,做精种养业,做深加工业,积极发展现代种业、智慧农业。大力发展生产、生态、生活多功能融合、高附加值都市现代农业,结合美丽乡村、粮食功能区等政策项目载体,鼓励各区打造独具特色、具有示范意义的田园综合体。适应上海大都市特点和市民消费新需求,加快培育一批休闲农业、精品民宿和乡村旅游示范项目。其中,近郊地区发挥交通区位和经济技术优势,重点发展市民农园、农业公园、科普教育园和农业观光园。中远郊地区重点发展休闲农业和乡村旅游,促进农业与旅游、文化创意、农产品精深加工和展销等深度融合发展,打造特色化、精品化、服务完善、深度参与和体验型的休闲、度假、养老等多元化的旅游业。

6.1.2　以科技创新促进产能接续

把握具有全球影响力的科技创新中心建设契机,坚持以科技创新为引领,加快培育发展新动能,为土地高质量利用提供不竭动力。

1. 围绕产业链部署创新链

坚持需求导向和产业化方向。面向经济社会发展主战场,推进科技创新,着力推动科技应用和创新成果产业化,解决经济社会发展的现实问题和突出难题。促进产学研资紧密互动发展,形成开放的产业创新生态群落,释放科技要素在产业结构调整中的效益。改革产业创新项目的形成机制。充分发挥市场对技术研发方向、路线选择、要素价格和各类创新要素配置的导向作用。围绕科技战略需求和企业技术需求编制梯度项目指南,吸纳来自企业和行业协会的专家参与项目评审,遴选有条件的企业、科研单位单独或联合组织实施产业导向类科研项目。优化政产学用合作机制。以建立协同创新平台为依托,充分发挥张江自主创新示范区和自贸试验区先行先试作用,加快构建以企业主导、院校协作、成果分享的模式,让企业真正成为研究开发的主体,形成政产学研用紧密合作的创新链条。打通科技创新与产业化应用的通道,推进科技成果处置权管理制度改革,建立市级科技成果转化项目库,制定促进新技术新产品应用的需求引导政策,引导民间资本通过贷款风险补偿、绩效奖励等方式参与成果转化。建立和完善支持创新产业、创新产品的政府采购制度。

2. 大力提升自主创新能力

面向世界科技前沿,着力提升原始创新能力,大力推动张江综合性国家科学中心建设,依托中科院等科研机构、上海科技大学等高校集聚优势,在关键问题上用力突破,把创新主动权掌握在自己手中。面向重大技术领域,着力构建技术创新体系,依托张江核心区和紫竹、杨浦、漕河泾、嘉定、临港等重点区域,突出各自特色,聚焦人工智能、集成电路、生物医药、航天航空、海洋工程等领域,加强重大共性技术和关键核心技术攻关。完善成果转移转化机制。深化完善首购、订购、首台(套)重大技术装备试验和示范项目推广应用和远期采购合约等采购机制以及"首购首用"风险补偿机制,搭建面向"四新"企业的采购平台,明确自主创新产品的认定标准、采购清单和指南,在政府采购和公共资源交易中,不断提高自主创新产品应用比重,促进新技术、新产品在全社会的推广应用。力争到 2035 年,全社会研究与试验发展(R&D)经费支出占全市地区生产总值比例达到 5.5% 左右,战略性新兴产业增加值占全市地区生产总值比例达到 25%。

3. 提升城市科技创新服务功能

尊重科技创新和科技成果产业化规律,对照纽约、伦敦、东京等全球城市科技创新服务功能建设的经验以及规律特征,聚焦上海的瓶颈短板,完善上海科技创新科技服务体系。深化国际金融中心功能与科技创新服务功能的联动,重点强化科技金融服务面的拓展,加大引进和培育 VC、PE 等股权投资机构或投资人。强化共性技术研发服务平台的功能建设,重点强化共性技术研发的战略规划、技术筛选以及应用推广等,强化行业科技创新服务的集成与联动。在张江上海光源、蛋白质科学设施等重大科学设施基础上,依托优秀科研机构和知名大学集聚优势,建设世界级大科学设施集群。着力打造一批综合性成果转移转化平台和示范区,重点提升知识产权保护和交易服务能级水平。大力提升科技服务业专业化水平,积极出台提升科技服务业专业化、国际化、品牌化发展水平的针对性扶持政策,重点打造知识产权保护、科技金融等领域的科技服务业品牌。同时,顺应信息化时代产业发展的基础设施要求,强化科技服务业建设。

6.1.3 以环境改善吸引产业集聚

上海要通过政务服务理念与模式的创新,平台载体服务功能的提升,以及人才高地的打造,构建高效、宜商的发展环境,助力产业集聚和发展,提高经济密度。

1. 全面优化营商环境

全面对标最高标准、最好水平,对照国际通行的经贸规则和全球最佳实践,高起点谋划、高质量推进营商环境改革工作,推动审批和服务流程再造,加快形成法治化、国际化、便利化的营商环境。围绕产业发展,贴近企业需求,始终把牢问题导向、需求导向、效果导向,围绕企业开办、成长、注销全生命周期,聚焦企业投资兴业遇到的难点、痛点、堵点,系统梳理、分类施策,在解决实际问题上下功夫。深化"证照分离""照后减证"改革试点,实现市场准入审批事项改革全覆盖,降低市场准入门槛和制度性交易成本。着力降低实体经济成本,加大减税降费力度,当好服务企业的"店小二",切实提升企业获得感。对标国际高标准投资贸易通行规则,深化跨境贸易综合监管制度创新,提高上海投资开放度便利度和贸易便利化水平。强化制度创新,着眼于激发市场和社会活力,着眼于提高资源配置效率,强化创新突破,强化系统集成,强化协同发力,着力补齐制度性短板、着力增强制度供给的及时性有效性,营造有利于企业公平竞争、有利于企业创新兴业、有利于企业成长壮大的制度环境。

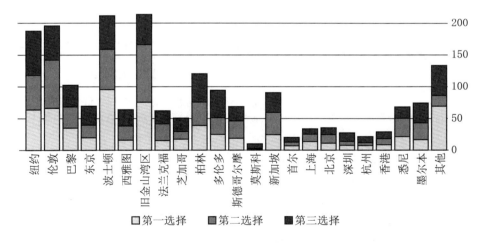

图 6.3　全球科学家最期望在此工作的前三位城市调查结果

资料来源:《2018 上海科技创新中心指数报告》,新华社。

2. 强化平台载体服务职能

强化园区载体、服务平台、品牌机构的引领带动作用,大力集聚全球高端要素和资源,为产业发展提供强有力的保障。加强产业园区软硬件基础设施建设,推广园区企业服务标准,打造园区建设、运营及管理领域标准化体系,提升园区服务集成化水平。建立集开放性知识管理、产学研共性技术研发、科技硬件资源共享为一体的技术创新服务体系,促进园区企业间合作交流。以公共检测、技术咨询、环保监测、污染防治、安全生产监控等公共共享设施建设为重点,满足园区企业的共性需求。立足服务于产业发展,着力提升张江、临港、世博、虹桥商务区等重点园区发展能级,加快推进桃浦、南大、吴淞、高桥、吴泾等重点区域转型升级,加快推进各类服务业集聚区内有关金融、物流、地理信息、服务外包、检验检测认证等专业服务平台建设,着力提升集聚区的发展水平和服务能级,形成一批品牌效应明显、产业高度集聚、配套功能完善的服务业创新发展示范区。

表 6.4 上海"十三五"战略性新兴产业重点产业集群主要园区布局

产业集群	主要园区载体
新一代信息技术	张江高科技园区、金山工业园区、漕河泾新兴技术开发、金桥经济技术开发区、康桥工业区、松江经济技术开发区、青浦出口加工区、青浦工业园区、市北高新技术服务业园区、嘉定工业区、崇明智慧岛数据产业园等
智能制造装备	临港产业园区、闵行经济技术开发区、宝山机器人产业园、莘庄工业区、嘉定工业区、奉贤经济技术开发区、松江经济技术开发区、康桥工业区、漕河泾新兴技术开发区、青浦工业园区、金山工业区
生物医药与高端医疗器械	张江高科技园区、漕河泾新兴技术开发区、闵行经济技术开发区、奉贤经济技术开发区、金山工业区、上海化工区、张江高新区青浦园、嘉定工业区等
新能源与智能网联汽车	安亭汽车产业基地、金桥经济技术开发区、国际汽车城、临港产业园区、张江高科技园区、南汇工业园区等
航天航空	张江高科技园区、祝桥航空产业区、紫竹高新技术产业开发区、临港产业园区、青浦出口加工区、航天产业基地等
海洋工程装备	长兴岛船舶制造基地(东块、西块)及长兴岛船舶制造配套基地、临港产业园区、浦东沪东、外高桥船舶基地、宝山工业园区等

（续表）

产业集群	主要园区载体
高端能源装备	临港产业园区、闵行经济技术开发区、奉贤经济技术开发区、宝山工业园区、漕河泾新兴技术开发区等
新材料	上海化工区、金山工业区、宝山工业园区、青浦工业园区等
节能环保	临港产业园区、张江高科技园区、漕河泾新兴技术开发区、莘庄工业区、嘉定工业区、宝山工业园区、奉贤经济技术开发区、金山工业区、上海化工区等

资料来源：上海市工业区转型升级"十三五"规划。

表 6.5　上海各区主导产业指引及主要园区布局

三大区域	区名	现状主导产业	规划主导产业	主要园区载体
沿江临海区域	浦东新区	电子信息、汽车制造、成套设备、生物医药、航天航空、新能源	四大板块：健康（生物制药、医疗设备及高精尖医疗器械）、装备（海洋工程装备、新能源产业高端装备、电子信息产业装备、大飞机整机）、信息、汽车	张江高科技园区、金桥经济技术开发区、临港产业园区、康桥工业区、保税区、航空城
	宝山	精品钢材、海洋装备	四大领域：新一代信息技术、高端智能装备（工业机器人系统集成、海洋装备工程）、新材料、生物医疗及高性能医疗器械	宝钢钢铁基地、宝山工业园、城市工业园区、机器人产业园区、月浦、杨行、罗店工业园区等
	崇明	精品钢材、海洋装备、先进数据	"2+1+X"产业体系：船舶制造、海洋装备、海洋装备配套及辅助产业等（长兴岛）先进数据产业等（本岛）	长兴岛船舶制造基地（东块、西块）及长兴岛船舶制造配套基地等、崇明工业园、富盛经济开发区、崇明智慧岛数据产业园等
杭州湾北岸地区	金山	精细化工、汽车及零部件、机械电子、食品加工、新型轻纺	四大产业集群：高端智能装备（智能制造装备、智能成套设备、新能源汽车及智能汽车）、新一代信息技术（新型显示、集成电路、智能终端、物联网）、生命健康（生物医药、医疗器械、健康护理、健康食品）、新材料	上海化工区经开区、金山工业区、金山第二工业区、上海石化基地、枫泾工业园区等
	奉贤	新能源、新材料、生物医药、智能电网（输配电）、先进设备、精细化工、汽车配件、电子信息	五大重点产业：新能源、新材料、生物医药、智能电网、先进装备	奉贤经济技术开发区、上海化工区奉贤分区、奉城工业园区、临港产业园区奉贤分区、上海化工经开区

三大区域	区名	现状主导产业	规划主导产业	主要园区载体
青嘉松闵地区	闵行	新一代信息技术、高端装备制造、新能源	"5+1"产业重点领域：高端装备制造（新能源、航天航空、轨道交通、海洋工程）、新一代信息技术、生物医药、新材料、智能制造（机器人、高档数控机床、智能电网）和都市工业	闵行经济技术开发区、漕河泾开发区蒲江高科技园、莘庄工业区、紫竹高新技术产业开发区、航天产业基地等
	嘉定	汽车、金属制品、电子电器、机械设备	四大产业集群：集成电路及物联网、新能源汽车及汽车智能化、高性能医疗设备及精准医疗、智能制造及机器人	嘉定工业园、安亭汽车产业基地、国际汽车城零部件产业基地等
	松江	电子信息、现代装备、精细化工、新材料、生物医药	"3+6"产业体系：电子信息、现代设备、都市型工业、新一代信息技术、智能制造、新能源、新材料、生物医药、节能环保	松江经济技术开发区、漕河泾松江新兴产业园、松江出口加工区等
	青浦	现代纺织、精密机电、印刷传媒、电子信息、文体休闲	"三新三优一品牌"：新材料、高端装备、生物医药、精密机电、电子信息、印刷传媒、特色产业	青浦工业园区、张江青浦园区、青浦出口加工区等

资料来源：上海市工业区转型升级"十三五"规划。

3. 全力打造人才高地

加大创新与专业导向的人才引进和培养力度。加强海外高层次科技创新型人才的引进，在原有政策基础上灵活采用以重大项目、产业联盟和创业基地等为载体的多种人才引进模式，吸引一批国际一流的战略科学家、科技企业家和高层次科研团队。积极引进国内中高层次科技创新人才。进一步完善居住证制度，客观上建立"来沪创新创业待遇比就业工作更好的"制度环境。加大本土创新型人才培养力度。积极实施上海科技领军人才培养工程，通过项目带动、产学研用结合、国际合作交流等形式，培养造就一批具有国际水平的科技领军人才。强化以企业家为中心的人才网络构建。要突出引进和培育企业家队伍，持续改善营商环境，培育有利于企业家成长和集聚的土壤。在吸引企业家的同时，积极培育本土的国际猎头机构，通过全面引进、柔性引进等方式，从全球各地引进具有影响力的投资家、创意人才和专业人才。重视吸引全球多元创新人才进驻。要拓展新兴产业与创意从业者发展空间,契合创意人群的个性特点和工作、生活模式,构建新的人才评估机制、地产开发理念和服务配套体系,促进相关人才的入驻。重视高技能和高附加值行业人才引进与培育,深入分析银行、法律服务、数字媒体、文化、软件开发与教育等专业人才以及智能制造领域的高技能人才的行业需求特点,改革针对上述人才的评估机制和服务配套模式,确立紧缺人才的引进和培育机制。搭建适应人才发展需求的事业平台。建设全球性的人才数据库,构建全球发布的信息系统,培育全球性人力资源专业公司。建立更灵活的人才使用策略,顺应未来非传统就业趋势,树立“只求所用、不求所有”的用人思路,将更多国内外人才纳入未来上海创造价值的过程。打造贴合创新创业人才需求的工作和生活环境。打造更多面向人人的“众创空间”,完善创新创业人才安居政策,着力提升创新人才生活的便捷度,打造更低碳绿色的居住环境,塑造城市人文格调。

6.2　创新土地开发利用机制

优化容积率管理制度和空间供给质量,发挥市场调节作用,形成“自下而上”与“自上而下”有机结合的土地开发利用新机制,促进空间利用向集约紧凑转变。

6.2.1　坚持密度分区和弹性控制

以密度分区为抓手,强化经济导向的间接控制,确保土地价值得到充分实现。

1. 坚持开发强度分层分区管控

科学合理的土地开发强度分区,是规划决策理性化的前提和依据,是避免城市用地超强度开发、强度分布混乱无序,从而导致城市景观、环境、历史风貌、公共空间和交通基础设施等方面产生一系列问题的有效技术手段。从目前来看,与其他全球城市相比,上海密度分区仍显粗略,主城区强度区划主要是按照道路交通区位的服务范围来进行测算,与城市规划的衔接度有所欠缺。为此,上海应坚持总量控制、结构优化,在现有密度分区实践的基础上,进一步按照总体规划—单元规划—详细规划的空间规划体系优化明确开发强度分区,形成主城区、新城、新市镇开发强度的合理梯度。其中,主城区着力提升能级和品质,增加公共空间和公共绿地;新城体现综合性节点城市功能,核心区域高效发展,提升城市活力和服务水平;新市镇统筹镇区、集镇和周边乡村地区,保留乡村风貌,打造宜居环境。"以强度换空间、以空间促品质",提高开发强度后腾挪出的土地用于增加公共空间、绿化、服务设施等。

表 6.6 上海主城区开发强度指标

用地性质	开发强度	I 级强度区	II 级强度区	III 级强度区	IV 级强度区	V 级强度区
住宅组团用地	基本强度	≤1.2	1.2—1.6 (含 1.6)	1.6—2.0 (含 2.0)	2.0—2.5 (不含 2.5)	2.5
	特定强度	—	—	≤2.5	≤3.0	>3.0
商业服务业用地和商务办公用地	基本强度	1.0—2.0 (含 2.0)	2.0—2.5 (含 2.5)	2.5—3.0 (含 3.0)	3.0—3.5 (含 3.5)	3.5—4.0 (含 4.0)
	特定强度	—	—	≤4.0	≤5.0	>5.0

资料来源:《上海市控制性详细规划技术准则》(2016 年修订版)。

表 6.7 上海新城、新市镇开发强度指标

用地性质	开发强度	I 级强度区	II 级强度区	III 级强度区
住宅组团用地	基本强度	≤1.2	1.2—1.6 (含 1.6)	1.6—2.0 (含 2.0)
	特定强度	≤1.6	≤2.0	≤2.5
商业服务业用地和商务办公用地	基本强度	1.0—2.0 (含 2.0)	2.0—2.5 (含 2.5)	2.5—3.0 (含 3.0)
	特定强度	≤2.5	≤3.0	≤4.0

资料来源:《上海市控制性详细规划技术准则》(2016 年修订版)。

2. 适当提高重点地区容积率

根据国际经验,实施较高幅度的高低限差异是提高土地利用效率,以及形成"疏密相致"空间格局的基础。但相较于全球城市,上海的开发强度高限以及高低

限差异均偏小,如纽约的住宅用地容积率高限为 10,高低限差异为 20 倍,而上海主城区的住宅组团用地的开发强度高限为 2.5,高低限差异仅为 2.1 倍;纽约的工业用地容积率高限为 10,高低限差异为 10 倍,而根据现行的《上海市控制性详细规划技术准则》(2016 年修订版),"为提高土地使用效率,工业用地的容积率指标不宜低于1.2","产业园区内的工业用地、科研设计用地、工业研发用地提高容积率,工业用地容积率不超过 2.0,科研设计用地、工业研发用地容积率不超过 3.0",上海现有工业用地容积率的高低限差异约为 2.5 倍。为此,建议按不同性质、不同区位条件,在对上海城市用地进行更加细化、优化的密度分区的基础上,对重点地区给予开发强度支持政策。其中,对城市主中心、副中心、地区中心等公共活动中心区域和市政府明确的重点区域,根据功能需求,经交通影响评估和城市设计研究,可增加开发规模。强化公共交通导向的土地利用,围绕轨道交通站点周边 500 米范围内进行高强度开发,形成紧凑集约的城市格局。

专栏 6.3　城市密度分区的理论渊源和中国实践

1. 城市密度分区的理论渊源

密度分区理论渊源最早可以追溯到 18 世纪初期理查德·坎蒂隆的残差地租理论,约翰·冯·杜能于 1826 年在此基础上提出了农业区位论理论。在阿尔申尔德·韦伯的工业区位理论、克里斯塔勒的中心地理论不断延伸下逐渐形成了城市内部分区理论的雏形。最终形成从同心网理论到扇形理论,多核心理论再到中心商务土地利用模式的发展脉络。城市密度分区源于新古典主义经济学在城市土地使用的空间分布理论,阿隆索根据微观经济学的原理提出的土地竞租理论为城市密度分区奠定了经济学基础,同时确定了城市区位是影响城市密度分区的重要因素。由于阿隆索的竞租理论是建立在理想的单中心城市上的,为了应对多中心的出现,帕帕耶奥尔尤和卡塞蒂提出了多中心城市竞租模型,通过模型的均衡分析,能够准确地得出双中心城市的地租梯度和土地利用密度高峰点在城市空间的最易接近位置模型。而为了应对交通用地问题导致的交通成本变异,惠顿加入了交通收入弹性分析。格蕾瑟等论证了土地需求收入弹性的差异非常小,预测了单中心城市中,生活在内圈的是高收入阶层。这些理论的出现对于城市区位以及城市土地经济的再定义提供了多种参考,同时也完善了密度分区的理论基础。

城市密度分区是一种经济导向的间接控制,其价值在于确保土地价值得到充分实现。在密度分区的指导下,不同的城市地块被看成相应的具备空间属性的单元,其开发容量作为一种经济价值,必然与其本身属性相匹配,因此,城市空间单元的经济价值通过相应的密度(开发容量)得到转化和体现。

2. 城市密度分区的中国本土发展

中国的密度分区发展脉络是以 20 世纪 80 年代控制性详细规划为探索,在 90 年代以法定图则为传承,进入 21 世纪后以密度分区为完善。1982 年上海编制的虹桥开发区规划借鉴了美国区划技术,对规划片区进行了详细的分区和土地细分规划,确定了地块的用地性质、容积率、建筑密度、建筑后退等指标。2001 年深圳颁布施行了《深圳市城市规划条例》,正式确立了基于密度分区理论的法定图则制度。这也是中国首次将密度分区作为研究对象,进行系统的专题研究。

资料来源:金探花等,《从城市密度分区到空间形态分区:演进与实证》,《城市规划学刊》2018年 4 期。

6.2.2 提升产业空间供给质量

技术的发展影响了在城市中人们的生产生活的组织形式,也影响着城市的组织形式。要应对新技术带来的新形势和新挑战,通过土地利用模式的变化创建美好的城市空间。

1. 放宽产业用地容积率上限

随着建筑和物流技术的不断进步、配套的完善、产业融合的深化以及成本的降低,"工业上楼"逐渐被企业所认可、接受,并有助于实现土地资源日趋紧张下存量土地倍增效益。为此,建议上海加强空间集约利用引导,在锁定产业空间布局、产业规划,划定工业用地红线,优化密度分区的基础上,对符合高质量产业发展标准的产业用地,经产业和规划评估,可根据需求核定开发强度,并明确全生命周期管理要求,加强产业建筑方案核定。在严格保障工业用地发展空间,结构调整腾挪出来的土地指标,优先发展新的先进制造业项目的前提下,允许确有需求的工业园区的部分用地向研发用地转型升级,并对其进行密度分区管理,允许其最高密度分区的基准容积率上限可达 4.0 乃至 6.0。探索"工业大厦""摩天工厂"模式,鼓励专业开发主体参与园区二次开发。

2. 建立多样化的产业空间供应机制

按照市场调节、优化配置、公平竞争、机会均等的原则,创新产业用地供应模式,发展多层次、多样化的产业空间载体,实现产业用地资源最优化配置。对于一般区域、一般项目,采用"以供厂房为主、房地并举"的空间保障策略,允许一般存量工业用地二次开发项目准入条件略低于新增工业用地项目准入条件。对于重点功能区、工业楼宇及优质产业项目,支持其"带项目出让",借鉴浙江经验,结合企业营商环境优化,开展"标准地"土地出让方式试点,将企业投资强度、亩均税收、亩均增加值、全员劳动生产率、单位能耗增加值、R&D 经费支出与主营业务收入之比纳入土地"招拍挂"条件,同步推行发改委"一口受理"机制和严格合同履约承诺,在简化企业拿地手续的基础上,从源头上鼓励提升产业能级。强化合同履约管理,并严格规定自用年限、最小自持比例和转让对象,防止恶性竞争导致高地价、高楼价。在土地出让的过程中,适度通过统建、配建等方式,筹措产业用房和人才公寓,用于支持中小型企业孵化、完善区域配套环境,发挥调控平抑市场的作用。制定重点区域过渡性开发规划和土地建设管理的实施意见,按照其整体建设时序,借鉴前海 1.5级土地开发经验,针对近年内尚待开发的土地空间,特别是核心地块实施过渡性开发利用,以园区开发公司为主体,利用装配式建筑方式,建造服务周边区域的商业商务配套设施,在短期内形成产业聚集、吸引人气,提高土地产出效率,同时也为租约到期后的二级开发做好充分预热准备。此外,可通过建设装备建筑,发展占地少、无污染、广就业的都市产业。

3. 促进产业空间资源有序流转

完善土地收储机制,根据城市规划和年度计划,按照建设用地规模变化和土地市场调控要求,统筹考虑规划实施时序,合理安排土地储备规模,优先组织低效产业用地使用权收储。完善弹性出让年期政策,在综合评估不同产业发展周期和投入产出效益的阶段变化,综合考虑 2014 年弹性出让年期制度推行以来成效、问题的基础上,针对不同产业发展特点和不同类型产业项目制定科学的工业用地出让年限标准,依据出让年限标准按不同年期差别供应,降低企业用地成本,促进工业用地循环流转。推进产业用地"先租后让"使用试点,即对工业用地设定一定期限的租赁期,由企业先行承租土地进行开发建设和产业运营,待租赁期届满,经考核评价达到出让合同约定的固定资产投资强度、建设容积率、土地产出率、土地税收产出率等条件并缴清土地出让价款后,办理土地登记等用地手续的土地供应方式。研究出台工业楼宇分割转让办法,允许企业闲置用房在不改变用地性质,符合区域产业发展导向,保有最小自用比例的基础上,进行分层分栋转让。深化农村集体建设用地二级市场试点,积极复制推广松江试点经验,加大对农民集中居住项目的资金支持,建设农民集中居住社区。推动农用地与农村建设用地指标占补平衡。积极推进集体经营性建设用地入市,盘活闲置房地资源。

专栏 6.4 北上深工业、产业用地弹性出让政策解读

适用范围

北京:

2018 年 1 月 14 日,《北京市人民政府关于加快科技创新构建高精尖经济结构用地政策的意见》发布,在国务院和市政府批准设立的开发区、产业园区(以下统称园区)进行试点(总计 19 个国有园区),启动了"弹性年期出让土地和土地年租制"。

深圳、上海：

在深圳及上海,工业用地、产业用地的弹性年期出让土地政策已在全市全面展开。

出让年限

一般产业项目类工业用地,三地的出让年限都不超过 20 年。而在市级的重点产业项目用地还是有着区别。

北京：

国家和本市重大产业项目,经市政府批准后可适当延长,最长出让年限不得超过土地使用权出让用途法定最高年限。

深圳、上海：

市重点产业项目类工业用地,经有关部门批准后深圳最长出让年限可以为 30 年,上海为 50 年。

早在 2014 年,上海就将出让年限缩短至 20 年,同时为了打击"囤地"行为,要求一般情况下,土地获批后 2 年之内项目就得竣工,否则将面临被收回风险。同时规定土地不得整体或分割转让,从而打击市场以获取土地增值收益为目的的工业用地流转行为。

此外,还加强了开工竣工和投产时间管理,明确表示:原则上开工期限不超过交地后 6 个月,竣工期限不超过交地后 24 个月,且受让人只能提出一次开工延期申请和竣工延期申请,延期期限均不得超过 3 个月;对于情节严重的,可以收回土地使用权。

考虑到工业产品受市场、经济形势变化、产业结构调整等客观情况的影响,新规还引入了土地使用权退出机制,在工业用地开工约定日期和达产之后,受让人可因自身原因申请退出。

产业选择

北京、深圳：

在北京及深圳,土地弹性年限制度只是将产业区分为一般产业及重点产业,对于产业类型没有非常明确的限制。

上海：

2016 年 4 月 1 日，上海针对弹性年限制度又推出《关于加强本市工业用地出让管理的若干规定》，进一步规范了工业用地出让的管理。

规定中明确指出工业用地利用必须符合土地利用总体规划、城乡规划和产业发展规划，符合本市产业准入、用地标准、环境保护和社会管理等的要求。

"104"区块主要进行结构调整和能级提升，重点发展高端制造业、战略性新兴产业、生产性服务业，研发总部类用地可用于产业类项目和通用类项目。"195"区域按照规划加快转型，进一步完善城市公共服务功能，重点发展现代服务业，研发总部类用地可用于产业类项目。

资料来源：前瞻产业研究院，2018 年 8 月。

6.2.3 用好容积率激励杠杆

在充分发挥好政府的引导和服务作用的同时，通过放松管制、制定优惠政策，充分发挥市场在资源配置方面的决定性作用，吸引多元主体参与到土地利用效率提升的工作中来。

1. 简化容积率调整程序

城市是一个复杂的巨系统，动态变化是主要特征，而城市中的发展战略节点、发展方向尚不明确的片区或土地权属较复杂的街区，其不确定性更强。如果全然套用全方位"蓝图式"的规划编制和管理方法，必然会成为城市发展的制约。为此，建议借鉴国际大都市的经验，优化控详规划编制方法，衔接建设实施要求，在用地性质兼容、指标控制方面预留更大弹性。逐步将涉及提高容积率、支持改扩建的规划调整审批权下放至区级部门，允许各区按照建设项目管理程序，对未出让工业用地的容积率、建筑高度等，直接核定规划指标，无需调整控详规划。简化产业用地调整容积率分类处理审批程序,在符合规划、不改变用途的前提下,对于容积率和建筑高度指标在规划明确的弹性范围内的用地,按照建设项目管理程序予以确定,且对工业用地提高容积率,不再征收土地价款差额。

2. 做实容积率激励制度

目前,我国大多数城市都制定了容积率奖励政策,并根据城市自身情况规定了特定的奖励条件。但由于我国容积率奖励政策尚处于起步阶段,还没有形成完善的机制与体系,开发商往往选择向政府要求调高容积率,而不是利用容积率奖励机制,因此实际应用的实例比较少。上海可率先借鉴国际经验,根据自身实际条件进一步细化明确容积率奖励办法,明确容积率红利、转移、转让和储存的细则,明确开放空间、公共设施等内涵,以及容积率奖励及转移核算标准,并将该办法向全社会公开,同时注重在具体实施激励的过程中建立社会公众监督机制,在保障市民权益的基础上,通过做实容积率激励机制激发市场主体参与土地利用效率提升的积极性。

3. 激发区镇的积极性

设立产业园区"退二优二"专项资金,加大对区镇提高土地利用效率的资金支持,对市区两级在存量土地厂房等要素交易流转环节产生的地方留存税费,重点用于支持园区腾笼换鸟。深化土地管理"放管服"改革。进一步推进审批权下放,优化产业项目土地出让、方案审核等环节的审批流程,提高审批效率。完善提高土地利用效率的奖惩机制,实施差别化的要素区域配置机制。根据区镇低效用地退出情况、"土地利用绩效"完成情况,对于土地利用绩效完成情况好的区镇,按一定标准实施新增建设用地挂钩计划,并在能源消耗总量削减和主要污染物减排上给予倾斜。在符合土地利用总体规划的前提下,区政府可通过郊野单元(村庄)规划调整优化保留村的村庄建设用地布局,形成相对集中、集约高效的建设用地结构。郊野单元(村庄)规划明确的村庄用地范围调整,以及单独选址的乡村公益设施等建设项目用地,允许通过永久基本农田布局优化予以落地。

6.3 优化调整土地利用结构

优化土地利用结构，是提高土地利用效率的前提和基础。不同类型的城市用地对财政和投资存在不同的影响，这也意味着土地利用结构的变化会通过作用于投资结构从而影响经济产出，进而影响城市土地利用效率。上海应构建科学合理的土地利用结构，促进既定土地用量内的各种产出达到最优化配置。

6.3.1 构建与全球城市相适应的土地利用结构体系

针对当前上海建设用地中工业用地比重偏高，而交通、绿地、公共基础设施所占比重较低的情况，根据现代国际化大都市目前已经形成的生活、生态和生产用地的优先比例顺序，逐步压缩工业、仓储等生产性用地比例，适当提高公共基础设施和生态用地比例，尤其要确保郊区、城郊接合部等地区对公共基础设施和服务设施的用地需求，逐步形成符合上海打造宜居城市所要求的用地结构体系。

1. 推进工业用地减量化

工业用地进行缩量、转性、空间结构调整是上海土地利用优化调整的重中之重。而推进工业用地的减量化进程是优化上海土地利用结构的重点内容。要科学引导产业基地内产业的转型与升级，建立产业引进和退出的评估和决策机制。保障必要的先进制造业、战略性新兴产业和都市型工业发展空间，积极推进城市开发边界内存量工业用地"二次开发"和开发边界外低效工业用地减量，规划工业仓储用地面积控制在 320—480 平方公里，全市规划工业仓储用地总规模控制在规划建设用地规模的 10%—15%，产业基地内用于先进制造业发展的工业用地面积不少于 150 平方公里。

2. 提高生态用地比例

强化生态基底硬约束。构筑"双环、九廊、十区"多层次、成网络、功能复合的生态空间格局。增强"绿水青山就是金山银山"的意识，坚持节约资源和保护环境的基本国策。按照促进生产空间集约高效、生活空间宜居适度、生态空间山清水秀的总体要求,统筹山水林田湖草系统治理,形成合理的城市空间结构,促进经济建设、城乡建设和环境建设同步发展。至 2035 年,建设用地总面积锁定在 3 200 平方公里以内,生态用地(含绿化广场用地)占陆域面积的比例不低于 60%,森林覆盖率达到 23% 左右,人均公园绿地面积力争达到 13 平方米以上。生态空间主要分四类进行差异化管控,建立健全建设引导、生态补偿和动态调整机制。其中,一类、二类生态空间主要以改善生态环境质量为核心,以保障和维护生态功能为主线,划定并严守生态保护红线;将一类和二类生态空间作为禁止建设区,总面积 1 265 平方公里(其中规划范围内长江口及近海海域面积 411 平方公里,陆域面积 71 平方公里),禁止影响生态功能的开发建设活动。将其中具有特殊重要生态功能、必须强制性严格保护的区域,包括生态功能重要区域和生态环境敏感脆弱区域划入生态保护红线,实现一条红线管控重要生态空间。将三类生态空间划入限制建设区予以管控,禁止对主导生态功能产生影响的开发建设活动,控制线性工程、市政基础设施和独立型特殊建设项目用地。将城市开发边界内结构性生态空间划定为四类生态空间,包括外环绿带、城市公园绿地、水系、楔形绿地等,面积不小于 104 平方公里(均为陆域面积),严格保护并提升生态功能。

3. 适度控制商办用地供应节奏

根据城市功能和经济发展需求,适度控制办公用地供应节奏。提升商务设施集聚度,以中央活动区为核心,依托主城区"十"字形发展轴和公共活动中心形成若干商务集聚区,更好地承载金融、贸易、航运等全球城市核心功能。加强办公楼宇更新改造,甲级办公楼宇建筑面积占办公建筑总面积的比例达到 30%。加强会展、商业、文化等功能与商务功能的融合发展,提升商务区整体活力。至 2035 年,全市生产性服务业增加值占服务业增加值比例达到 70% 以上,全市商务办公总建筑面积约 1 亿平方米。积极推进办公设施高端化发展。重构核心办公区域规划,高地价优质区域发展高端办公。创意型办公用地结合产城融合理念和职住平衡混合利用思想,外移并与新城规划和大型社区建设充分结合。在商业用地的再开发上,除了转型成为高端服务设施,也可以探索在现有综合体内建设养老机构、幼儿活动空间等服务机构的可能性,为中心城区周边的居民提供增值服务。

专栏6.5　上海商务办公用地区域差异较大

上海核心商务区办公用地的供需状况基本平衡。但非核心商务区有的空置率达到了30%—40%。2013年上海甲乙级商务办公楼规模为1700万平方米,而最近4年计划推出和在建的办公楼规模800万平方米。楼宇经济(现代服务业集聚区)遍地开花,每个区都有2—3处集聚区。按人均占有面积算,办公楼的量显然过量的。上海的商业用房面积人均达2.48平方米/人,高于东京、纽约、巴黎与伦敦。综合体和购物中心达1300万平方米。

资料来源:仲量联行,《2013年3季度房地产市场分析报告》。

---

4. 合理安排居住用地

合理调控城镇居住用地规模,增加城镇居住用地特别是普通商品房和保障性住房用地规模,新增住房重点向新城、核心镇和中心镇倾斜。至2035年,全市城镇住宅用地规划约690平方公里,农村居民点用地约190平方公里。全市城镇住房建筑面积规模约9亿平方米,全市城镇住房套数约1100万套。根据人口分布导向,科学安排建设时序,合理调整居住用地的空间布局。主城区合理确定住宅用地供应规模,重点增加中小套型住宅的比重。至2035年,全市新增住房中中小套型占比不低于70%。提供公共服务设施完善的人才公寓、国际化社区等多元化住房类型,满足市民的多层次、多样化的住房需求。增加新城、核心镇和中心镇住宅用地的供应规模。确定撤并村范围和保留村布局,合理确定农民集中居住安置标准,落实农民集中居住安置空间,坚持"城镇集中居住为主、农村集中归并为辅"的总体导向,鼓励农民向城镇集中居住,严格控制撤并村范围内的个人建房,重点聚焦"三高"沿线、生态敏感地区、环境整治地区,分步推进30户以下自然村农民的集中居住。在符合区域控制要求和满足乡村景观风貌塑造的前提下,保留村内统一规划、集中建设的农民住房可按规划适当提高建筑高度。

5. 加强公共设施用地供给

充分考虑对外来人口的基本公共服务保障,在公共服务设施建设标准和用地供给上作一定的弹性预留,以满足城市实际服务人口对公共服务设施的合理需求。加强公共服务设施供给,至2035年,公共设施用地占全市规划建设用地比例不低于15%。提前布局和预留健康服务用地。构建有上海特色的养老设施体系,提升城市养老服务的基本公共服务能力,满足多层次、多元化养老服务需求,将以构建居家养老为基础、社区为依托、机构为支撑的养老服务格局为目标,开发建设多种养老产品,以满足多元化的养老需求,包括养老设施以及包含养老设施的一体化养老住宅地产。在中心城区及其医院附近,开发高层复合式老年公寓,即医疗、护理、配套一体的老年公寓。在中心城边缘区或新城内打造社区型一站式养老住宅,面向全年龄段老人提供立体化、多元化社区养老。包括老人公寓、护理院/医院(针对半护理、全护理老人)、商业配套设施等,为养老生活提供一站式服务。在优势生态资源区域,可配置高端度假式养老地产。增加各类体育运动场地、休憩健身设施和地方性文化设施,构建由社区文化活动中心、健康休闲中心、社区菜场等组成的社区交往体系。加强社区慢行网络建设,辟通街坊内巷弄和公共通道,串联地区中心和社区中心等主要公共空间节点,鼓励企业、学校等活动空间或设施对公众共享。至2035年,400平方米以上绿地、广场等公共开放空间5分钟步行可达覆盖率达到90%左右。

6.3.2　构建均衡的国土空间格局

以功能提升为出发点,以结构性优化调整为核心,从市域层面对城市功能和空间布局进行战略性调整和格局优化。

1. 优化城乡体系空间布局

落实主体功能区战略,扩大生态空间、保障农业空间、优化城镇空间。根据市域内不同地区功能定位和资源环境条件,提升主城区功能等级,完善新城综合功能,促进新市镇协调发展,实施乡村振兴战略,逐步形成"一主、两轴、四翼,多廊、多核、多圈"的空间结构和"主城区—新城—新市镇—乡村"的城乡体系。其中,"一主、两轴、四翼"是指主城区以中心城为主体,沿黄浦江、延安路—世纪大道两条发展轴引导核心功能集聚,并强化虹桥、川沙、宝山、闵行4个主城片区的支撑,共同打造全球城市核心区。"多廊、多核、多圈"是指基于区域开放格局,强化沿江、沿湾、沪宁、沪杭、沪湖等重点发展廊道,培育功能集聚的重点发展城镇,构建公共服务设施共享的城镇圈,实现区域协同、空间优化和城乡统筹。要加强城乡区域统筹,在上海市域范围内实行城乡统一规划管理,做到一本规划、一张蓝图覆盖全域。

2. 突出以交通骨架为引导的空间优化模式

交通是支撑城市发展的骨架,对引导城市空间布局具有重要作用。针对交通对城镇空间引导不足、客货运交通环境品质较低等问题,要强调以区域交通廊道引导空间布局、以公共交通提升空间组织效能,形成"枢纽型功能引领、网络化设施支撑、多方式紧密衔接"的交通网络。强化区域重要交通廊道对空间布局的引导作用。增强区域复合交通廊道上重要城镇的节点功能。沿沪宁、沪杭、沪湖等廊道,提升嘉定、松江、青浦等地区城镇的综合性服务功能和对近沪地区的辐射服务能力;沿沪通、沿江、沿湾、沪甬廊道,优化外高桥、空港、临港等地区的产业功能,强化奉贤新城、南汇新城的综合性功能和门户作用。提升多模式轨道交通网络对城镇空间的整合作用。按照"一张网、多模式、广覆盖、高集约"的土地利用理念,构建由城际线、市区线、局域线等组成的多层次轨道交通网络,以公共交通为主导,实现上海市域轨道交通网络内1小时可达,有效支撑和引导城镇体系优化并带动重点地区集聚发展,为主城区、新城、新市镇等提供便捷高效的轨道交通服务。突出交通枢纽对城市功能布局的优化作用。重点构建国际(含国家)、区域、城市等三级对外枢纽体系,提升交通枢纽对城市的服务功能,加强对市域土地利用结构的优化,并引导枢纽地区功能集聚和复合开发,成为城市重要功能的承载区。

表 6.8　市域对外客货交通枢纽一览

等级	枢纽	功能定位	交通方式
国际（国家）级枢纽	浦东枢纽 虹桥枢纽 洋山枢纽	上海国际航运中心核心功能节点、国家干线铁路枢纽站点，承担城市群间交通中转、与市内集散交通的中转和衔接功能，服务上海乃至长三角区域、长江流域、沿海经济带等腹地	航空 海运 铁路
区域级枢纽	上海站 上海南站 外高桥港区	上海国际航运中心主要功能节点、国家干线铁路枢纽主要站点，承担部分跨城市群的客货交通联系，长三角城市群主要城市间的中长距离城际交通与市内集散交通的衔接功能	海运 铁路 公路
城市级枢纽	客运中心 主城区：上海西站、龙阳路、迪士尼、杨行、莘庄、三林南等 城镇圈：安亭北站、松江南站、奉贤、青浦、南汇、惠南、金山滨海、城桥等	承担主城区、城镇圈与长三角区域的城际交通与市内交通的衔接功能，辅助中长距离城际交通出行，作为城际线接入中心城的转换节点	铁路 公路
	货运枢纽 徐行、四团、新浜（研究）、陆家浜（昆山）	结合产业布局优化，依托交通廊道设置，较少货运对城市交通的影响，提高服务效率	

资料来源：《上海市城市总体规划（2017—2035 年）》。

3. 以战略预留区应对重大功能需求

划定战略预留区，预留城市重大事件用地，建立战略预留区规划启动机制。在城市开发边界内划示战略留白空间，预控总规模约 200 平方公里。留白空间主要包括规划市级重点功能区及周边拓展地区、现状低效利用待转型的成片工业区以及规划交通区位条件发生重大改善的地区等。重点聚焦可能面临重大转型机遇的战略空间地区，主要用于重大事件、重大功能项目建设。预留大型综合性国际赛事场馆选址，带动城市更新和地区发展。结合战略留白空间，对其他专业性国际体育赛事场馆在空间上进行预控。

6.3.3　实施土地利用结构分区优化策略

1. 中心城区

重点实施城市复兴与高强度复合利用相结合的土地利用结构优化策略。一是加强历史风貌与建筑综合保护改造。借鉴国外城市复兴经验,通过打造各类主题创意文化及休闲娱乐街区,把上海的丰富历史文化内涵保留下来的同时,在处理好城市发展与保护的关系的同时,形成既有上海浓郁地方特色又有鲜明时代特点的现代化精明城市形象。二是推进高端高强度办公开发与旧有办公楼改造更新结合。应通过各种激励措施和市场运作模式,鼓励和促进旧有办公楼的更新改造,以解决上海办公楼总量过剩,高档楼宇不足的问题,同时可以促进办公楼宇的可持续利用。三是增加绿地与开敞空间,将公共空间的重要性置于私人利益上。加强开敞空间与绿地供给的容积率奖励、滨江岸线等公共资源的开放、住宅小区集中绿地的外部化与公共化、屋顶花园等立体绿化建设等,强化城市绿地可达性,以庭院绿地斑块和市政公共绿地斑块建设为依托,提高城市中心区绿地比例,实现生态环境多样性和异质性。

2. 中心城周边区域

重点实施职住平衡与新兴产业发展相结合的土地利用结构优化策略。上海外环及周边区域,土地利用粗放,布局分散,还未形成集聚效应,此外,该区域居住人口多城内工作,职住不平衡。为应对内环区域人口疏散需求,实现职住融合,要依托业已成熟的区位优势打造职住融合的城市土地复合利用模式。一是加强TOD导向的土地立体复合利用,尤其有必要加强TOD导向的小户型的高密度可支付住宅开发。更新地块可带规划条件出让。二是重构副中心体系,实现区位价值与职住融合。以城市睿智增长理念和新城市主义思想的指导线,充分体现区域职住融合的理念,作为中心城边缘区域的增长极,该中心应拥有产业、生活、娱乐、休闲、各类公共设施等。

3. 郊区

重点实施产城融合土地利用结构优化策略,提升郊区新城的综合性节点城市功能。重点建设嘉定、松江、青浦、奉贤、南汇等新城,培育成为在长三角城市群中具有辐射带动能力的综合性节点城市,按照大城市标准进行设施建设和服务配置。根据新城的城市定位特点,将部分公共服务机构、公共文化设施优先安排在重点发展的新城,引导和支持符合新城定位导向和就业容量大的产业项目集聚,提高新城内部工业仓储、商业办公用地以及土地性质兼容的比例,增加商业商务等混合功能的建筑体量。同时,加快推进新城范围内工业区升级改造和二次开发,完善区域公共配套服务,打造社区化的形态空间,合理运用居住证积分管理、户籍落户评分等政策工具,增强新城对于目标人口的吸引力,进一步促进产城融合。提升强镇服务与生活品质,突出镇在支撑新城、带动农村地区发展中的有效作用,加大轨道交通基础设施建设力度,形成镇与中心城区、新城等的便利交通体系。支持具有人文资源优势的镇积极发展文化创意等现代服务业和"四新经济",打造历史文化名镇。加快布局郊野公园、体育场馆、特色图书馆、特色博物馆等文化设施,强化特色功能、公共服务、环境品质和吸引力,吸引人口、人才集聚,提升郊区发展活力。凸显乡村人与自然和谐宜居功能。加强农村环境治理和绿化建设,彰显都市美丽乡村特色。结合郊野公园建设、耕地、林地、湿地和水源地保护,强化农村环境绿化和生态功能建设,提升郊区生态服务功能,逐步形成"水、林、田、滩"复合生态优化格局,全域推进美丽乡村建设。遵循乡村自身发展规律,充分体现上海农村的地域特征。

表 6.9　新城中心发展引导

名　称	总　体　导　向
嘉定新城中心	围绕远香湖,重点培育文化、科技创新等核心功能,形成辐射沪苏方向以及上海西北地区的区域综合服务中心
松江新城中心	围绕松江中央公园,重点培育文化、科教等核心功能,形成辐射沪杭方向以及上海西南地区的区域综合服务中心
青浦新城中心	围绕夏阳湖,重点培育文旅、商贸等核心功能,形成辐射沪湖方向以及环淀山湖的区域综合服务中心
奉贤新城中心	围绕金海湖,重点培育科技创新、商贸等核心功能,形成辐射杭州湾北岸地区的区域综合服务中心
南汇新城中心	围绕滴水湖,重点培育文化、科技创新、商贸等核心功能,形成辐射浦东南部,对接宁波和舟山地区的区域综合服务中心

资料来源:《上海市城市总体规划(2017—2035 年)》。

6.4 推进土地复合利用

作为一种紧凑高效、多样丰富、整体有序的用地方式,土地复合利用具有节能环保、节约资源、宜居宜业、提质增效等特征。上海亟待结合自身的发展特点和基础条件,明确土地复合利用的重点区域和具体方向,促进土地高质量利用。

6.4.1 明确土地复合利用的思路

方式创新和机制完善是上海深入推进土地复合利用的主要方向。上海应强化多部门协同,系统地、全方位地开展土地复合利用的政策创新、制度创新和管理创新,有效提升城市环境品质和土地资源综合效益。

1. 开发对象向不同类型城市用地的"大复合"转变

广义的土地复合利用是指将区域所需的各类功能在同一空间内系统性地结合,侧重于宏观层面的混合开发战略。狭义的土地复合利用是指单一宗地具有两类或两类以上使用性质,包括了土地混合利用和建筑复合使用,侧重于微观层面对于平面和立体的开发、建设和使用。目前,上海的土地复合利用实践多见于地上地下空间综合开发方面,尤其是居住、商业、办公等经营性物业的复合利用开发已经较为普遍。但是,由于制度瓶颈、开发权利以及预期收益等原因,经营性用地与公益性设施、各类公益性设施内部,以及建设用地与农用地、未利用地的多功能开发利用还较为鲜见。经营性建设用地的复合开发利用可依托市场机制来发挥资源配置作用,未来土地复合利用应该效仿日本、新加坡、中国香港等地,需要加强发挥政府的政策引导和底线管控职能,加强原土地权利人、企业的多方参与,围绕涵盖建设用地、农用地和未利用地的土地"大复合"利用方向,并朝着品质优越的城市环境、丰富活力的公共空间、绿色低碳的生态系统三者"相生相长"的目标迈进。

2. 开发理念向规划引领、主动整合和统筹开发转变

上海现有的土地复合利用往往是开发企业由于开发项目所处区位或开发条件

或政府要求,而选择了复合开发的方式,还未真正将土地复合利用上升到贯穿规划、利用、维护、经营等全过程,覆盖区域、街坊、地块等全空间的开发理念,未能主动去营造、整合、统筹"生活、生产、生态"一体的空间多功能复合开发利用。规划编制环节的用途兼容性引导,也很难从正面引导各类功能在空间上协调统一。对此,一方面,应加强规划和用地标准的引导,另一方面,应加强项目的规划设计。

3. 开发方式向更为弹性、多样化、多功能复合转变

上海自贸试验区综合用地规划土地试点政策,主要在用地政策方面给予了混合开发利用一定的绿色通道,强调明确"综合用地"这一用地性质后的规划编制、审批、土地供应、全生命周期管理等一系列的差别化管理口径,但其规划条件一旦在土地供应前确定后,用地条件就不能改变,与新加坡"白地"、香港"商贸用地"等相比,市场性欠佳、灵活性不足。对此,应效仿新加坡"白地",进一步探索在一定条件下"大类管住、小类放开"的用途自行调整政策。

专栏 6.6　自贸试验区综合用地规划和土地管理的若干意见(节选)

定义

综合用地是指土地用途分类中单一宗地具有两类或两类以上使用性质(商品住宅用地除外),且每类性质地上建筑面积占地上总建筑面积比例超过 10% 的用地,包括土地混合利用和建筑复合使用方式,与控制性详细规划中的"混合用地"规划性质相对应。

基本原则

按照"业态引领、用途引导、节约集约"的原则,促进工业研发、商务贸易、金融服务等复合业态的土地开发利用,进一步提高土地利用的质量和效益:

(一)坚持业态引领的原则。根据自贸试验区保税区域产业类型和特点,综合考虑区域环境、产业发展、基础设施等因素,合理规划布局,划分功能分区,引导用途混合、设定比例结构等;

(二)坚持用途引导的原则。编制用途引导表,在符合规划、安全、环保和卫

生等要求的前提下,兼顾相邻用地单位的意见,在区域建设总规模和用地结构控制范围内,鼓励按规划实施不同用途土地的混合利用和建筑的复合使用;

(三)坚持节约集约的原则。科学统筹区域综合用地的规模、结构、布局和开发强度,促进产业融合、布局优化和转型发展,提升区域品质,提高区域土地节约集约利用水平。

控制性详细规划编制内容及要求

自贸试验区保税区域的控制性详细规划,涉及综合用地的,其规划控制要求如下:

(一)结合现状发展条件及区域发展总体设想,合理划分功能分区。明确不同功能分区的主导功能和主导功能建筑规模的最低比例;

(二)鼓励地块用途兼容,用地类型实行两种或两种以上用途混合。应当综合考虑空间布局、产业融合、建筑兼容和交通环境等因素,提出自贸试验区保税区域综合用地功能引导要求,明确综合用地允许混合的规划用途类型、比例等;

(三)加强区域基础配套、公共服务、开放空间等研究,明确各类市政基础设施、公共服务设施、公共开放空间、停车设施等的配套要求;

(四)加强城市设计研究,提升整体品质,促进资源节约和环境友好。

资料来源:上海市人民政府网站。

4. 开发重点向重点功能区、产业园区和交通节点侧重

结合上海土地复合利用经验及以上国内外大都市土地复合利用相关经验和做法,上海在推进土地复合利用工作中,一要注重工作、居住、商业、娱乐、文化和休憩等多项城市机能的有机结合。对于经营性物业可借鉴日本疏密结合的垂直花园模式,对于产业园区可借鉴新加坡经验以社区理念打造科技创新园,促进"产城融合"。二要注重综合交通组织对土地复合利用的引导作用。构建多层立体的交通体系,结合轨道交通场站、综合交通枢纽等综合开发,以交通节点为核心,集聚多样化的生产、生活和生态功能,形成相互补充、相互裨益的关系。三要注重营造多样

化的公共生态空间。借鉴日本经验,通过配建洄游型的步行系统,开放低层空间,打造立体绿化和屋顶农业等手段,营造可供运动、休憩、文化和交流等多样化的公共空间,提高开放共享的生态绿地环境的数量和质量。

6.4.2　推进重点区域土地复合利用

1. 加大地下空间开发力度

推进分类、分层开发。在加快推进地下空间开发现状调查的基础上,对浅、中层地下空间(地面以下 30 米深度范围)重点安排交通、市政、防灾等功能,适度安排商业功能;深层地下空间(地面以下大于 50 米深度范围)做好快速交通、物流调配、雨水调蓄、能源输送等功能系统的预留控制。在浅、中层与深层地下空间之间的过渡区域,控制厚度约 20 米的保护层,作为近期暂不开发的安全缓冲带,提高地下空间安全利用标准。促进协调联通。坚持地下空间统筹规划、整体设计、统一建设、集中管理。深化地下空间的通道、管线等接口的预留控制,实现地下空间互联互通。在确保城市地质环境安全的前提下,加大地下综合管廊建设力度。推进地上与地下空间一体化。在确保使用安全的前提下,利用地下空间建设对地面环境有影响的设施。进一步加大上海地下空间经营性开发力度,借鉴东京、新加坡等城市经验,探索建设地下垃圾处理设施、物资储备设施、物流运输设施等,研究建立地下科技城的可能性。至 2035 年,主城区与新城新建轨道交通、市政设施(含变电站、排水泵站、垃圾中转站等)地下化比例达到 100%,并逐步推进现有市政基础设施的地下化建设和已建地下空间的优化改造。健全地下空间共同管理责任机制,逐步完善地上与地下空间权属、建设用地有偿使用的管理制度。

专栏 6.7　我国城市地下空间开发的发展现状和问题

发展现状

1. 规模增长迅速。近年来,随着工业化、城市化进程推进,我国城市地下空间开发利用进入快速增长阶段。"十二五"时期,我国城市地下空间建设量显著增长,年均增速达到 20％以上,约 60％的现状地下空间为"十二五"时期建设完成。据不完全统计,地下空间与同期地面建筑竣工面积的比例从约 10％增长到 15％。尤其在人口和经济活动高度集聚的大城市,在轨道交通和地上地下综合建设带动下,城市地下空间开发规模增长迅速,需求动力充足。

2. 利用类型丰富。城市地下空间开发利用类型呈现多样化、深度化和复杂化的发展趋势。类型上,逐渐从人防工程拓展到交通、市政、商服、仓储等多种类型;开发深度上,由浅层开发延伸至深层开发;具体项目上,由小规模单一功能的地下工程发展为集商业、娱乐、休闲、交通、停车等功能于一体的地下城市空间。

3. 综合效益显著。城市地下空间开发利用在城市发展中的地位和作用日益提高。一方面,在城镇化发展不断加速与生态环境要求不断提高的双重约束下,地下空间开发利用成为优化城市空间结构、提高城市空间资源利用效率的重要手段;另一方面,城市地下空间开发利用有利于增加城市容量、增强防灾减灾能力、缓解交通拥堵、完善公共服务和基础设施配套,经济、社会、环境综合效益显著,是建设资源节约型、环境友好型社会和践行生态文明的重要举措。

主要问题

1. 系统性不足。城市地下空间作为城市地面空间的重要补充,只有建立有机联系才能发挥其提高城市空间资源利用效率、实现综合效益的作用。目前,我国城市地下空间开发利用普遍存在系统性缺乏问题。一方面,城市地下空间之间连通性较差,同一地区相邻项目之间缺乏联系和贯通,存在零星、分散、孤立开发问题;另一方面,城市地下空间与地面空间协调不足,缺乏衔接,甚至相互矛盾,形成安全隐患。

2. 管理体制亟待完善。城市地下空间开发利用日趋复杂和综合,需要完善的配套管理制度及有关部门的密切配合。我国城市地下空间开发利用管理体制建设尚处于起步阶段,缺乏系统、规范的内容和程序要求,地下空间开发利用在规划建设、权属登记、工程质量和安全使用等方面的制度尚不健全。此外,地下空间开发利用涉及多个管理部门,存在多头管理或管理缺位问题。

3.规划制定落后于城市建设发展实践。我国城市地下空间规划制定尚处于探索阶段,存在规划组织编制主体不明确、规划体系不清晰、缺乏统一规范的规划编制要求等问题,对城市地下空间资源保护和合理开发产生不利影响。多数城市地下空间开发利用缺乏规划,城市地下空间规划制定普遍滞后于建设发展实践。

4.基本情况掌握不足。大部分城市对地下空间开发利用基本现状掌握不足。城市规划建设管理部门通过实施规划许可管理,对近期城市地下空间开发建设情况较为了解,但对早期建设的地下空间开发利用情况缺乏掌握。此外,数据共享不足、沟通不畅、统计口径和标准不一致等问题,也导致一些地方地下空间调查进展不顺。

资料来源:住房城乡建设部,《城市地下空间开发利用"十三五"规划》。

2.促进工业园区土地混合利用

促进产城融合,优化资源配置。灵活运用工业用地 7% 可做配建的政策,借鉴深圳、东莞模式折算为建筑面积的 30% 建设配套小型商业、员工宿舍,探索"制造＋研发＋商业＋宿舍"等交叉使用的多层工业楼宇模式。引入三维地籍等新技术,推进空间设施集中化、立体化设计。同时,在产业园区供地机制及地产开发上设置更高标准,即更加强调园区配套基础设施和服务品质,促进园区及周边空间格局趋于完善,以增强对高端人才等资源要素的吸引力。借鉴美国城市规划现从单纯的工程设计和区域规划,转变为规划设计、政策法规与管理措施三者相结合的有机体,进而引导城市发展与社区更新的经验做法,鼓励开展工业用地复合型规划设计。

3.优化商办楼宇环境品质

香港大部分建筑楼高均超过 200 米,因而其建筑底层通常采取开放式的开敞与半开敞方式,底层通常建成公共平台,以增加与社区、地下空间等的连通性。上海可借鉴其经验,强化底层空间开放化设计,设立开放平台,连接不同建筑物、不同用地类型和不同公园、娱乐场所、商业设施等各类公共设施。为支持高密度混合利用模式,必须加大基础设施特别是交通设施的投入,尤其要优化提升郊区新城商务区的交通可达性和地下空间利用,形成地下建造购物超市和地铁,地表修建城市交通和公园绿地,地上建造住宅、办公楼宇、学校等物业的立体利用格局。鼓励商务楼宇通过垂直绿化、屋面绿化、楼层绿化等手段增加绿化面积。

4. 推进轨交站点周边复合利用

重视综合交通体系及其周边土地的综合设计开发,发挥交通组织(出行方式、节点布设、通勤容量等)对空间复合利用的驱动性作用。在确保轨道交通功能需求和运营安全的前提下,强化轨道交通场站及周边土地立体开发力度。探索"综合用地"规划和土地复合利用方式,体现"功能混合、生态宜居、立体复合"的规划理念,与地区发展整体联动,进一步提高土地节约集约利用水平,在提升公共停车场、公交接驳、公共自行车配套等服务功能的同时,着力强化市政基础设施、商业经营设施等功能混合,引导"居职平衡"的工作和生活娱乐方式。

5. 探索试点乡村用地复合利用

优化乡村用地分类管理,在不破坏耕作层的前提下,允许对农业生产结构进行优化调整的项目(如在耕地上种植水果、花卉、药材等农作物),以及因现代化种植需要,在现有耕地上利用耕作层土壤生产并配建简易温室、大棚的农业生产项目仍按照耕地管理。允许休闲农业和乡村旅游项目用地中,属农牧渔业种植、养殖用地,为观景提供便利的观光台、栈道等非永久性附属设施占用的农用地,以及村庄规划设计确定的零星公共服务设施用地及直接为农业生产服务的不小型排涝泵站等,仍按原地类认定和管理。鼓励乡村建设用地复合利用,发展休闲农业乡村旅游、农业教育、农业科普、农事体验等产业,拓展土地使用功能。乡村地区在符合规划、安全、生态等前提下,可以开发利用地下空间,解决乡村地区停车、存储等需求。探索农用地复合利用,在优先保障农业生产,不改变原土地用途的前提下,可将现状合法,已用于规模化、现代化农业生产的农业配套设施用地,如晾晒场、粮食和农资存放场所、大型农机具存放场所等用地,以及在不破坏土壤耕作条件下的非耕农用地，临时用于公共停车。鼓励农用地按照循环经济和综合经济模式引导，组合各类生产功能，如田渔复合、林养复合、田园综合等，实现土地功能复合。

6.4.3　构建土地复合利用的支撑体系

1. 尽快出台明确的规划指导

在上海自贸试验区综合用地规划土地试点政策的基础上，进一步在全市推出土地混合利用和建筑复合利用的规划和用地标准，探索推广土地用途管制负面清单管理模式，探索一定条件下"大类管住、小类放开"用途自行调整的政策，给予市场开发更多的灵活性。通过严格设定城市高密度复合开发区、限制开发区、疏解式开发区和禁止开发区，制定不同区域的规划管理政策，限制城市扩张范围，鼓励和引导对已有建设用地的充分使用。建立市场化的土地开发强度控制准则，通过土地价格与开发容积率的最佳配比研究，利用市场机制促进土地高强度复合集约利用。

2. 鼓励市场化的合作开发模式

借鉴港铁经验，依托轨道交通场站综合开发试点工作，深入探索轨交建设主体和知名开发企业的合作开发模式，厘清开发权责、收益分配、反哺方式和风险控制等运作条件，制定地上地下统筹规划方案以及分期、分割开发计划等，并在典型案例试点过程中，不断落实完善实施细则和操作路径。此外，对于其他公益性设施，也可视条件探索政企合作的特许经营模式、灵活的融资和运营方式，增强社会对基础设施开发建设的参与度，减少财政压力，实现政企共赢。

3. 研究出台全过程支持政策

现有的相关鼓励政策多在开发前期给予试点口径和政策优惠，但对于项目的开发进展、开发成效及长期运营情况缺乏过程性、持续性的奖优惩劣政策。建议实施土地复合利用项目全生命周期管理，对项目开工建设、功能实现、运营管理、节能环保和社会贡献等各要素全程跟踪评估。对于改善区域功能、提升环境品质、承担公益性责任成效显著的项目,可给予容积率减免、用途调整补地价打折、税金减免(或返还)等奖励政策,促进项目加快建设、高效运营,保障土地使用功能最优化和使用价值最大化。

6.5　完善土地管理制度

加强土地管理是土地集约节约利用、提升土地利用效率的基础。要着力构建土地利用综合评价体系,实施差别化的要素配置机制,强化土地全生命周期监管,构建起良好的土地管理运行模式。

6.5.1　构建土地高质量利用评价制度

综合考虑经济效益、功能效益、创新效益、生态效益和社会效益,全面构建土地利用绩效综合评价制度,以评促转,以评促优。坚持用市场化法治化手段,促进生产要素的合理流动和优化组合。

1. 科学建立综合评价指标体系

综合参考国家《开发区土地集约利用评价规程(2014 年试行)》和江浙等兄弟省市在土地利用效率方面的指标设计,立足上海《开发区综合评价土地集约利用指标》等基础,适应新形势下上海进一步提升土地利用效率的要求,结合产业结构和企业规模特点,推进"亩产论英雄""效益论英雄""能耗论英雄""环境论英雄"改革,建立涵盖投资强度、地均产值、地均税收、单位产出能耗、研发投入、市场占有率、产出增长率、劳动效率等指标的企业土地利用效率综合评价指标体系,科学设定综合评价指标权重。指标的设置要有代表性和可操作性,数据来源应真实可靠、简便可行,权重的设置要有导向性和科学性,体现转型升级发展方向。市级统筹部署,区级负责实施,在市级评价办法指导下,各区因地制宜制定具体评价办法。

表 6.10　开发区土地集约利用程度评价指标体系

目　　标	子目标	指　　标
土地利用状况（A）	土地开发程度（A1）	土地开发率（A11）
		土地供应率（A12）
		土地建成率（A13）
	用地结构状况（A2）	工业用地率（A21）
		高新技术产业用地率（A22）
	土地利用强度（A3）	综合容积率（A31）
		建筑密度（A32）
		工业用地综合容积率（A33）
		工业用地建筑密度（A34）
用地效益（B）	产业用地投入产出效益（B1）	工业用地固定资产投入强度（B11）
		工业用地产出强度（B12）
		高新技术产业用地产出强度（B13）
管理绩效（C）	土地利用监管绩效（C1）	到期项目用地处置率（C11）
		闲置土地处置率（C12）
	土地供应市场化程度（C2）	土地有偿使用率（C21）
		土地招拍挂率（C22）

资料来源:《开发区土地集约利用评价规程(试行)》,2008 年。

表 6.11　开发区土地集约利用评价指标权重区间表

目　　标	权重区间		子目标	权重区间	
	下限	上限		下限	上限
土地利用状况（A）	0.38	0.46	土地开发程度（A1）	0.23	0.33
			用地结构状况（A2）	0.22	0.33
			土地利用强度（A3）	0.38	0.51
用地效益（B）	0.33	0.41	产业用地投入产出效益（B1）	1.00	1.00
管理绩效（C）	0.18	0.24	土地利用监管绩效（C1）	0.52	0.61
			土地供应市场化程度（C2）	0.39	0.48

资料来源:《开发区土地集约利用评价规程(试行)》,2008 年。

表 6.12 　上海开发区综合评价土地集约利用指标

指　　　标	权　　重
工业用地(工业总产值)产出强度	0.15
单位土地(营业总收入)产出强度	0.25
单位土地利润产出强度	0.2
单位土地税收产出强度	0.2
园区土地建成率	0.15
综合容积率	0.05

资料来源:《上海开发区综合评价办法》,2017年。

2. 建立企业分类综合评价机制

健全土地调查、监测、统计和动态更新机制,提高土地数据的准确性。依托上海大数据中心的建立,进一步打通全市空间地理信息库、法人库、经济社会信息库等,建立统一的数据平台,并定期开展分企业、分产业、分平台、分区域多层次综合评价分析,自动生成“一企一单体检报告”和各个维度的预警信息。在此基础上,结合规划引导、行业特征和企业特点等因素,设定资源利用效率评价分类分档标准,并综合考虑区域特色产业、品牌、专利、环保、安全等奖惩因素,设立加分、降级、一票否决等调整规则。定档评价结果可通过公开媒体或政府网站适时向社会进行公示。按照循序推进原则,先期可聚焦规模以上工业企业、工业用地进行评估,后期逐步将评估范围拓展到规模以下工业企业以及服务业等领域。

专栏 6.8 　构建全市数据资源共享体系——上海市大数据中心正式揭牌

2018 年 4 月 12 日下午,上海市大数据中心正式在沪揭牌。该中心将构建全市数据资源共享体系,制定数据资源归集、治理、共享、开放、应用、安全等技术标准及管理办法,实现跨层级、跨部门、跨系统、跨业务的数据共享和交换。

上海市大数据中心的主要职责为贯彻落实国家大数据发展的方针政策,做好上海大数据发展战略、地方性法规、规章草案和政策建议的基础性工具。该中

心承担制定政务数据资源归集、治理、共享、开放、应用、安全等技术标准及管理
办法的具体工作。同时,推进上海政务信息系统的整合共享,贯通汇聚各行、各
行政部门和各区的政务数据。

　　在相关部门的指导下,上海市大数据中心将承担政务数据、行业数据、社会
数据的融合工作,开展大数据挖掘、分析工作,承担全市政务云,以及上海政务网
的建设和管理,指导各区、各部门数据管理工作,配合相关部门开展全市数据安
全、数据管理的绩效评估和督查工作。

资料来源:东方网,2018 年 4 月 12 日。

6.5.2　实施差别化的要素配置机制

　　差别化的配置政策是政府调配资源要素和调控区域经济的重要工具之一。在
建立土地利用综合评价体系的基础上,要着力以要素的市场化配置为重点,实行
"区别对待、分类指导、有扶有控、突出重点"的政策取向,促进要素自由流动,企业
优胜劣汰。

　　1. 实施差别化的要素价格配置办法

　　探索"以税控地,以地促税"的税收调节机制,按照土地利用效率实行城镇土地
使用税分类分档差别化减免政策,加大对亩产税收贡献大、符合产业转型升级方向
企业的扶持力度,促进土地资源集约节约利用。实施产业用地地价与产业绩效挂
钩,对于企业分类综合评价定档较高的企业,加大土地供给支持力度,优先配置增
量土地,提高企业用地容积率,降低水、电、气、土地等生产要素的供给价格;对于企
业分类综合评价定档较低的企业,要求其加大技术改造投入的支持力度,促进企业
加快创新发展步伐,着力提升企业产出效率。加大土地产出率低下企业的调整退
出倒逼机制,增加其用地、水、电、气、排污等资源要素的供给价格,增加其运行成
本,倒逼其调整退出。对于产业项目类工业用地、标准厂房类工业用地出让起始
价,结合全国工业用地出让最低价标准和上海工业用地基准地价决定,产业项目类

研发用地、通用类研发用地出让起始价按根据上海研发用地基准地价决定,优化明确地价的支付额度和支付方式,对于弹性出让的土地出让金,探索分期方式缴纳,并规定最长缴款期限。

表 6.13　上海基准地价成果表(楼面地价)

用途	住　宅		商　业		办　公		研发总部		工　业	
级别	价格	设定容积率	价格	设定容积率	价格	设定容积率	价格	设定容积率	价格	设定容积率
1	25 840	2.5	34 060	4.0	22 850	4.0	—	—	6 500	2.0
2	18 890	2.5	27 090	4.0	17 040	4.0	—	—	4 350	2.0
3	15 220	2.0	19 670	2.0	12 910	4.0	—	—	2 740	1.6
4	12 750	2.0	15 270	2.0	10 990	3.5	—	—	1 450	1.6
5	10 730	2.0	11 130	1.8	7 350	3.5	—	—	990	1.6
6	8 200	1.8	8 120	1.8	5 780	3.5	1 550	2.0	860	1.2
7	6 160	1.8	5 770	1.6	4 230	2.5	920	2.0	615	1.0
8	4 370	1.4	4 400	1.6	3 090	2.5	675	2.0	450	1.0
9	2 810	1.4	2 910	1.2	2 070	2.0	450	2.0	300	1.0
10	2 090	1.2	2 230	1.2	1 370	2.0	—	—	—	—

注:价格单位:元/平方米;基准日:2013 年 1 月 1 日。
资料来源:上海市规划和国土资源管理局。

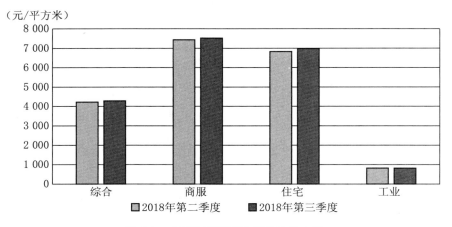

图 6.4　全国主要城市分用途地价水平

资料来源:《2018 年第三季度全国主要城市地价监测报告》。

表 6.14　2018 年第三季度一线城市各用途地价增速

监测范围	环比增速(%)				同比增速(%)			
	综合	商服	住宅	工业	综合	商服	住宅	工业
一线城市	1.81	1.13	1.73	2.14	7.6	4.2	7.66	8.84
北　京	1.51	1.41	1.52	1.74	6.56	6.2	6.61	7.84
上　海	0.37	0.54	0.28	1.44	3	3.04	2.9	4.75
广　州	2.28	0.56	2.91	2.96	11.37	3.68	14.48	13.45
深　圳	2.17	2.06	2.23	2.18	4.67	3.74	4.96	7.41

资料来源:《2018 年第三季度全国主要城市地价监测报告》。

2. 实施"以减定增"的用地指标管理

在土地资源紧约束条件下,上海只有通过存量优化、流量增效、质量提升等途径才能实现土地的可持续利用。为此,结合城市功能提升、产业结构调整、环境综合治理、土地综合整治等工作,要完善减量化支持政策,在继续推进城市开发边界外建设用地减量化工作的基础上,根据"利用效率高、要素供给多"的原则,结合各区、镇低效用的退出情况,以及"亩产效益"完成情况建立激励约束机制。即按照"以减定增"的原则,推行减量化、低效用地盘活和土地供应指标增减挂钩。建议在"198"区域"拆三还一"的基础上,对在"104"区块、"195"区域上提高亩均增加值、亩均税收的区、镇,按"盘一补一"的原则下达新增建设用地挂钩计划。对单位能耗增加值高、单位排放增加值高的区镇,在能源消耗总量削减和主要污染物减排上给予倾斜。探索建立指标平移等机制,多渠道、多方式保障各类用地的合理需求。

专栏 6.9　锁定城镇空间,划定城市开发边界

1. 遏制建设用地无序蔓延和保障引导功能发展并重,科学划定城镇空间

在优先划定生态空间和永久基本农田保护红线的基础上,以规划建设用地总量锁定为前提,根据全市城乡空间格局划定城市开发边界,促进城镇空间集约高效、紧凑布局。城市开发边界范围涵盖建成区和规划期内拟拓展的建设用地,具体包括主城区、新城、新市镇镇区、集镇社区、产业园区和特定大型公共设施等规划城市集中建设区。在全市层面,规划城市开发边界范围面积控制在 2 800 平

方公里以内(其中建设用地约 2 600 平方公里);在各区、镇乡层面,深化城市开发边界,落实规划建设用地规模控制,优化建设用地布局,明确管控要求。

2. 促进城市开发边界内空间紧凑集约

城市开发边界内强化城镇建设集中布局引导,推行集约紧凑式发展,提高土地综合利用效率。规划城市开发边界内建设用地规模达到全市规划建设用地总规模的 80% 以上。

3. 推进城市开发边界外的建设用地减量

加强城市开发边界外郊野地区空间优化和土地节约集约利用引导,运用土地综合整治平台,逐步完善生态和生活功能,重点推进低效工业用地和农村建设用地减量,规划城市开发边界外建设用地由现状 868 平方公里减少到 600 平方公里,至 2035 年,累计减量化规模达到 268 平方公里。开发边界外严格限制除市政、交通基础设施以外的其他建设用地。

资料来源:《上海市城市总体规划(2017—2035 年)》。

6.5.3 强化土地全生命周期监管

根据土地节约集约利用和城市发展方式转变要求的明确和深化,从完善建设用地标准、产业项目准入、强化协同监管、低效用地处置等方面,进一步优化全生命周期管理要求。

1. 建立节约紧凑建设用地标准

按照"规土融合、土地复合、产城融合"的原则,完善覆盖城乡和各类产(行)业的上海建设用地节约集约标准体系,进一步发挥建设用地标准在规划编制、用地预审和土地利用管理中的控制引导作用。同时,形成用地标准实施评估、定期更新工作机制。

2. 实施高标准的产业准入条件

按照高质量发展要求,进一步推进产业结构调整,加强产业引导,更新上海产业用地指南,制定高质量的重点行业、重点区域产业项目的开发强度和产出强度标准,明确产出类型、投入产出、税收、就业、产业能级等产业项目绩效准入要求,作为

表 6.15　部分地区产业用地准入门槛一览

城市(等级)	制定年份	土地投入强度控制	土地产出效益控制
无　锡 (地级市)	2012	省级以上开发区投资强度 400 万元/亩、工业集中投资强度 300 万元/亩；一次性投资低于 5 000 万元的新建项目，原则上不单独供地	省级以上开发区均年产出 500 万元/亩，工业集中用地均年产出 400 万元/亩
常　州 (地级市)	2012	区级园区投资强度 300 万元/亩，镇、街道工业集中区投资强度 250 万元/亩；总投资 3 000 万元以下，用地规模 20 亩以下的新增工业项目原则上不单独供地	区级园区地均年产出 500 万元/亩，镇、街道工业集中区地均年产出 400 万元/亩
湖　州 (地级市)	2012	投资强度 200 万元/亩，其中战略性新兴产业用地 250 万元/亩，其中战略性新兴产业用地 250 万元/亩；总投资低于 3 000 万元的项目不单独供地	地均年产出 300 万元/亩，地均年利税 12 万元/亩
武汉东湖新技术开发区	2017	光谷生物城入园项目固定资产投资强度不低于 300 万元/亩	年产出强度不低于 800 万元/亩，项目达产后年均税收达 30 万元/亩以上
		未来科技城入园项目固定资产投资强度不低于 300 万元/亩	年产出强度不低于 800 万元/亩，项目(产业类)达产后年均税收达 25 万元/亩以上
		综合保税区入园项目固定资产投资强度不低于 300 万元/亩	年产出强度不低于 800 万元/亩，项目达产后年均税收达 25 万元/亩以上
		佛祖岭产业园入园项目固定资产投资强度不低于 500 万元/亩	年产出强度不低于 1 000 万元/亩，项目达产后年均税收达 30 万元/亩以上
		现代服务业入园项目固定资产投资强度不低于 300 万元/亩	年产出强度不低于 800 万元/亩，项目达产后年均税收达 25 万元/亩以上
		左岭产业园入园项目固定资产投资强度不低于 300 万元/亩	年产出强度不低于 800 万元/亩，项目达产后年均税收达 25 万元/亩以上
		中华科技产业园入园项目固定资产投资强度不低于 300 万元/亩	年产出强度不低于 800 万元/亩，项目达产后年均税收达 25 万元/亩以上
		光谷中心城入园项目固定资产投资强度不低于 500 万元/亩	年产出强度不低于 1 000 万元/亩，项目达产后年均税收达 30 万元/亩以上
		对于急需引进的战略性新兴产业或产业链上的关键环节项目，在履行相关决策程序后在固定资产投资强度、产出强度和税收等方面可适当放宽限制	

资料来源：吴群等，《中国城市工业用地利用效率研究》，科学出版社 2016 年版；
《武汉东湖新技术开发区产业项目准入标准(试行)》，2017 年。

地方管理部门进行产业项目立项、土地供应审批的依据,增强土地的宏观调控作用。根据产业调整、城市功能和土地承载的变化,产业准入条件设定应遵循针对性、系统性、动态性和稳定性,合理设定和动态调整,以在提升产业用地利用效率的同时满足产业发展的需要。

3. 强化全生命周期部门协同监管

优化土地全生命周期管理合同。完善与优化土地全生命周期管理合同中的土地开发利用约束条件,结合获地企业开发阶段、开发强度以及前期产出水平等因素,进行综合评价并决定后续土地供应规模。对重点区域、特殊产业实行分阶段权证管理,在项目建设开发、投产运行初始期及投产试运行期三个阶段设置相关的限制性条件。优化提升全覆盖、全要素、全过程的土地全生命周期管理要求,建立全市统一的土地全生命周期管理信息平台,通过多部门信息共享、动态监测,强化部门协同监管,加大事中事后监管力度。围绕土地全生命周期合同所涉及的土地、经济、环保等条件,深化相关部门的协同合作,特别是在项目竣工、投达产、达产后每3—5年内、期限届满前等环节强化协同监管。探索实行土地开发利用的“三维宗地”监管方式,加强智慧监管手段的应用。完善企业涉地信用信息征集、共享、使用和发布的机制,将建设用地使用权人依法用地情况纳入企业诚信档案,对违规用地和“圈地”“囤地”的单位,列入“黑名单”。

4. 加大对低效用地的执法处置力度

上海自 2014 年以来,出台了多个低效用地管理文件,对其标准界定、减量目标、方法策略和实施步骤作了比较明确的规定。但这些文件仍较为粗疏,如在《上海产业结构调整负面清单及能效指南》里的“淘汰类”产业用地和各级政府“关停并转”企业用地、超出合同约定一年以上未投产用地和“地均税收产出率”“地均主营业务收入产出率”这两项指标不达标的土地,才算是低效用地,对企业约束作用并不明显。为此,建议进一步完善上海低效工业用地的认定和处置办法。系统梳理全市低效用地、批而未用、用而未尽以及违法闲置用地,重点推进低效工业用地、宅基地(一户多宅等)、设施农用地等专项整治,针对因土地使用权人自身原因迟未整改的低效、闲置土地、违法用地,加强联合执法工作,确保各项政策执行到位。

参考文献

［1］上海市人民政府发展研究中心:《2016/2017 上海发展报告》。

［2］上海市人民政府发展研究中心:《调研专报〔2018〕第 18 号》,2018 年 6 月。

［3］上海市人民政府发展研究中心:《提高土地利用效率推动高质量发展——提高土地利用效率调研报告之三》,2018 年 6 月。

［4］《推进本市城乡一体化发展》,上海市人民政府发展研究中心课题,2014 年 5 月。

［5］周振华:《崛起中的全球城市》,格致出版社、上海人民出版社 2017 年版。

［6］上海发展战略研究所:《上海改造低效工业用地及提升用地效率的管理机制研究(简报)》,2017 年 9 月。

［7］上海发展战略研究所:《上海建设用地集约节约利用研究》,2012 年 3 月。

［8］上海发展战略研究所:《上海产业用地发展机制调研》,2017 年 1 月。

［9］上海发展战略研究所:《上海南站广场转型提升——定位与功能初步设想》,2017 年。

［10］杨帆等:《上海城市土地空间资源潜力、再开发及城市更新研究》,上海市人民政府重点课题研究报告,2015 年 8 月。

［11］吴冠岑等:《上海城市土地空间资源潜力、再开发及城市更新研究》,上海市人民政府决策咨询重点课题报告,2015 年 8 月。

［12］《上海土地复合利用方式创新研究》,上海市政府重点课题,2015 年。

[13] 上海市地质调查研究院：《上海土地复合利用方式创新研究》，上海市人民政府重点课题研究报告，2015 年 9 月。

[14] 胡国俊、代兵、范华：《上海土地复合利用方式创新研究》，《科学发展》2016年第 3 期。

[15] 陈基伟：低效工业用地再开发政策研究，《科学发展》2017 年第 1 期。

[16] 徐诤等：《"十三五"上海产业结构调整升级基本思路研究》，《科学发展》2015 年第 5 期。

[17] 王美娜：《我国城市土地供给现状分析及对策探讨》，《建筑经济》2011 年 6月增刊。

[18] 王金：《开发区土地利用效率研究——以湖北省为例》，2012 年 5 月。

[19] 汪德军：《中国城市化进程中的土地利用效率现状分析》，《辽宁经济》2008年第 8 期。

[20] 杨晓锋：《产业升级、收入增长与城市规模——基于 2002—2015 年 50 个一二三线城市的实证分析》，《经济体制改革》2017 年第 3 期。

[21] 世界银行系列报告：《上海 2050：空间转型（城市形态）》，2016 年。

[22] 李岩、陈伟新、梁芳：《绿色低碳视角下城市空间复合利用探析——以上海虹桥综合交通枢纽为例》，载《城乡治理与规划改革——2014 中国城市规划年会论文集》，2014 年。

[23] 郑刚、陈雷、华绚：《形象源于理念——上海南站的"大交通、大空间、大绿化"设计理念》，中国铁路客站技术国际交流会，2007 年。

[24] 孙施文、周宇：《上海田子坊地区更新机制研究》，《城市规划学刊》2015 第1 期。

[25] 牛星：《提高上海土地利用效率问题研究》，2018 年。

[26] 卫平、周凤军：《新加坡工业园裕廊模式及其对中国的启示》《亚太经济》，2017 年第 1 期。

[27] 杨畅：《乡镇工业园区土地资源二次开发的实证研究——以上海 55 家乡

镇工业园区为例》,《上海经济研究》2015 年第 1 期。

[28] 上海市经济和信息化委员会:《2017 上海产业和信息化发展报告——开发区》2017 年 12 月。

[29]《推动"亩均论英雄"改革进入全面深化阶段——浙江省人民政府关于深化"亩均论英雄"改革的指导意见》政策解读,《政策瞭望》2018 年第 2 期。

[30] 兰建平:《"亩均论英雄":努力寻求高质量发展的区域实践》,《浙江经济》2018 年第 9 期。

[31] 于晓飞:《全面开展企业综合评价精准推进工业领域"亩均论英雄"》,《浙江经济》2018 年第 9 期。

[32] 孟刚:《创新机制,优化平台——以高效率的资源配置助推高质量发展》,《浙江经济》2018 年第 11 期。

[33] 阮胜:《实施企业投资项目"标准地"出让制度提高土地节约集约利用水平——以绍兴市为例》,《浙江国土资源》2018 年第 8 期。

[34] 钟正:《土地供给侧改革典范:德清"标准地"》,《决策》2018 年第 7 期。

[35] 浙江省工业转型升级领导小组:《关于全面推行企业分类综合评价加快工业转型升级的指导意见(试行)》,2015 年。

[36] 浙江省人民政府:《关于深化"亩均论英雄"改革的指导意见》,2018 年。

[37] 苏州市政府:《苏州市工业企业资源集约利用综合评价办法(试行)》,2017 年。

[38] 苏州市政府:《关于开展工业企业资源集约利用综合评价工作的意见》,2017 年。

[39] 陈敦鹏:《促进土地混合使用的思路与方法研究——以深圳为例》,载《中国城市规划学会、南京市政府.转型与重构——2011 中国城市规划年会论文集》,2011 年。

[40] 田莉、姚之浩、郭旭、殷玮:《基于产权重构的土地再开发——新型城镇化背景下的地方实践与启示》,《城市规划》2015 年第 1 期。

[41] 卢丹梅:《规划:走向存量改造与旧区更新——"三旧"改造规划思路探索》,《城市发展研究》2013 年第 6 期。

[42] 赖寿华、吴军:《速度与效益:新型城市化背景下广州"三旧"改造政策探讨》,《规划师》2013 年第 5 期。

[43] 吴次芳、王权典:《广东省"三旧"改造的原则及调控规制》,《城市问题》2013 年第 10 期。

[44] 李志:《广东省"三旧"改造中的土地利用问题研究》,《现代城市研究》2013 年第 12 期。

[45] 祝桂峰:《广东"三旧"改造放缓背后》,《国土资源》2017 年第 5 期。

[46] 广东省人民政府:《关于推进"三旧"改造促进节约集约用地的若干意见》,2009 年。

[47] 广东省人民政府:《广东省人民政府关于提升"三旧"改造水平促进节约集约用地的通知》,2016 年。

[48] 国土资源部:《关于深入推进城镇低效用地再开发的指导意见(试行)》,2016 年。

[49] 广东省国土资源厅:《关于深入推进"三旧"改造工作实施意见》,2018 年。

[50] 北京市政府:《北京市"十三五"时期土地资源整合利用规划》,2016 年。

[51] 北京市政府:《北京城市总体规划 2016 年—2035 年》,2017 年。

[52] 山东省国土资源厅:《山东省国土资源节约集约示范省创建工作方案》,2017 年。

[53] 湖北省人民政府:《湖北省国土资源"十三五"规划》,2017 年。

[54] 武汉市人民政府:《关于进一步加强土地供应管理促进节约集约用地的意见》,2016 年。

[55] 厦门市人民政府:《关于印发推进工业用地节约集约利用实施意见的通知》,2014 年。

[56] 上海市人民政府:《上海市城市总体规划(2017—2035 年)》,2018 年。

［57］上海市人民政府：《上海市城市更新实施办法》，2015 年。

［58］上海市人民政府：《上海市土地资源利用和保护"十三五"规划》的通知，2017 年。

［59］国家统计局：《中国统计年鉴 2017》，2017 年。

［60］《城乡用地分类与规划建设用地标准》，2018 年。

［61］JTC Corporation Annual Report FY 2016.

［62］《上海土地批租健康有序发展的思路与对策研究》，1997 年。

［63］郭贯成等：《经济新常态下产业转型引致土地利用管理的新矛盾及其应对》，《中国土地科学》2016 年 1 月。

［64］《上海 10 年间建地变化情况之二》，《数读城事》2018 年 7 月。

［65］《广州市人民政府办公厅关于印发广州市土地利用第十三个五年规划（2016—2020 年）》2017 年。

［66］《关于〈深圳市土地利用总体规划（2006—2020 年）〉调整完善方案的公示》，2017 年。

［67］《天津市土地资源开发利用"十二五"规划》中期评估报告，2012 年。

［68］《苏州市土地利用总体规划（2006—2020）调整方案》，2017 年。

［69］《东京都统计年鉴平成 28 年》。

［70］《2015 年上海市国民经济和社会发展统计公报》，2016 年。

［71］上海地质调查研究院：《上海土地复合利用方式创新研究》，2015 年。

［72］SYSU 城市化研究院：《香港城市综合体规划控制研究》，2014 年。

［73］闫晓丹等：《"容积率"对城市土地利用的影响》，《内蒙古科技与经济》2012 年 11 月。

［74］中共上海市委党史研究室主编：《破冰——上海土地批租试点亲历者说》，上海人民出版社 2018 年版。

［75］庄幼绯、卢为民、王思：《互联网经济对土地利用的影响及对策》，《中国土地》2015 年第 11 期。

[76]《上海市人民政府关于印发〈上海市土地资源利用和保护"十三五"规划〉的通知》(沪府发〔2017〕24号),2017年5月。

[77] 林兰:《推行更好的TOD模式:城市交通和土地的整合利用》,《国际城市观察》2016年5月。

[78]《2018第69号国有建设用地使用权出让公告》,上海土地市场官网,2018年。

[79] 韩刚等:《国外城市紧凑性研究历程及对我国的启示》,2017年。

[80] 马强等:《"精明增长"策略与我国的城市空间扩展》,2004年。

[81] 关静:《以精明增长为指引的城市增长管理》,《社会科学家》2017年第10期。

[82] 诸大建等:《管理城市成长:精明增长理论对中国的启示》,《同济大学学报(社会科学版)》2006年第4期。

[83] 马强:《近年来北美关于"TOD"的研究进展》,《国际城市规划》2003年第5期。

[84] 张明、刘菁:《适合中国城市特征的TOD规划设计原则》,《城市规划学刊》2007年第1期。

[85] 沈果毅、方澜、陶英胜、胡晓雨:《上海市城市总体规划中的弹性适应探讨》,《上海城市规划》2017年第4期。

[86] Mayor of London, The London Plan, 2015年3月10日。

[87] The Mayor's Office of Sustainability & Mayor's Office of Recovery and Resiliency, One New York：The Plan for a Strong and Just City, 2015年4月22日。

[88] Creating the Future：The Long-Term Vision For Tokyo, 东京都政策企划局, 2015年3月27日。

[89] 香港规划署规划策略署:《香港研究2030》,2018年1月。

[90]《香港规划标准与准则》。

［91］新加坡城市建设局：《Development Control Handbook：Development Parameters for Residential Development》，2018 年 10 月。

［92］戴铜、金广君：《美国容积率激励技术的发展分析及启示》，《哈尔滨工业大学学报（社会科学版）》2010 年第 4 期。

［93］Raymond L.Sterling：《国际地下空间开发利用现状》，《城乡建设》2017 年第 1 期。

［94］郭研苓等：《从交通视角谈以公交为导向推进新城建设——以上海松江新城为例》，《上海城市规划》2010 年第 1 期。

［95］洪霞等：《我国与美国容积率奖励制度的比较研究》，载《城市时代，协同规划——2013 中国城市规划年会论文集（02-城市设计与详细规划）》2013 年。

［96］《浙江省关于全面推行企业分类综合评价加快工作也转型升级的指导意见（试行）》（浙转升办〔 2015 〕 13 号），2015 年。

［97］《"十三五"时期丰台区土地资源节约集约利用规划》，2016 年。

［98］《旧改以综合整治为主、拆除重建为辅》，《南方都市报》2016 年 11 月。

［99］《北京市规划国土委：北京将实现减量集约高质量发展》，新华社，2018 年 1 月 24 日。

［100］《方寸之地写神奇——北京市东城区节约集约用地记略》，《中国国土资源报》2013 年 10 月。

［101］董祚继：《强化规划统筹管控作用》，《中国国土资源报》2012 年 9 月 25 日。

［102］李国林等：《上海市滩涂资源开发利用与保护设想》，《水利规划与设计》2018 年第 4 期。

［103］张勇等：《沿海滩涂开发利用模式与创新途径》，《江苏农业科学》2018 年第 12 期。

［104］乡村振兴战略规划（2018—2022 年）。

［105］《市政府关于印发〈上海市环境保护和生态建设"十三五"规划〉的通知》，

2016 年 10 月。

[106] 孟祥舟等:《对完善我国土地用途管制制度的思考》,《中国人口·资源与环境》,2015 年第 5 期。

[107]《2017 年上海市国民经济和社会发展统计公报》,2017 年。

[108]《上海市工业区转型升级"十三五"规划》,2016 年 12 月。

[109]《2018 上海科技创新中心指数报告》,新华社,2018 年。

[110] 上海市控制性详细规划技术准则(2016 年修订版)。

[111]《上海开发区综合评价办法》,2017 年。

[112]《开发区土地集约利用评价规程(试行)》,2008 年。

[113]《2018 年第三季度全国主要城市地价监测报告》,2018 年 10 月。

[114]《武汉东湖新技术开发区产业项目准入标准(试行)》,2017 年。

[115]《中共上海市委上海市人民政府关于全力打响上海"四大品牌"率先推动高质量发展的若干意见》,2018 年 4 月。

[116]《上海:以"负面清单"模式进行产业结构调整》,新华社,2014 年 6 月。

[117] 金探花等:《从城市密度分区到空间形态分区:演进与实证》,《城市规划学刊》2018 年 4 期。

[118] 仲量联行,《2013 年 3 季度房地产市场分析报告》,2013 年。

[119]《城市地下空间开发利用"十三五"规划》,2016 年 5 月。

[120] 吴群等:《中国城市工业用地利用效率研究》,科学出版社 2016 年版。

后　记

　　推动土地高质量利用是当前上海城市发展所面临的重大课题。2018 年 4 月始,上海市人民政府发展研究中心成立课题组,围绕"推动上海土地高质量利用"开展了系列调研研究。在研究中,课题组先后深入区、园区、功能区等开展实地调研,全面了解上海土地利用现状情况,并多次组织土地规划和开发利用等领域的专家座谈咨询。同时,课题组还查阅了大量资料,梳理研究国际大都市提高土地利用质量和效率的一般理念和经验做法,并赴杭州、深圳、广州、东莞、珠海等地开展学习调研和实地考察。在此基础上,课题组进行分类梳理、比较分析和研究提炼,完成了系列调研成果。

　　本书由王德忠同志担任课题组组长,周国平、严军、徐诤同志担任副组长。第 1 章由王丹、彭颖、张曦萌执笔;第 2 章由徐珺、张云伟、张靓执笔;第 3 章由王丹、柴慧执笔;第 4 章由高骞、宋清执笔;第 5 章由高骞、彭颖,朱咏执笔;第 6 章由王丹、彭颖、郭丽阁执笔。发展研究中心城市研究处负责本书撰写的联络、统稿和校订工作。

　　本书的出版还得到了上海市政府发展研究中心信息处和格致出版社的大力帮助。此外,潘秋晨、陈雪瑶、李芊豫、王华等同志也参与了本书资料的搜集、整理等工作,付出了辛勤劳动,在此一并表示衷心的感谢!

上海市人民政府发展研究中心

2019 年 1 月

图书在版编目(CIP)数据

上海土地高质量利用策略研究/上海市人民政府发
展研究中心著.—上海:格致出版社:上海人民出版
社,2019.1
(高质量发展研究系列丛书)
ISBN 978 - 7 - 5432 - 2948 - 8

Ⅰ.①上…　Ⅱ.①上…　Ⅲ.①城市土地-土地利用率
-研究-上海　Ⅳ.①F299.275.1

中国版本图书馆 CIP 数据核字(2018)第 291068 号

责任编辑　忻雁翔
装帧设计　人马艺术设计·储平

高质量发展研究系列丛书
上海土地高质量利用策略研究
上海市人民政府发展研究中心　著

出　　版　格致出版社
　　　　　上海人民出版社
　　　　　(200001　上海福建中路 193 号)
发　　行　上海人民出版社发行中心
印　　刷　常熟市新骅印刷有限公司
开　　本　787×1092　1/16
印　　张　17.5
插　　页　3
字　　数　250,000
版　　次　2019 年 1 月第 1 版
印　　次　2019 年 1 月第 1 次印刷
ISBN 978 - 7 - 5432 - 2948 - 8/F·1181
定　　价　88.00 元